LA DÉBÂCLE DU PARC AGRO-INDUSTRIEL DE BUKANGA LONZO

Responsabilités et choix de la justice pénale

Préface de Raoul Kienge-Kienge Intudi

Carlos Ngwapitshi Ngwamashi

LA DÉBÂCLE DU PARC AGRO-INDUSTRIEL DE BUKANGA LONZO

Responsabilités et choix de la justice pénale

Préface de Raoul Kienge-Kienge Intudi

L'Harmattan

L'Harmattan 2023
5-7, rue de l'École-Polytechnique ; 75005 Paris

www.librairieharmattan.com

ISBN : 978-2-336-42151-3
EAN : 9782336421513

Sigles et abréviations

BAD : Banque Africaine de Développement

Art. : Article

Cass. : Cour de cassation

BCECO: Bureau Central de Coordination

MARIKIN : Marché International de Kinshasa

ONG : Organisation Non Gouvernementale

PAI-BL : Parc Agro-industriel de Bukanga Lonzo

PARCAGRI : Société d'aménagement du Parc Agro-industriel

PNIA : Plan National d'Investissements Agricoles

PNSA : Programme National de Sécurité Alimentaire

RDC : République Démocratique du Congo

SEPAGRI : Société d'Exploitation du Parc Agro-industriel

ZES : Zones Economiques Spéciales

CEDEN : Cercle pour la défense de l'environnement

FAO : Organisation des Nations Unies pour l'alimentation et l'agriculture

PIB : Produit intérieur brut

ZLECAf : Zone de libre-échange continentale africaine

PAI : Parc Agro-industriel

PUC: Presses universitaires du Congo.

PUF : Presses universitaires de France.

OR: Office des Routes.

OVD: Office des voiries et drainages

DGCMP : Direction générale de contrôle des marchés publics

FPI : Fonds de promotion de l'industrie

CDF : Franc Congolais

COMESA : Marché commun de l'Afrique de l'Est et de l'Afrique australe
DGI : Direction Générale des Impôts
FEC : Fédération des Entreprises du Congo
PM : Premier Ministre
FPI : Fonds de Promotion de l'Industrie
INERA : Institut National pour l'étude et la Recherche Agronomiques
MAPE : Ministère de l'Agriculture, Pêche et Elevage
OCDE : Organisation de coopération et de développement économiques
OHADA : Organisation pour l'Harmonisation en Afrique du Droit des Affaires
OMS : Organisation Mondiale de la Santé
ONG : Organisation Non Gouvernementales
OP : Organisations Paysannes
OV : Organisations Villageoises
PAM : Programme Alimentaire Mondiale
PAARSA : Projet d'Appui à la Réhabilitation et Relance du Secteur Agricole
PME : Petite et Moyenne Entreprise
PNSD : Plan National Stratégique de Développement
SADC : Communauté de développement d'Afrique australe
USD : Dollars américain
PRAAL : Programme d'autosuffisance alimentaire
PDDAR : Plan directeur du développement agricole et rural
PNSAR : Programme national de relance du secteur agricole et rural
PDDAA : Programme détaillé de développement de l'agriculture africaine
RNDH 2014 : Rapport national sur le développement humain 2014
CEA : Commission économique des Nations Unies pour l'Afrique
CUA : Commission de l'Union africaine
IGF : Inspection Générale des Finances

Remerciements

Il existe un agréable devoir qui consiste à remercier les personnes qui ont contribuées au parachèvement d'une œuvre intellectuelle.
Dans cet ordre de pensées, la première personne à qui l'on doit moult remerciements est le professeur Raoul KIENGE-KIENGE INTUDI, d'abord pour l'ouverture d'esprit critique ainsi que la transmission du savoir criminologique calquée sur la démarche interdisciplinaire dans la compréhension des situations-problèmes, ensuite pour l'honneur témoigné en acceptant de préfacer cet ouvrage.
En deuxième lieu, je tiens à témoigner ma gratitude à Elvis KUBANZILA MUZELA et à Credo MUSIPADE SIOKODOR, pour avoir compris mon souci de mettre en place cet ouvrage et pour leur disponibilité manifestée en termes d'accompagnement (héros dans l'ombre en réalité).

Mes remerciements sont tout aussi orientés à mon épouse, Madame Nitsha OMOYI SAFI et à mon champion Noam NGWAPITSHI NGWAMASHI, non seulement, pour l'amour manifesté, mais aussi, pour le réconfort, la fierté et la dignité, bref pour tout.

Je ne saurais cheminer pas à pas vers le terminus de mon propos sans remercier particulièrement, Monsieur le procureur de la République Françis ITOKUA BOMBALE pour le complément de certains éléments qui ont suffisamment contribué à la grille de lecture dans le cadre de cet ouvrage.

Enfin, je tiens à remercier tous ceux qui trouveront un intérêt particulier à lire cet ouvrage.

L'auteur

Préface

Que s'est-il passé exactement sur le projet du parc agro-industriel de Bukanga-Lonzo ? Cette interrogation est formulée explicitement ou silencieusement par tout Congolais qui a l'occasion d'approcher toute personne ayant joué de près ou de loin un rôle quelconque dans la réalisation de ce projet, ou de visiter le site de ce projet, qui constitue un potentiel exceptionnel de 80 millions d'hectares de terres arables, mais dont seulement 5% sont utilisés, et qui a pourtant suscité beaucoup d'espoir pour assurer l'autosuffisance alimentaire ainsi que le développement économique de la RDC. Il s'est agi, en effet, d'un projet ambitieux et révolutionnaire, qui n'a, cependant, pas pu atteindre les objectifs assignés lors de son initiation, à savoir sortir les populations de l'insécurité alimentaire, réduire les importations alimentaires, accroître l'économie nationale, réduire de moitié le taux de pauvreté (63% en 2013) et assurer le développement rural.

Par son positionnement professionnel, Carlos NGWAPITSHI, un avocat talentueux, exploitant sa passion pour la connaissance et la recherche, se propose, dans l'ouvrage entre vos mains, de bouiller les raisons de la débâcle de cet ambitieux projet : ressources financières détournées, matériels achetés mais non récupérés ou reçus mais non assemblés pour le montage, ou encore un acte de sabotage ou simple gâchis, est-il que des millions de dollars sont sortis du Trésor public, mais le parc agro-industriel de Bukanga-Lonzo est demeuré un projet inachevé.

La quête des raisons ou des déraisons de l'insuccès de ce projet porterait l'auteur vers une analyse étiologique de cette situation-problème, comme il le considère, d'ailleurs, à la lumière des connaissances criminologiques qu'il a décidées d'embrasser depuis bientôt quatre ans : absence de la cohésion nationale au départ de la conception du projet, manque de suivi, absence totale de contrôle *a priori*, immédiat et *a postériori*, non-respect du contrat par les parties contractantes, non-respect de la destination des fonds autorisés par le ministère des Finances (soupçon de détournement des fonds), arrêt du financement du projet par des gouvernements successifs en faveur de l'organisation des élections, etc.

Mais, en même temps, sans en rester à cette radiographie, étant porté vers l'avenir, l'auteur s'interroge sur la possibilité de la relance de ce projet. C'est pourquoi, il évalue audacieusement la pertinence du choix de la justice pénale, orientée exclusivement vers la répression des fautes, comme modalité de régulation de ce problème du parc-agroindustriel de Bukanga-Lonzo, dans la mesure où cette modalité semble tourner de façon infructueuse vers le passé, sans élucider ce qui s'est exactement passé, tout en obstruant en même temps la possibilité de toute relance de ce projet. Car aucune garantie de restitution au Trésor public des fonds décaissés ne semble offerte par l'intervention de la justice pénale, les coupables éventuels pouvant organiser leur insolvabilité aux dépens de l'État congolais. La médiation, se demande l'auteur, ne pourrait-elle pas paraître comme une modalité de régulation plus pertinente susceptible de permettre à la victime, qu'est l'Etat congolais, de recevoir des acteurs mis en cause, les sommes dissipées en échange de toute sanction privative de liberté ?

En effet, il paraît clairement, relève l'auteur, que le *pénalocentrisme* ayant fixé la justice pénale sur les poursuites contre des protagonistes sélectionnés de ce projet, semble avoir discrédité cette dernière aux yeux de la population, du fait de tout le juridisme à la base du va et vient entre les plus hautes juridictions de la République. Bon gré malgré, la justice pénale donne l'impression de verser dans un acharnement punitif comme si elle était un instrument manipulable à la solde des acteurs politiques, capable uniquement de diviser au lieu d'unir autour des enjeux plus cruciaux comme la relance du projet du parc agro-industriel de Bukanga-Lonzo pour tenter de nouveau d'atteindre les objectifs de l'autosuffisance alimentaire et du développement rural.

Maître Carlos NGWAPITSHI prête ainsi sa voix aux abolitionnistes et plaide pour la nécessité d'innover courageusement dans la gestion de la criminalité économique et financière sans s'enfermer dans l'archaïsme d'une justice pénale coloniale décontextualisée par rapport aux exigences du développement économique du pays. Ainsi, face à la triple débâcle du projet du parc agro-industriel de Bukanga-Lonzo, de la justice pénale congolaise au sommet, et d'une relance mal partie, dans un contexte de corruption agissant comme un cancer dans le secteur public, l'ouvrage propose un modèle de sortie axé sur trois actions : déconstruire, construire et reconstruire.

Il invite, en effet, à repenser courageusement le modèle de la justice congolaise face à la criminalité économique et financière, déconstruisant la justice pénale coloniale pour la construire autour des formes de justice de rencontre entre les prétendus fautifs et la victime, en espèce l'État congolais, agissant par le ministre de la Justice à travers les offices des parquets, pour négocier les restitutions dues au Trésor public, en échange des poursuites pénales, soumises de surcroît, au principe politique de l'appréciation de l'opportunité des poursuites. Et, dans le cas d'espèce, du projet du parc agro-industriel de Bukanga-Lonzo, l'auteur invite à se tourner vers l'avenir pour reconstruire sa relance sur la base de la cohésion nationale et de la bonne gouvernance, accompagnée de l'observance du principe de la continuité du service public au modèle de la course du relais, de la continuité du financement et de la mise en place d'un système de contrôle *a priori*, concomitant et *a posteriori* continu en vue de prévenir les irrégularités et les illégalités, sur un fond de justice sociale envers les travailleurs et les communautés locales.

Cet ouvrage de Carlos NGWAPITSHI, dont je recommande vivement la lecture, mérite, en effet, d'être lu par un très grand nombre de Congolais, d'acteurs politiques et académiques, car au-delà de l'espèce du parc agro-industriel de Bukanga-Lonzo, il constitue une invitation au réalisme et à la lucidité des gouvernants ainsi qu'au courage des universitaires et de l'ensemble de la société civile pour permettre un véritable débat de société sur le modèle de justice favorable au développement du pays face au fait de la corruption ou de la criminalité économique et financière. La question qu'il suggère, après l'avoir lu, est la suivante : est-il possible de réaliser en contexte de corruption agissant comme un cancer dans le secteur public congolais, des projets ambitieux pour le développement de la RDC et quel modèle de justice devrait pouvoir garantir le succès de ces projets ?

Je remercie Carlos NGWAPITSHI de m'avoir donné l'opportunité de relever ces questions fondamentales à l'occasion de l'écriture de la préface de son ouvrage en vue d'un véritable débat de société sur le rapport à l'argent dans la réalisation des projets de développement au bénéfice des populations congolaises.

Fait à Kinshasa, le 12 octobre 2023

Raoul KIENGE-KIENGE INTUDI
Professeur ordinaire à l'Université de Kinshasa
Directeur de l'école de criminologie
raoul.kienge@unikin.ac.cd

Prolégomènes et vue d'ensemble

> *Une transition économique réussie implique un flux continu de ressources de l'agriculture vers l'industrie. Ce transfert de ressources dépend de facteurs structurels affectant la demande, des productivités marginales du travail, du progrès technique, de la dotation des secteurs en facteurs de production et du rôle des politiques publiques. La transition agricole est un élément essentiel de la croissance, mais ne suffit pas à engendrer une croissance soutenue. Le rythme de la transition agricole s'explique surtout par la dynamique de l'accumulation de capital dans l'économie, la politique agricole des États et l'investissement en capital humain* (Pierre Berthelier et Anna Lipchitz, 2005 : 603)

Le texte que je donne à lire a pour matrice, la Débâcle du Parc Agro-industriel de Bukanga Lonzo : *Responsabilités et le choix de la Justice Pénale.*

Certaines raisons justifient ces pages. En effet, en Afrique, la question de l'agriculture a toujours été capitale dans la mesure où ce continent regorge des richesses énormes, non seulement, en ressources naturelles de façon générale, mais plus en terres arables.

Selon Belward et al. (2011), le continent abonde de ressources renouvelables et non-renouvelables inégalement réparties sur le territoire (cité par la Commission économique pour l'Afrique, 2018 : IX).

Au centre de ce continent se trouve la République démocratique du Congo qui est l'un des rares pays à disposer d'un fort potentiel agricole de 80 millions d'hectares de terres cultivables parmi les plus élevés du monde (Éric Tollens, 2015 : 148). Cette disponibilité foncière ainsi que les énormes ressources en eau dont dispose le pays avec le bassin hydrographique du fleuve Congo permettent d'entretenir l'espoir d'une meilleure autosuffisance alimentaire réclamée avec insistance par les Congolais (Lebailly *et al,* 2015 : 45).

Cependant, malgré ce potentiel en terres arables disponibles, le secteur agricole a longtemps sombré en dessous de ses capacités productives entrainant comme conséquences : les problèmes d'autosuffisance alimentaire, de pauvreté, de dépendance extérieure en termes d'importations des produits alimentaires, pour ne citer que ceux-là.

Cet état des choses s'explique par plusieurs facteurs, entre autres, la faible utilisation des innovations technologiques (Guy-Blaise Nkamleu, 2004 : 63), la faible productivité agricole par manque d'industrialisation de l'agriculture et la forte dominance de l'agriculture familiale (Commission économique pour l'Afrique, 2018 : IX). Sur cette liste, je peux également ajouter, la croyance des Congolais à la richesse de son sous-sol (les minerais).

Plusieurs plans et programmes de développement agricole de la part du gouvernement congolais ont été formulés depuis l'indépendance du pays jusqu'en 2004, mais sans succès, faute de contenu pratique ni de budget conséquent (Lebailly *et al,* 2015 : 48).

C'est dans cet arcane qu'en 2014, dans le sillage de la loi agricole portant principes fondamentaux relatifs à l'agriculture[1] et après avoir mis en place un

---

1 Il s'agit d'une loi agricole élaborée en 2011 en vertu des dispositions de l'article 123 de la Constitution pour combler le déficit longtemps observé dans le secteur agricole et fixer les grandes orientations sous forme des principes fondamentaux relatifs à l'agriculture. Elle prend en compte les objectifs de la décentralisation, intègre à la fois les diversités et les spécificités

plan d'investissement agricole, le gouvernement congolais sous la primature de MATATA PONYO s'est décidé de faire basculer le pays d'une agriculture traditionnelle à une agriculture industrialisée suivie d'un contenu pratique et d'un budget conséquent. D'où l'initiative des 22 parcs agro-industriels avec comme projet pilote : la mise en place du parc agro industriel de Bukanga Lonzo en 2014 dans le cadre d'un contrat de gestion signé en date du 24 Février 2014 entre le gouvernement et une société sud-africaine, *Africom Commodities* (A.C.), un projet dont le montant d'investissement s'élève à plus de 150 millions de dollars américains (Alain Diasso, 2018 : 6).

Si dans un premier plan, ce projet de Parc agro-industriel a connu un succès avec une production agricole de 20 000 tonnes de maïs vendu à Kinshasa en 2015, la suite du projet a connu une débâcle c'est-à-dire un effondrement vers fin 2017, après le départ d'une part, de son initiateur Matata Ponyo et d'autre

---

agroécologiques et vise à: favoriser la mise en valeur durable des potentialités et de l'espace agricole intégrant les aspects sociaux et environnementaux; stimuler la production agricole par l'instauration d'un régime douanier et fiscal particulier dans le but d'atteindre, entre autres, l'autosuffisance alimentaire; relancer les exportations des produits agricoles afin de générer des ressources importantes pour les investissements; promouvoir l'industrie locale de transformation des produits agricoles; attirer de nouvelles technologies d'énergie renouvelable; impliquer la province, l'entité territoriale décentralisée et l'exploitant agricole dans la promotion et la mise en œuvre du développement agricole.

Aussi, cette loi apporte-t-elle d'importantes innovations notamment par : la création d'un Fonds national de développement agricole et sa gestion en synergie avec les institutions financières bancaires et non bancaires ; l'implication des agriculteurs et des professionnels du secteur agricole dans le processus décisionnel ; ce qui justifie la création du Conseil consultatif aussi bien au niveau national, provincial que local ; la prise en compte des exigences des instruments internationaux relatifs à la conservation et à l'utilisation des ressources phylogénétiques ; la prise en compte de la protection de l'environnement; le renforcement du mécanisme de surveillance des terres destinées à l'exploitation agricole et le suivi de la production; l'institution d'une procédure de conciliation préalable à toute action judiciaire en matière de conflits de terres agricoles.

Au total, elle comporte 85 articles repartis en sept titres intitulés comme suit : Des dispositions générales; De l'exploitation agricole; De la promotion agricole ; De la protection de l'environnement ; Des régimes douanier et fiscal ; Des dispositions pénales ; Des dispositions transitoires, abrogatoires et finales. (Lire exposé des motifs de la Loi n° 11/022 du 24 décembre 2011 portant principes fondamentaux relatifs à l'agriculture).

part, des représentants d'*Africom Commodities*, la société qui gérait le parc, au motif qu'elle n'avait pas été payée par le gouvernement congolais depuis un an (Frederic Mousseau, 2018 : 5). Et à cet effet, ces derniers s'étaient permis de lancer une action en arbitrage contre le gouvernement congolais pour non-paiement de ses dépenses de 19,79 millions de dollars devant la Cour internationale d'arbitrage de Paris (Alain Diasso, 2018 : 6).

Depuis lors, des enquêtes, des études et des accusations n'ont cessées de pleuvoir au sujet des raisons de cette débâcle ainsi que de leurs principaux acteurs.

A titre d'exemples, en mai 2018, le Ministre de l'Economie, Joseph Kapita, après avoir reconnu la débâcle de Bukanga Lonzo, imputa la faute à la société sud-africaine selon une étude de terrain réalisée par Oakland Institute et CEDEN (Cercle pour la défense de l'environnement) en juin 2018 intitulé «*Parcs agro-industriels en RDC. Tirer les leçons de la débâcle de Bukanga Lonzo* ». (Frederic Mousseau, 2018 : 5).

Pour le directeur général de la société sud-africaine *Africom commodities*, Christo Grobler, (*the problem was high costs and an unreliable government partner that would change its mind from day to day about the project's direction. He said the company had incurred more than $50 million in losses at Bukanga Lonzo*[2]*)*. En français : le problème était lié aux coûts élevés et au manque de fiabilité du gouvernement qui changeait d'avis au jour le jour quant à l'orientation du projet. Il a ajouté qu'*Africom commodities* avait subi plus de 50 millions de dollars de pertes à Bukanga Lonzo (Frederic Mousseau, 2018 : 5).

---

2 AARON ROSS , « Africa's green revolution stumbles at Congo project to solve food shortages » in Reuters environment, May 22, 20187:10 AMUpdated 5 years ago, Dakar, 2018. For Reading: https://www.reuters.com/article/us-congo-agriculture/africas-green-revolution-stumbles-at-congo-project-to-solve-food-shortages-idUSKCN1IN0IJ

En 2020, après une mission de 20 jours sur la gestion du projet « parc agro-industriel de Bukanga Lonzo », les inspecteurs généraux des finances ont estimé que la débâcle ne se réduit ni à la simple signature du contrat de gestion entre l'Etat et *Africom commodities* ni à la gestion quotidienne par ce dernier. Elle se situe aussi bien à la conception, planification, le choix du partenaire et les actes de gestion (IGF, 2020 : 14). De ce fait, ils évoquent, d'une part, comme raisons de la débâcle de Bukanga Lonzo : le manque d'une étude préalable au projet de Bukanga Lonzo, le choix du prestataire *Africom commodities* qui n'avait que trois ans d'expérience, la surfacturation à travers les achats équipements et « intrants agricoles[3] », l'opacité dans la gestion des fonds, l'utilisation des sociétés écran pour se faire rémunérer indument, l'abandon du projet et le vol des équipements et matériels appartenant au parc (IGF, 2020 : 7-14).; et d'autre part, identifient comme acteurs responsables de la débâcle : le sénateur Matata ponyo, premier ministre honoraire ; la sénatrice Ida kamonji, directrice générale du PARCAGRI S.A et conseillère du premier ministre honoraire Matata ponyo ; la députée louise Munga, ministre du portefeuille honoraire ; Mr. Matondo Mbungu, directeur général du Bureau de coordination (Bceco) et la société AEE power S.A. ; Mr Patrice Kitebi, ancien ministre délégué honoraire des finances auprès du Premier Ministre honoraire Matata Ponyo, *Africom* représenté par son administrateur Mr. Christo Grobler ; Desticlox, représenté par Mr. Christo Grobler et Peter viser ; Mr. Benga Kayengi, comptable public principal ; la députée Lumbu Kiala, comptable public principal honoraire ; Mr. Vital Kamerhe propriétaire d'une ferme ; Mr. Mayele prétendu chef de terre de

3 Les intrants agricoles sont d'une part, des matériels et équipements agricoles destinés à la production végétale, tels que les semences, les engrais, les produits phytosanitaires et pharmaceutiques ; et d'autre part, matériels et équipements agricoles destinés à l'élevage des animaux, les additifs, les aliments, les produits pharmaceutiques, vétérinaires et les vaccins (article 3. Point 11 de la loi n° 11/022 du 24 décembre 2011 portant principes fondamentaux relatifs à l'agriculture.

Tskundi ; Alias Tigre, ex chef de sécurité du Parc agro industriel de Bukanga Lonzo ; le colonel Ramazani, commandant district Kwango et le commandant joli s/ciat de Baringa-lukuba (IGF, 2020 : 13-17).

En 2021, ce rapport de l'inspection générale des finances servira de base au parquet près la cour constitutionnelle pour des poursuites pénales dirigées contre trois acteurs seulement devant la cour constitutionnelle déclarée incompétente et ensuite, le dossier fut transféré au Parquet Général près la Cour de cassation avant sa fixation devant cette dernière.

C'est dans ce contexte que de nouvelles analyses sérieuses et approfondies s'imposent dont l'objectif est notamment de comprendre tous les tours, les contours et les pourtours de la vérité sur la débâcle de Bukanga Lonzo, ses acteurs ainsi que leurs responsabilités. D'où la raison d'être de cet ouvrage qui tend à reconstituer la vérité de manière « interdisciplinaire[4]» sur les raisons de la débâcle du projet agro-industriel de Bukanga Lonzo, ses principaux acteurs ainsi que leurs responsabilisations possibles.

Par ailleurs, en analysant l'intervention de la justice constitutionnelle et de la cour de cassation, dans la poursuite des trois acteurs sélectionnés, à savoir :

---

4 L'approche interdisciplinaire est celle de la criminologie. Alvaro pires représente la criminologie comme « à la fois un champ d'étude, et une activité complexe de connaissance interdisciplinaire, de nature à la fois scientifique et éthique, ayant pour but l'élucidation et la compréhension de la question criminelle au sens large (des situations problèmes et du contrôle social) ». Lire A.P. PIRES, A.P. PIRES, « La criminologie d'hier et d'aujourd'hui », *in* Ch. DEBUYST, Fr. DIGNEFFE, J.-M. LABADIE et A.P. PIRES, *Histoire des savoirs sur le crime et la peine. Tome 1 : Des savoirs diffus à la notion de criminel-né,* 1re éd. Montréal, Ottawa, Bruxelles, Les Presses de l'Université de Montréal, Les presses de l'Université d'Ottawa, De Boeck Université, 1995, p. 22.
Pour expliquer pourquoi on parle aujourd'hui de la criminologie comme une activité de connaissance interdisciplinaire, comme une activité-carrefour » au lieu d'une science-carrefour, Alvaro Pires relève que l'activité de connaissance criminologique consiste dans l'« idée d'avoir une vue globale, la plus globale possible à un moment donné, des problèmes, questions et connaissances produites à l'égard de la question criminelle ou pénale (comportements problématiques et contrôle social) et d'en tenir compte dans la production de nouvelles connaissances ». Lire A. PIRES, *op. cit.*, p.30.

Matata Ponyo, Mr. Kitebi et Mr. Grobler, cet ouvrage a vocation de relever les failles ainsi que les limites de la justice pénale en vue de proposer un modèle de justice qui servira dans la lutte effective et efficace contre les situations-problèmes en col blanc.

Pour finir, cet ouvrage se propose une construction d'un plan de relance du projet des parcs agro-industriels, cette fois sur des leçons à tirer des vraies raisons de la débâcle du parc Agro-industrie de Bukanga Lonzo.

Dans la plupart des études qui se veulent de comprendre la débâcle de Bukanga Lonzo, l'aspect réussite du projet de Bukanga Lonzo de 2014 à 2016 n'est pas pris en compte. La question à se poser est notamment celle de savoir comment un projet initié en 2014 peut aboutir à un succès en 2015 et être traité d'un projet qui a échoué à cause de son initiateur dans la conception et de ses gestionnaires dans la mise en œuvre ? Quatre questions méritent d'être posées, à savoir : Comment sommes-nous arrivés à ce projet révolutionnaire ? Au demeurant, quel était le cadre juridique qui encadrait ce projet ? Qui plus est, autour de quelles attentes et objectifs ont été construit ce projet ? Et pour finir, quel a été le processus de sa réalisation ?

Certaines hypothèses ont conduit ma réflexion. Certes, si la possible existence des failles est certaine car, l'œuvre humaine n'est pas toujours parfaite, cela n'est pas dans tous les cas consubstantiel (d'ordre) à conduire à une débâcle de Bukanga Lonzo. L'on peut comprendre que les vraies raisons se trouvent ailleurs.

Autre hypothèse, en faisant une certaine analyse du rapport de la mission réalisée par l'inspection générale des finances qui a valeur d'un rapport d'une police judiciaire, l'on peut se rendre compte des plusieurs allégations sans fondements. Par ailleurs, il est à remarquer que l'inspection générale des finances ne se donne pas le travail d'enquêter sur la gestion après Matata ponyo, alors qu'une bonne enquête qui se veut à la recherche de la vérité, se doit d'approcher toutes les personnes et d'explorer tous les points essentiels à la reconstitution de la vérité. Ainsi, des personnes telles que Henry Yav Mulang (remplaçant de monsieur Kitebi et resté ministre des finances depuis 2015 jusqu'au revers du parc agro industriel) ainsi que d'autres membres du gouvernement, qui ont succédés à celui d'Augustin Matata Ponyo cités dans d'autres études sur la débâcle de Bukanga lonzo à l'exemple de celle du centre d'appui à la recherche pour des projets de développement (CARP-DEV, 2022) intitulé « la bataille du parc agro-industriel de Bukanga Lonzo : un complot contre la RDC et l'Afrique », ne figurent pas dans le rapport de l'inspection générale des finances. Ainsi, l'enquête de l'inspection générale des finances parait non holistique et moins crédible.

Dans ce rapport, relevons aussi, la confusion entretenue par l'inspection Générale des Finances sur des financements qui n'avaient rien avoir avec le projet du Parc Agro-industriel de Bukanga Lonzo. Il en est par exemple du projet RRR, l'achat de la machine MIC et tant d'autres (et dans cette confusion, le rapport de l'IGF déclare, le détournement de 285.000.000 USD, alors que du montant décaissé, il y a eu achats de plusieurs matériels et réalisation sur terrain, et à suivre la logique de cette dernière, le montant décaissé n'a servi à rien).

Comme limites, plusieurs projets pour l'essor de la RD Congo ont failli, notamment celui des 100 jours et bien d'autres. Je retiens celui de Bukanga Lonzo à cause de ses implications et de sa portée hautement juridique et politique, avec diverses implications. Je n'ai pas la prétention d'épuiser le débat ni d'avoir le monopole des cogitations sur le projet de Bukanga lonzo. Les apports des autres acteurs et chercheurs sont indispensables pour enrichir la réflexion et apporter plus d'éclairage sur un dossier hautement historique, aux implications multidisciplinaires.

Pour atteindre ces objectifs, la méthodologie mobilisée est basée d'une part, sur la méthode de recueil des données existantes (données secondaires et données documentaires) comme méthode de récolte des données et d'autre part, sur la méthode d'analyse de contenu, la méthode d'interprétation juridique, la méthode d'interprétation sociopolitique, la méthode d'interprétation historique et la méthode systématique en économie comme méthodes d'analyse des données.

Pour la première méthode sus-évoquée, il est à observer que le travail d'un chercheur nécessite des données macrosociales que seuls des organismes officiels puissants tels que les instituts nationaux de statistiques sont à mesure de récolter. Par ailleurs, les bibliothèques, les archives et les banques de données, sous toutes leurs formes, présentent de données, qui n'attendent que l'attention des chercheurs (R. Quivy et L. Van Campehhoudt, 2011 : 181), Il peut donc s'avérer utile d'exploiter ces données existantes au lieu de consacrer du temps et d'importantes ressources à récolter ce qui existe déjà (R. Quivy et L. Van Campehhoudt, 2011 : 64), en ce sens, la méthode de recueil des données existantes : données secondaires et documentaires a été d'une grande importance avec ces deux variantes , à savoir : le recueil de données statistiques et le recueil de documents de forme littéraire émanant d'institutions et d'organismes publics ou privés (comme les lois, les statuts, les règlements, les procès-verbaux, les publications) ou émanant de particuliers (les récits, les mémoires, les correspondances, etc.) (R. Quivy et L. Van Campehhoudt, 2011 : 174).

Autour du parc agro industriel de Bukanga Lonzo, de sa débâcle, de ses acteurs et de sa responsabilisation judiciarisant de manière constitutionnelle et devant la cour de cassation.

Au demeurant, pour l'analyse des différentes données récoltées, l'analyse de contenu , qui porte sur des messages aussi variés que des œuvres littéraires, des articles de journaux, de documents officiels, des programmes audiovisuels, des déclarations politiques, des rapports de réunion ou des comptes rendus d'entretiens semi-directifs (R. Quivy et L. Van Campehhoudt, 2011 : 201), a servi à l'étape de la systématisation5 dans la mesure où le choix des termes utilisés par le locuteur, leur fréquence et leur mode d'agencement, la construction du « discours » et son développement constituent des sources d'information à partir desquelles le chercheur tente de construire une connaissance. Celle-ci peut porter sur le locuteur lui-même (par exemple l'idéologie d'un journal, les représentations d'une personne ou les logiques de fonctionnement d'une association dont on étudierait les documents internes) ou sur les conditions sociales dans lesquelles ce discours est produit (par exemple un mode de socialisation ou une expérience conflictuelle) (R. Quivy et L. Van Campenhoudt, 2011 : 201).

Au final, cette analyse de contenu a été complétée par : la méthode d'interprétation juridique pour la compréhension des textes juridiques autour des matières : agricoles, industrielles, d'investissement, de création d'entreprise, de passation des marchés publics, de droit de l'environnement et développement dural, du droit des sociétés commerciales, de droit du travail, de droit de sécurité sociale, de finances publiques, de droit administratif, d'organisation et des compétences judiciaires, de procédure pénale, de droit constitutionnel, de droit des biens, de droit minier, de droit des affaires, de droit des obligations, etc. ; par la méthode d'interprétation socio-politique tournant autour des faits sociaux et politiques essentiels à l'explication, non seulement, de la naissance du projet des PAI, mais aussi, à celle de leur débâcle ; par la méthode d'interprétation historique ou diachronique

---

5 Systématiser correspond à mettre de l'ordre dans les renseignements récoltés par le chercheur, à découvrir leur signification et pour finir, à les expliquer lire Jean Louis LOUBET, *Initiation aux méthodes des sciences sociales*, 2000, Paris - Montréal : L'Harmattan, Éditeur, 2000, p. 204

conduisant à des aperçus historiques de la relance agricole et de ces différents échecs avant 2013 et pour finir, par la méthode systématique ou systémique en économie qui a l'avantage en science économique « de procéder à une analyse globale des éléments formants le système (chaque élément doit être analysé dans un tout ; ainsi chaque décision économique doit prendre en compte les aspects sociaux, économiques, politiques et environnementaux)[6] », a servi à la compréhension , en économie sociale et solidaire, des activités et décisions économiques liées au projet de Bukanga Lonzo, un projet qui ne relève pas que du système économique mais qui rentre en interactions dynamiques avec d'autres systèmes : « le système politique, le système sociale, le système de valeurs… »[7].

S'imposant dans un champ d'étude délimité dans un contexte de terroir congolais et dans une période allant de 2014 à 2022, période marquant l'initiative du projet de Parc agro industriel, la première réussite du projet, sa débâcle, l'intervention de la justice et sa tentative de relance ; les résultats obtenus de l'utilisation de ces méthodes ont conduit à une ossature de cet ouvrage structuré en quatre parties.

La première partie relève combien le projet du parc agro-industriel de Bukanga Lonzo est un projet pilote et révolutionnaire pour le développement agricole en RDC. La deuxième partie cherche à faire comprendre la débâcle de ce parc agro industriel censé révolutionner l'économie congolaise en passant par les raisons évoquées par les autres études, les raisons directes à la débâcle, les principaux acteurs de cette débâcle et leurs responsabilisations.

---

6 *Méthodologie en sciences économiques*, Document disponible sur : http://d1n7iqsz6ob2ad.cloudfront.net/document/pdf/53351a0fa5f8b.pdf (consulté le 20 juillet 2023).

7 Odile Castel, *Une démarche d'analyse systémique pour appréhender l'économie sociale et solidaire au sein du Système économique*, Université de Rennes 1, p.5. Disponible sur https://base.socioeco.org/docs/_index94.pdf (consulté le 20 juillet 2023).

La troisième partie analyse les tentatives de responsabilisation forcée de trois acteurs tantôt devant la cour constitutionnelle tantôt devant la cour de cassation et leurs pertinences (troisième partie). Et pour finir, la quatrième partie tente de construire de manière réfléchie un plan de sauvetage du projet révolutionnaire du parc agro industriel à l'aune des leçons tirées de la vraie débâcle du parc Agro-industriel de Bukanga Lonzo après avoir fait son état de lieux.

Première partie

Le Parc Agro-industriel de Bukanga Lonzo :

Un projet pilote et révolutionnaire pour le développement agricole en RDC

La première partie de ces lignes a pour pierre de touche le Parc Agro-industriel de Bukanga Lonzo : Un projet pilote et révolutionnaire pour le développement agricole en RDC.

En effet, en 2018, une étude de la commission économique africaine intitulée « Exploiter le potentiel de l'agro-industrie pour soutenir la transformation structurelle en Afrique Centrale », a pu relever que « Le problème de la faible productivité et compétitivité agricole se pose davantage en Afrique Centrale alors que celle-ci constitue l'un des bassins de production les plus importants d'Afrique encore largement sous exploité » (Commission économique pour l'Afrique, 2018 : IX).

Ainsi, ajoute-elle « pour capitaliser et canaliser les potentialités agricoles de l'Afrique Centrale vers un développement économique, l'agro-industrie qui est un maillon essentiel dans les chaînes de valeur agroalimentaires, offre de grandes possibilités d'industrialisation fondées sur les produits de base. Elle implique une fourniture d'intrants nécessaires à la production agricole, une optimisation par la modernisation de l'appareil de production agricole, un développement des infrastructures et une transformation adaptée à la demande du marché. Il existe ainsi de grandes synergies entre l'agro-industrie et la performance de l'agriculture en tant que vecteur du développement » (Commission économique pour l'Afrique, 2018 : IX).

En raison de ces propos, en 2014, la République démocratique du Congo s'est inscrite dans la voie de l'industrialisation du secteur agricole en passant par un programme de 22 parcs agro-industriels avec comme projet pilote, le projet du parc agro-industriel de Bukanga, qui, à l'instar de Frederic Mousseau (2018 : 5) est assez révolutionnaire pour le développement économique de la nation congolaise.

Tourné vers l'approche industrielle, ce projet du parc agro industriel a le mérite de défier l'agriculture saisonnière et rurale (une forme d'agriculture de subsistance) en vue de permettre une production agricole continuelle et à grande échelle capable d'auto suffire à l'alimentation de la population, d'introduire la RDC sur la liste des pays grands exportateurs des produits alimentaires, et de la conduire vers une dimension élevée de croissance économique, gage d'un développement durable.

L'ossature de cette partie est composée de trois chapitres, à savoir : Le contexte, l'origine et l'encadrement juridique du projet agro industriel de Bukanga Lonzo (chapitre I) ; ses attentes et objectifs fondamentaux (chapitre II) ; Et le contour processuel de sa réalisation (chapitre III).

Chapitre I

Contexte, origine et encadrement juridique du Projet agro-industriel de Bukanga Lonzo

Ce premier chapitre se corse sur le contexte, l'origine et l'encadrement juridique du projet agro-industriel de Bukanga Lonzo.

D'entrée de jeu, ce qui saute aux yeux est le concept de « parc agro-industriel », en suite, celui de « Bukanga Lonzo ».

si « Bukanga Lonzo » renvoie à un terroir pilote choisit pour l'implantation des projets des parcs industriels, il y a lieu de faire comprendre que la notion des parcs agro industriels renvoie à celle des parcs industriels définie comme « une parcelle de terrain développée et subdivisée en parcelles selon un plan complet prévoyant la mise à disposition de routes, de transports et de services publics, avec parfois aussi des installations communes, à l'usage d'un groupe d'industriels » (ONUDI,1997). Et lorsque cette notion est rattachée à celle de l'agriculture, on parle alors de « parc agro-industriel ». Il s'agit « d'un carrefour, d'un paquet minimum de services des entreprises, d'une concentration d'infrastructures de production intégrant les équipements et technologies appropriés pour soutenir l'ensemble de la chaine de valeurs de l'activité agricole en respectant les standards internationaux » (Ministère de l'agriculture, pèche et élevage, 2018 : 6).

Par ailleurs, certains auteurs à l'instar de James E. Austin, traduise cette réalité par le vocable « agro-industrie » qui désigne « une entreprise qui transforme des matières premières agricoles, qu'elles proviennent de la culture du sol, de l'arboriculture ou de l'élevage ». (James E. Austin, 1981 :3). D'autres, par contre, parlent des « complexes agro-industriels » à l'instar des complexes agro-industriels au Cameroun (J.C Barbier et *al*, 1980 : 127).

Au pinacle, les trois appellations traduisent toutes une même réalité, celle de « l'industrialisation de l'agriculture ».

Cela étant dit, au Congo (Rd), le choix conceptuel opéré a été celui des parcs agro-industriels à partir de 2014. Et si cette initiative est née de la prise de conscience du potentiel agricole de la RDC en même temps que les raisons des échecs des autres programmes gouvernementaux sans oublier les engagements de la RDC au niveau régional (I), sa mise en corps s'est orientée vers un projet pilote du parc agro-industriel de Bukanga Lonzo (II), opérationnalisé structurellement et juridiquement sous trois formes des sociétés anonymes (III) qu'il convient de comprendre de plus près et en profondeur.

I. Le potentiel agricole et les différents engagements de la RDC comme contexte de naissance du projet des parcs agro-industriels

Comme relevés en prolégomènes, depuis toujours, la République démocratique du Congo est classée parmi les pays à forts potentiels en sols arables et en sous-sols renfermant d'importantes ressources minières.

S'interrogeant sur quel développement agricole pour la RDC ? Philippe Lebailly, Baudouin Michela et Alphonse Roger Ntoto M'Vubu (2014 : 45) partagent le fait que « Le potentiel agricole de la RDC est unanimement reconnu comme étant considérable : le pays disposerait d'une superficie cultivable estimée à quelque 75 millions d'hectares dont moins de 10 millions d'hectares seraient exploités (Chausse et al. 2012) ».

Un rapport intitulé « analyse approfondi de la sécurité alimentaire et de la vulnérabilité (CFSVA, 2014) » ajoute que « la RDC est l'un des rares pays africains qui ont un potentiel énorme pour le développement d'une agriculture durable (en millions d'hectares de terres cultivables potentielles), une diversité de climats, un important réseau hydrographique, un énorme potentiel en matière de pêche et d'élevage ». Verhaegen conclut que « le Congo possède toutes les ressources matérielles et humaines nécessaires pour une croissance économique rapide (Verhaegen, 1984 : 73)

Cependant, ce potentiel en terres a fait de la RDC une proie particulièrement convoitée pour l'accaparement des terres en raison des ressources naturelles et déchirée par des guerres à répétition.

Cet état des choses, fut qualifié de « la malédiction des ressources » (Matata Ponyo Mapon et Jean-Paul K. Tsasa, 2019 : 2) et l'orientation tournée vers l'extraction des ressources naturelles n'a pas su amener le développement tangible à la RDC.

Dans ce contexte, le secteur agricole de la RDC a été considéré comme une perspective de développement intéressante susceptible de contribuer au décollage économique du pays (Dumoulin *et al.* 2001).

Cependant, force a été de constater que peu d'efforts concrets et pratiques ont été fait de la part des gouvernements congolais depuis l'indépendance (1960) a valorisé ce potentiel agronomique de la RDC.

Éric Tollens (2014 :148) relève que « le déclin de l'agriculture a débuté surtout avec la zaïrianisation de 1973, les conflits internes de 1996 à 2002 et la succession de guerres, pillages, vols, insécurité et déplacements de population. Depuis 2006, il y a une nette relance de l'économie, mais l'agriculture stagne encore, surtout à cause de la faiblesse des institutions en appui de l'agriculture (RDC 2009) ».

Lebailly *et al.* (2015) décrivent 22 plans et programmes de développement agricole au total qui ont été formulés (source TECSULT-AECOM, 2009) et relèvent que maintes fois déjà, l'agriculture a été déclarée « priorité des priorités », mais sans contenu pratique ni budget conséquent (Eric Tollens, 2015 :148).

Il s'agit d'un paradoxe de la RDC comme pays à fort potentiels en matières premières et en terres arables, mais dont la population semble de plus en plus paupérisée et en difficultés de se suffire sur le plan alimentaire, si ce n'est que de se contenter de l'agriculture de consommation et des produits alimentaires importés.

Dans le même sens, la banque mondiale fait remarquer que « Le Congo se trouve dans une situation paradoxale, avec d'une part un potentiel de rente des ressources naturelles parmi les plus élevés au monde, et, d'autre part, des recettes domestiques et des indicateurs du « développement » parmi les plus faibles (Banque mondiale, 2017 : 1) ». Parmi ces indicateurs, le PIB réel par habitant s'est réduit comme peau de chagrin, passant de 1257,06 $US en 1960 à 505,35 $US en 2020, soit une régression d'environ 60%. A titre de comparaison, le PIB réel par habitant de la Corée du Sud est passé, durant la même période, de 1027,47 $US à 31 361.08 $US. Loin donc du statut virtuel riche de leur pays, les Congolaises et Congolais sont majoritairement pauvres, plus de la moitié d'entre eux étant plongés dans une pauvreté multidimensionnelle (CNUCED, 2020, 50).

Ainsi, entre les richesses minières et les terres arables que regorgent la RDC et sa situation socio-économique se trouve l'absence d'une exploitation sérieuse et d'une production agricole industrialisée, faute d'accompagnement en termes des budgets conséquents.

C'est dans cette optique qu'en 2013, le gouvernement congolais lançait son plan d'investissement agricole doté d'un budget de 5,7 milliards de dollars. (Ministère de l'Agriculture et du Développement Rural, 2013). L'objectif déclaré du plan était de lutter contre la sous-nutrition et l'insécurité alimentaire, de réduire les importations alimentaires et d'assurer une croissance économique durable (Frederic Mousseau, 2018 : 5) en passant par le soutien à l'agriculture familiale (exploitations familiales) et les grandes entreprises agro-alimentaires (Eric Tollens, 2015 : 155).

La naissance de ce plan national d'investissement est consécutive à l'engagement du pays dans le processus du Programme détaillé de développement de l'agriculture africaine (PDDAA[8]) obligeant la RDC à augmenter la part du budget national consacrée au secteur agricole à 10 % pour réaliser une croissance agricole annuelle de 6 %. Et c'est dans le sillage de ce plan que l'initiative et la mise en corps du projet des parcs agros industriels vont voir le jour en 2014.

Avant d'en parler, il y a lieu de voir de plus près l'engagement de la RDC dans le processus du programme détaillé de développement de l'agriculture (B), ayant conduit au lancement du plan d'investissement agricole (C) après

---

8 Le Programme détaillé de développement de l'agriculture africaine (PDDAA) a été conçu dans le cadre du Nouveau partenariat pour le développement de l'Afrique (NEPAD), pour mettre l'accent sur l'investissement sur trois «piliers» interdépendants susceptibles de faire changer les choses en Afrique: (i) étendre les surfaces sous gestion durable des terres et les systèmes fiables de contrôle de l'eau; (ii) renforcer l'infrastructure rurale et les capacités commerciales en vue d'améliorer l'accès au marché; et (iii) accroître l'approvisionnement alimentaire et réduire la faim (NEPAD, 2006 : 5).

plusieurs programmes et plans de relance agricole des gouvernements ayant échoués (A).

A. Les plans et programmes défaillants de relance agricole de la part des gouvernements congolais

Ici, d'après la note de politique agricole de la République Démocratique du Congo élaborée un peu plus d'une année après l'adoption des éléments constitutifs de la Note de Politique Agricole au cours du Forum sur le Développement Agricole tenu en mai 2006 à Kinshasa (Ministère de l'agriculture, pèche et élevage, 2009 : IX), le secteur agricole a toujours été déclaré priorité des priorités par les différents pouvoirs qui se sont succédés. A cet égard, différents efforts ci-après de planification ont été entrepris : Le Plan intérimaire de relance agricole (1966-1972) ; le Programme Agricole Minimum (1980-1981) ; le Plan de relance agricole 1982-1984 ; Programme d'Autosuffisance Alimentaire (PRAAL 1987-1990) ; Plan directeur du Développement Agricole et Rural (PDDAR 1991-2000) ; le Programme National de Relance du Secteur Agricole et Rural « PNSAR » (1997-2001) ; Programme triennal d'appui aux producteurs du secteur agricole 2000-2003 ; Programmes et projets appuyés par la FAO et les autres interventions dans le secteur agricole et rural (-Ministère de l'agriculture, pèche et élevage, 2009 : 7-13).

Cependant, tous ces plans n'ont pas contribué au décollage du secteur agricole congolais ni à un début de croissance dans le secteur (Jean Chrysostome Vahamwiti Mukesyayira, 2018 : 255).

Par ailleurs, ce slogan politique du secteur agricole comme « priorités des priorités » à longtemps demeurer creux et sans contenu pratique. La problématique de son financement illustre concrètement les limites de l'ambition politique à son endroit constate Michel Mpundu (2018 : 119).

Dans les faits rapportent Lebailly *et al.* (2015 : 49), le secteur agricole semble n'avoir jamais été la priorité, et la plupart des programmes n'ont pas donné les résultats escomptés. Les objectifs, rarement atteints et rarement ou jamais évalués, ont été la plupart du temps reportés aux programmes suivants, avec guère plus de succès. Il est également largement admis que ces documents multiples de stratégie sectorielle nationaux et provinciaux sont trop généraux, sans priorités et sans possibilités de suivi réaliste et simple.

Dans son ouvrage intitulé *Politiques publiques et gestion du secteur agricole et rural en République démocratique du Congo*, le Dr Patrick Makala Nzengu (2009) analyse les raisons des échecs : « Comparativement à ce qui se passe ailleurs, en République démocratique du Congo, la priorité en matière de développement du secteur agricole et rural est donnée aux opérations d'urgence, sans véritable stratégie à moyen et long terme. Ainsi, l'approche est demeurée fort longtemps fondée sur des projets à court terme, mal initiés et budgétivores qui ont fini par devenir des structures administratives permanentes, sans impact réel sur le terrain [...] Les principales orientations stratégiques du Gouvernement pour le moyen terme servant de référence se retrouvent soit dans les documents conçus par les partenaires au développement, soit dans les discours du Chef de l'État qui prennent l'allure de force de loi, soit encore dans les déclarations faites à l'issue des comités consultatifs ou des tables rondes. Plusieurs de ces documents de politique agricole et rurale conçus par les bailleurs de fonds ou sous leur inspiration contiennent des réflexions qui se suivent les unes les autres sans lien évident et généralement avec un même contenu » (Lebailly *et al,* 2015 : 49-50).

Ces différents problèmes conduiront la RDC à s'engager au Programme détaillé de développement de l'agriculture africaine avec lequel elle (la RDC) disposera d'une ébauche de cadre de planification commun. Le processus PDDAA crée ainsi les conditions pour une cohérence accrue des différents documents stratégiques et un cadre commun pour toutes les parties prenantes au développement du secteur (Lebailly *et al,* 2015 : 50).

Que retenir du processus du programme détaillé de développement de l'agriculture en RDC? Telle est la pierre de touche du point suivant.

B. Le processus du programme détaillé de développement de l'agriculture et la RDC

S'il faut présenter le Programme détaillé de développement de l'agriculture en Afrique (PDDAA), l'on peut dire qu'il s'agit de l'un des cadres continentaux de l'Agenda 2063 qui vise à aider les pays africains à éliminer la faim et réduire la pauvreté tout en favorisant la croissance économique par un développement axé sur l'agriculture ainsi que la promotion d'une augmentation des crédits budgétaires nationaux pour le secteur agricole[9].

Ainsi, grâce au PDDAA, les gouvernements africains devraient accroître le niveau d'investissement dans l'agriculture en consacrant au moins 10 % de leurs budgets nationaux à l'agriculture et au développement rural, et atteindre un taux de croissance agricole d'au moins 6 % par an[10].

La République Démocratique du Congo a procédé au lancement officiel du Programme Détaillé pour le Développement de l'Agriculture en Afrique (PDDAA) les 07 et 08 juin 2010 à Kinshasa avec l'appui du COMESA (Marché Commun des Etats d'Afrique de l'Est et Australe) (PNIA2014-2020, 2013 : VI)

---

9 Lire l'article de l'union africaine sur le Développement agricole disponible sur: https://au.int/fr/developpement-agricole, consulté le 03 juillet 2023.
10 *Ibidem*

C'est en 2011 (17 mars) au travers une charte de la RDC pour le PDDAA que la R.D.C va s'engager à appliquer les recommandations du programme qui consiste dans l'ensemble à consacrer 10 % du budget national à l'agriculture.

Cet engagement est suite à la Table Ronde pour la signature de la Charte a été organisée le 17 mars 2011 à Kinshasa en présence des Autorités gouvernementales, de la Commissaire de l'Union Africaine en charge de l'Economie Rurale et de l'Agriculture, du Secrétaire Général Adjoint du COMESA, des Représentants du NEPAD, du FARA, de l'IFPRI, du Re-SAKSS, ainsi que des Délégués des Partenaires Techniques et Financiers, du Secteur Privé, des Organisations de la Société Civile et des Organisations des Producteurs Agricoles(PNIA2014-2020, 2013 : VI).

L'organisation de la Table Ronde a permis au Ministère de l'Agriculture et du Développement Rural (MINAGRIDER), en concertation avec toutes les parties prenantes, d'entamer le processus de formulation du Plan National d'Investissement Agricole (PNIA) (PNIA 2014-2020, 2013 : VI) qui va contenir l'idée des parcs agro-industriels au travers le pays.

Ainsi, les lignes qui suivent portent sur le plan d'investissement agricole et l'idée des parcs agro industriels.

C. Le plan d'investissement agricole et l'idée des parcs agro industriels

Le Gouvernement congolais a élaboré le PNIA11 avec l'appui du PDDAA (Programme Détaillé pour le Développement Agricole de l'Afrique), du NEPAD (Nouveau Partenariat pour le Développement de l'Afrique), et du COMESA (Marché Commun de l'Afrique Orientale et Australe)12 constituant

---

11 La RDC a adopté en septembre 2013, pour la période allant jusqu'en 2020, un Plan national d'investissement agricole (PNIA 2013-2020) d'un coût estimé à 5 730,8 millions de dollars

12 VAHAMWITI MUKESYAYIRA Jean Chrysostome, « Problématique du développement agricole en République Démocratique du Congo : analyse des paramètres de durabilité des

le cadre de planification de fonds nationaux et extérieurs pour le secteur agricole et rural, allant de 2013 à 2020, soit huit ans (Beltrade, 2016 : 3).

Il repose sur l'hypothèse que les investissements publics et privés qui soutiendraient une croissance continue du PIB agricole supérieure à 6 % dirigeraient la RDC vers son émergence agricole et par conséquent à la réduction de la pauvreté, pour assurer la sécurité alimentaire et nutritionnelle des populations congolaises, et pour générer durablement des emplois et des revenus d'ici l'horizon 2020 (Organisation mondiale du commerce, 2016 : 71).

Ce plan est le Cadre national de planification des fonds nationaux et extérieurs pour le secteur de l'agriculture et du développement rural. Il prend en compte les besoins, les acquis, les gaps à couvrir pour l'investissement et le fonctionnement du secteur sur un horizon de huit ans (2013-2020). Il fédère l'ensemble des programmes et projets en cours et en perspective dans le secteur. Son objectif global est de stimuler une croissance annuelle soutenue du secteur agricole de plus de 6%, indispensable pour réduire la pauvreté (Organisation mondiale du commerce, 2016 : 71-72).

Le PNIA est structuré en cinq programmes répondant aux cinq axes prioritaires du secteur, et est développé à travers 18 sous-programmes et 66 composantes. Les cinq grands axes prioritaires prévoient plusieurs actions sectorielles ou transversales, y compris: (i) améliorer la gouvernance agricole, promouvoir l'intégration de l'approche genre et renforcer les capacités humaines et institutionnelles; (ii) promouvoir durablement les filières agricoles, au premier rang desquelles les filières vivrières, et développer l'agro-business afin d'améliorer les revenus des paysans et des autres

---

campagnes agricoles et des parcs agro-industriels » in *Parcours et Initiatives*, numéro spécial mai 2018, p.263

opérateurs du secteur; (iii) améliorer la gestion de la sécurité alimentaire et nutritionnelle des populations et constituer des réserves stratégiques; (iv) développer et diffuser les produits de la recherche auprès des utilisateurs et améliorer le niveau de compétence professionnelle des différents acteurs; et (v) réduire la vulnérabilité du secteur agricole aux changements climatiques(Organisation mondiale du commerce, 2016 : 72).

C'est de là que la stratégie des parcs agro-industriels en RDC naissait en février 2014 et reposait sur les constats suivants : baisse drastique de la production agricole per capita, faible productivité des principales spéculations, dépendance accrue aux importations, surenchère des produits importés et déficience nutritionnelle13.

Dès lors, le point suivant s'articule sur l'initiative et la mise en corps du projet des parcs Agro industriels en RD. Congo.

II. L'initiative et la mise en corps du projet des parcs Agro industriels en RDC

L'initiative du projet des parcs agro industriels intervient en 2014 sous la présidence de Joseph Kabila et la primature de Matata Ponyo au sein duquel un collège agriculture et Développement Rural, a été désignée comme structure chargée de l'Agro-business.

D'après cette structure supervisé par Matata ponyo, l'idée est de mettre en place 22 parcs agro-industriels d'une superficie comprise entre 1 000 ha et 150 000 ha sur l'ensemble du pays, soit plus de 1,5 million d'hectares au total (Ministère de l'Agriculture et du Développement Rural, *Plan National d'Investissement Agricole* , 2013), « pour passer d'un secteur de subsistance à un secteur puissant, moteur de développement économique, pôle de croissance

13 Parcs agro-industriels, pourquoi et comment ? Document de présentation des parcs agro-industriels, Kinshasa 2014.

soutenue et ainsi, diminuer les importations alimentaires toujours en hausse » (Eric Tollens, 2015 :150).

En effet, si cette initiative est l'œuvre de la primature de Matata ponyo, sa conception ainsi que sa planification ont été l'œuvre des experts internationaux du « KPMG14 » dans la mesure où ils ont conçu le master plan du site de Bukanga Lonzo, c'est-à-dire ils ont réalisé des études qui ont produit l'analyse topographique, agronomique, architecturale, du marché et financier du projet.

Au sujet des parcs industriels, les directives internationales pour les parcs industriels élaborées par l'équipe multidisciplinaire de l'ONUDI sur l'aménagement des parcs industriels en associant l'expérience technique de l'ONUDI aux meilleures pratiques internationales (ONUDI, 2019 : 16) renseignent que « Le développement de parcs industriels implique une planification et une supervision minutieuses. Les principales étapes de la planification d'un parc industriel sont les suivantes : la préparation du dossier d'analyse de rentabilité, y compris des études de préfaisabilité, la pré identification d'une liste restreinte de sites appropries pour le parc, l'analyse de faisabilité détaillée du site sélectionné, puis la structuration financière et la conclusion d'accords avec les bailleurs de fonds »(ONUDI, 2019 : 18).

En somme, l'initiative des 22 parcs agro industriels en 2014 a été penser de manière à respecter les textes juridiques internationaux et nationaux en matière agricole en République démocratique du Congo (A) et n'a pas la prétention de faire disparaitre l'agriculture familiale qui a toujours existé depuis la nuit des temps (B).

---

14 KPMG est un réseau international de cabinets d'audit et de conseil exerçant dans 143 pays. Il est composé de cabinets indépendants affiliés à KPMG International Limited, une société de droit anglais.

Cependant, s'il faut rentrer une année en arrière, c'est-à-dire en 2013, toujours dans le cadre du programme de relance du secteur agricole, l'on peut relever que le projet des parcs agro industriels a été précédé par l'option de la production locale des engrais sans lesquels les produits agricoles « made in RDC » ne saurait être compétitif.

Pour ce faire, il fallait mettre en place une entreprise mixte pour la production d'engrais en RDC avec la firme sud-africaine « TRIOMF » (C), avant de concevoir le parc agro-industriel de Bukanga Lonzo comme projet pilote aux 22 parcs agro-industriels en RDC (D).

A. L'idée des parcs agro-industriels et les normes juridiques en matière agricole en RDC

L'idée de mettre en place les parcs agro-industriels en R.D.C est censée respecter les textes juridiques en vigueur en RDC.

Parmi ces textes, il faut distinguer ceux internationaux de ceux nationaux.

1. L'initiative des parcs agro industriels et les textes internationaux en vigueur en RDC

Au niveau des textes juridiques internationaux existent plusieurs accords, conventions internationales, pactes internationaux et engagements internationaux auxquels la RDC a adhéré et auxquels même les projets d'agro-industrie sont censés respectés, il s'agit : de la convention sur la biodiversité, du traité international sur les ressources phylogénique pour l'alimentation et l'agriculture ; de la déclaration de Mamputo ; déclaration de Malabo sur la croissance et la transformation accélérée en Afrique pour une prospérité partagée et de meilleures conditions de vie.

Je rappelle la convention sur la diversité biologique, le traité international sur les ressources phylogénique pour l'alimentation et l'agriculture, la déclaration de Maputo sur l'agriculture et la sécurité alimentaire en Afrique ainsi que la déclaration de Malabo de l'UA en juin 2012.

a. La convention sur la diversité biologique

Adoptée à Rio en juin 1992 et entrée en vigueur le 23 décembre 1993, la Convention sur la diversité biologique (CDB) est le seul instrument international complet sur la diversité biologique. Son article 1er énonce trois objectifs de la CDB : la conservation de la diversité biologique (articles 6-9, 11 et 14) ; l'utilisation durable des éléments constitutifs (articles 6, 10 et 14) ; et le partage juste et équitable des avantages découlant de l'utilisation des ressources génétiques (articles 20 et 21), notamment par : un accès satisfaisant aux ressources génétiques (article 15), compte tenu de tous les droits exercés sur ces ressources; un transfert approprié des techniques pertinentes (articles 16 et 19), compte tenu de tous les droits portant sur des techniques, et un financement adéquat (article 20 et 21).

En effet, parmi les principaux engagements pris par les Etats parties, dont la République Démocratique du Congo, figurent notamment ceux d (') e :

1) déterminer dans la législation nationale les conditions propres à faciliter l'accès aux ressources génétiques selon les conditions convenues d'un commun accord en reconnaissant que les Etats exercent la souveraineté sur leurs ressources naturelles et en exigeant un consentement préalable donné en connaissance de cause par l'autorité nationale compétente;

2) déterminer également les modalités de partage des avantages de l'utilisation commerciale des ressources génétiques avec les Parties contractantes qui fournissent ce ressources (article 15 CDB), y compris les résultats de recherche sur les ressources génétiques;

3) encourager l'accès à la technologie nécessaire à la conservation et à l'utilisation durable de la diversité biologique ou utilisant les ressources

génétiques sans causer de dommages sensibles à l'environnement ainsi que son transfert et, dans la mesure du possible, sa mise au point conjointe (article 16 CDB);

4) encourager les activités de recherche sur les biotechnologies, surtout dans les pays en voie de développement, et s'assurer du partage juste et équitable des avantages découlant des biotechnologies (article 19 CDB), etc.

Cependant, la Convention sur la biodiversité ne semble pas avoir résolu la problématique de la diversité biologique agricole. Et lors de la 2ème réunion de la Conférence des Parties à la CDB, la décision II/15 adoptée débute en « *reconnaissant que la diversité biologique agricole a sa propre spécificité, et donc des caractéristiques et des problèmes distincts, appelant des solutions particulières* ». Dans le même esprit, le Protocole de Nagoya reconnait également la nature spécifique de la diversité biologique agricole, ses traits distincts et ses problèmes nécessitant des solutions particulières. C'est entre en raison de cette spécificité que les Etats ont négocié et conclu le Traité international sur les ressources phylogénétiques pour l'agriculture et l'alimentation, en vue de fixer les règles particulières applicables à l'accès aux ressources phylogénétiques pour l'agriculture et l'alimentation et au partage des avantages qui en découlent (Crispin Mutumbe Mbuya, 2012 : 13).

Que retenir du traité international sur les ressources phylogéniques pour l'alimentation et l'agriculture?

b. Le traité international sur les ressources phylogénique pour l'alimentation et l'agriculture

Il s'agit d'un accord international visant à assurer la sécurité alimentaire par le biais de la conservation de la biodiversité, de l'échange et de l'utilisation durable des ressources phylogénétiques, tout en garantissant le partage des bénéfices. Le nom de ce traité est souvent abrégé en « Traité sur les semences ».

Adopté le 3 novembre 2001 par la 31e Conférence de l'Organisation des Nations unies pour l'alimentation et l'agriculture (FAO), le Traité est entré en vigueur le 29 juin 2004.

Il a pour objectifs : la conservation et l'utilisation durable des ressources phylogénétiques pour l'alimentation et l'agriculture, et le partage juste et équitable des avantages découlant de leur utilisation en harmonie avec la Convention sur la diversité biologique, pour une agriculture durable et pour la sécurité alimentaire15.

D'une part, le traité reconnaît les droits des paysans, leur rôle dans la conservation de la biodiversité et d'autre part, contraint en conséquence les pays signataires à adopter des actions des politiques et des programmes pour la conservation in situ / on farm et la phytosélection participative (Konstantia Koutouki, Nicole Matip et Serges Kwembou, 2011 : 133 et 140)16.

La RDC a, depuis le 05 juin 2003, adhéré au Traité international sur les ressources phylogénétiques pour l'alimentation et l'agriculture. Son entrée en vigueur le 29 juin 2004 traduit l'engagement de la communauté internationale en faveur d'une nouvelle forme de synergie – une convention indépendante abordant à la fois le besoin de sécurité alimentaire de la planète et les objectifs communs à propos des notions de « accès et partage des avantages » par la Convention sur la diversité biologique (*améliorer les moyens de subsistance*

15 Article 1 du traité international sur les ressources phylogénétiques pour l'alimentation et l'agriculture

16 Konstantia KOUTOUKI, Nicole MATIP et Serges KWEMBOU, "La protection des variétés végétales en Afrique de l'ouest et centrale", (2011) 41-1 R.D.U.S. 133, 140.

des populations en luttant contre la faim et en préservant la diversité biologique)17.

Cette législation internationale à l'instar de la convention sur la biodiversité encadre la circulation des ressources, pourtant nécessaire au maintien de la diversité génétique et à la pérennité de l'agriculture. On comprend que la question majeure qui se pose à tous les acteurs est bien celle de l'accès au matériel génétique pour favoriser l'innovation et sa diffusion, au service de la conservation et du développement18.

La sélection végétale nécessite le libre accès aux ressources génétiques. Celles-ci constituent la matière première que les agriculteurs, chercheurs et obtenteurs utilisent pour améliorer la qualité et la productivité des cultures19.

Et dans l'agro-industrie, les complexes ou les parcs ont besoin de ces ressources génétiques. Ils devront respecter les normes qui encadrent l'accès à ces ressources génétiques.

Il me faut en outre signaler la déclaration de Maputo sur l'agriculture et la sécurité alimentaire en Afrique.

---

17 Lire à ce sujet Crispin MUTUMBE MBUYA, *rapport final relatif à l'étude sur les contraintes et opportunités d'une législation nationale en matière de bio prospection*, RDC, Ministère de l'environnement, conservation de la nature et tourisme, unité de coordination du projet forets et conservation de la nature UC-PFCN, Kinshasa, 20 Novembre 2012, p.14

18 Michel TROMMETTER, Marie-Anne VAUTRIN et Delphine MARIE-VIVIEN, « chapitre 2 : Les ressources génétiques pour l'agro-industrie : des échanges complexes », *in marché de la biodiversité*, p. 57

19 Michel TROMMETTER, Marie-Anne VAUTRIN et Delphine MARIE-VIVIEN, « chapitre 2 : Les ressources génétiques pour l'agro-industrie : des échanges complexes », *in Marché de la biodiversité*, p. 57

c. La déclaration de Maputo sur l'agriculture et la sécurité alimentaire en Afrique

La 2 -ème Assemblée de l'Union Africaine tenue à Maputo, au Mozambique en juillet 2003, a vu la signature d'une déclaration sur l'agriculture et la sécurité alimentaire. Cette Déclaration de Maputo appelle à un programme type panafricain du Nouveau Partenariat pour le développement de l'Afrique (NEPAD): le Programme détaillé de développement de l'agriculture africaine (PDDAA) 20qu'on a abordé au point relatif au potentiel agricole de la RDC et ses différents engagements.

Pour éviter de faire de redite, l'engagement phare de cette de Déclaration de Maputo est celle d'allouer un minimum de 10% du budget national à l'agriculture pour atteindre une croissance de 6% de l'économie agricole.

En dehors des autres engagements, la déclaration de Maputo s'engage à propos de l'agriculture et du développement à renforcer le développement de l'agriculture et des activités connexes à valeur Il convient de ne pas oublier la déclaration de Malabo de l'UA en juin 2012.

d. La Déclaration de Malabo de l'UA (Juin 2014)21

Le point culminant de 2014 comme l'Année de l'Agriculture et de la Sécurité Alimentaire de l'UA fut marqué pendant la 23ème Session ordinaire de l'Assemblée de Malabo en Guinée Equatoriale, du 26 au 27 juin 2014 pendant laquelle les Chefs d'Etats et de Gouvernements ont adopté la Déclaration de Malabo sur une croissance accélérée de l'agriculture et une transformation pour une prospérité partagée et des moyens d'existences améliorées. Parmi les

20 NEPAD, *Directives Mise en œuvre du PDDAA Pays sous la Déclaration de Malabo*, p. 4 https://au.int/sites/default/files/documents/31718-doc-caadp_implementation_guide_fre_repro.pdf 25 juillet 2023

21 Déclaration de Malabo sur la croissance et la transformation accélérées de l'agriculture en Afrique pour une prospérité partagée et de meilleures conditions de vie.

engagements récents, les Chefs d'Etats et de Gouvernements de l'UA se sont engagés à éradiquer la faim d'ici 202522.

Dans cette déclaration, l'on peut lire 9 points formant les engagements des Etats, à savoir : le Renouvellement de l'engagement en faveur des principes et des valeurs du PDDAA ; l'Engagement à renforcer le financement des investissements dans l'agriculture ; l'Engagement à éliminer la faim d'ici à 2025 ; l'Engagement à réduire de moitié la pauvreté d'ici à 2025, grâce à une croissance et à une transformation inclusives de l'agriculture ; l'Engagement à stimuler le commerce intra-africain des produits et services agricoles ; Engagement à renforcer la résilience des moyens de subsistance et des systèmes de production en Afrique face aux aléas et autres risques liés au climat ; l'Engagement à faire preuve de responsabilité mutuelle dans les actions et les résultats ; le Renforcement des capacités de l'Union africaine pour appuyer la mise en œuvre desdits engagements ; et l'Appel à l'action.

En rapport avec les parcs agro industriels, la déclaration de Malabo de l'UA, au point II concernant l'Engagement à renforcer le financement des investissements dans l'agriculture, les chefs d'Etat et de gouvernement s'engagent à renforcer le financement des investissements publics et privés dans l'agriculture ; et à cet effet, décident de: respecter l'engagement d'allouer au moins 10% des dépenses publiques à l'agriculture et d'en garantir l'efficacité et l'efficience ; de créer un environnement politique et institutionnel, ainsi que des systèmes d'appui appropriés ou améliorer ceux qui existent, pour promouvoir l'investissement privé dans l'agriculture, l'investissement privé dans l'agriculture, l'agrobusiness et l'agro-industrie, en accordant la priorité aux investissements locaux ; et de rendre rapidement opérationnelle la Banque africaine d'investissement, tel que prévu dans l'Acte

---

22 Organisation des Nations unies pour l'alimentation et l'agriculture, disponible sur https://www.fao.org/food-loss-reduction/news/details/fr/c/251934/ 25 juillet 2023

constitutif de l'Union africaine, en vue de mobiliser et de décaisser les fonds d'investissements pour financer les projets prioritaires liés à l'agriculture.

Il est important de rappeler l'initiative des parcs agro industriels et les textes nationaux.

2. L'initiative des parcs agro industriels et les textes nationaux

Parmi les textes nationaux, l'on peut relever la constitution du 18 février 2006 comme texte fondamental et la loi n°11/022 du 24 décembre 2011 portant principes fondamentaux relatifs à l'agriculture. Sans oublier les autres textes juridiques.

a. La constitution du 18 février 2006

Deux dispositions importantes parlent de l'agriculture au niveau de la constitution du 18 février 2006 telle que révisée par la Loi n° 11/002 du 20 janvier 2011 portant révision de la Constitution de la République Démocratique du Congo du 18 février 2006.

Il s'agit d'une part, de l'article 123 point 14 qui cite l'agriculture, l'élevage, la pêche et l'aquaculture parmi les matières qui relèvent du domaine de la loi qui détermine les principes fondamentaux et d'autre part, de l'article 204 point 20 qui fixe comme matières de la compétence exclusive des Provinces : l'élaboration des programmes agricoles et forestiers et leur exécution conformément aux normes du planning national, l'affectation du personnel agricole, des cadres conformément aux dispositions du statut des agents de carrière des services publics de l'Etat, l'application de la législation nationale concernant l'agriculture, la forêt, la chasse et la pêche ainsi que l'environnement, la conservation de la nature et la capture des animaux sauvages, l'organisation et le contrôle des campagnes agricoles, la fixation des prix des produits agricoles.

La constitution ne faisant pas mention des parcs agro-industriels, ne l'a pas non plus interdit et c'est sur base de l'article 123 point 14 que la loi n°11/022 du 24 décembre 2011 portant principes fondamentaux relatifs à l'agriculture verra le jour.

Il y a aussi la loi n°11/022 du 24 décembre 2011 portant principes fondamentaux en lien avec l'agriculture qu'il convient de signaler.

b. La loi n°11/022 du 24 décembre 2011 portant principes fondamentaux relatifs à l'agriculture

Une loi spécifique au domaine de l'agriculture en RDC, la loi n°11/022 du 24 décembre 2011 portant principes fondamentaux relatifs à l'agriculture a le mérite de combler le déficit longtemps observé dans le secteur agricole. Au total, elle comporte 85 articles repartis en sept titres intitulés comme suit : Des dispositions générales ; De l'exploitation agricole ; De la promotion agricole; De la protection de l'environnement ; Des régimes douanier et fiscal; Des dispositions pénales; Des dispositions transitoires, abrogatoires et finales23.

Aux termes de l'article 14 de cette loi, le législateur reconnait la notion d'industrialisation de l'agriculture en ce que « L'exploitation agricole peut être familiale, de type familial ou industriel ». Et Est industrielle, toute exploitation dont l'étendue, les moyens en hommes et en matériels donnent un important potentiel de production ».

L'on peut comprendre que l'idée des parcs agro-industriels ne vise pas à tuer l'agriculture familiale mais plutôt à l'épauler.

23 Lire exposé des motifs de la Loi n° 11/022 du 24 décembre 2011 portant principes fondamentaux relatifs à l'agriculture)

Il y a une cohabitation de l'idée des parcs agro industriels avec l'agriculture vivrière comme on peut le remarquer dans les lignes qui suivent.

B. L'idée des parcs agro industriels et sa cohabitation avec l'agriculture familiale

Avec l'initiative de créer les parcs agro-industriels, une grande préoccupation s'est posée sur la question du sort de l'agriculture familiale.

Éric Tollens s'est questionné de la manière suivante : Va-t-on vers un caractère très dualiste de l'agriculture en RDC ? Est-ce que cette nouvelle politique va arrêter le déclin de l'agriculture en RDC et renverser la tendance ? Où va-t-on vers un abandon de l'agriculture familiale pour se diriger vers une situation comparable à celle des creuseurs artisanaux face aux grandes compagnies minières ? Est-ce qu'il y a des synergies possibles entre les PAI et l'agriculture familiale ? Que faut-il faire ? (Eric Tollens, 2015 : 147)

En effet, L'initiative des parcs agro industriels n'a aucunement la vocation d'éliminer l'agriculture familiale. Elle a plutôt vocation de coexister avec elle et de l'épauler. Après tout, l'agriculture familiale est très dominante en RDC (Van Hoof, 2011).

D'ailleurs, la loi agricole de 2012 (RDC décembre 2011) crée un cadre propice pour l'agriculture familiale, car l'agriculture familiale est définie et reconnue comme étant la pierre angulaire de l'économie congolaise (Eric Tollens, 2015 : 149).

Aux termes de l'article 14 de la loi agricole : « L'exploitation agricole peut être familiale et de type familial. Elle est familiale c'est-à-dire toute exploitation dont le personnel est constitué des membres de la famille de l'exploitant et elle est de type familial, c'est-à-dire toute exploitation familiale qui recourt à une main d'œuvre contractuelle et qui constitue une unité de production d'une capacité moyenne.

L'article 15 de la loi ajoute qu'« Un arrêté du Gouverneur de province détermine la superficie maximale de la concession d'exploitation familiale ou de type familial en tenant compte des particularités de la province ».

Le concept de parcs agro-industriels est la réponse idéale à la volonté du Gouvernement de la RDC de transformer l'agriculture congolaise d'un secteur de subsistance en véritable moteur de développement de l'ensemble de l'économie congolaise.

De ce fait, l'initiative dans son ensemble repose autour de trois composantes : le développement des fermes commerciales, l'appui aux petits fermiers vivant sur et dans la périphérie des sites sélectionnés, et le développement des coopératives agricoles à haute intensité de capital, technologie et main d'œuvre. Ces trois composantes permettent de répondre de manière efficiente et professionnelle aux problèmes auxquels le pays fait face, à savoir l'offre d'une gamme variée de produits alimentaires sur le marché pour assurer à la majorité des congolais une alimentation équilibrée (Ministère de l'agriculture, pèche et élevage, 2018 : 6).

La mise en place d'une entreprise mixte de production d'engrais en RDC avec TRIOMF a précédé le projet de parcs agro-industriels. Tel est la matrice du point suivant.

C. Le projet de parcs agro-industriels précédé par la mise en place d'une entreprise mixte de production d'engrais en RDC avec TRIOMF

Un rapport de la mission effectuée par les experts de la primature en Afrique du sud du 30 septembre au 09 octobre 2013 indique que dans le cadre du programme de relance du secteur agricole, les produits agricoles « made in RDC » ne sauraient être compétitifs sans la production des engrais et qu'il était impérieux de mettre en place préalablement une entreprise mixte pour la production d'engrais en RDC. A cet effet, les annotations du premier Ministre

Matata Ponyo étaient tel qu'il demandait de finaliser dans les brefs délais l'offre de la firme sud-africaine « *Triomf* ».

On peut lire en extrait du quatrième paragraphe du rapport à la première page : « Nous avons informé les responsables de *Triomf* de l'accord du gouvernement concernant la mise en place d'une entreprise mixte pour la production d'engrais en RDC, avec comme actionnaire : L'Etat congolais à hauteur de 30 % de parts (inclus la valeur du site, exonération et autres avantages) et *Triomf* Afrique du sud avec 70% de parts »24.

La question de la production locale des engrais étant résolue par cette création de l'entreprise *Triomf* en RDC25, un projet pilote aux projets des parcs agro-industriels sera conçu.

Et il sied de préciser que la mission des experts de la primature de visite de l'usine de la firme sud-africaine *Triomf* (filiale de *Africom commodities*), a été essentielle pour la découverte ainsi que la visite des usines d'*Africom commodities* (Pty) Ltd qui sera choisis en 2014 pour la gestion du parc de Bukanga Lonzo comme projet pilote des parcs agro-industriels en RDC26.

Ce qu'il faut bien voir, le parc agro industriel de Bukanga Lonzo est un projet pilote des parcs agro-industriels congolais.

---

24 Rapport de la mission des experts de la primature dans les usines de *Triomf*, 2013, 4 eme paragraphe, p.1.

25 La société *TRIOMF RDC SA* est une société de droit d'économie mixte et de droit Congolais D/KIN/RCCM/13-13-01262, Id. Nat 01-450-N77536Q, ayant son siège social à l'immeuble Elembo n°130, boulevard du 30 juin, dans la commune de la Gombe à Kinshasa République Démocratique du Congo dirigé par Monsieur Christo GROBLER et Mr Martin LUKAYA respectivement Administrateur Directeur Général et Administrateur Directeur Général Adjoint

26 La société *Triomf fertilizer* fait partie du groupe *Africom commodities*

D. Le parc agro industriel de Bukanga Lonzo comme projet pilote des parcs agro-industriels en RDC

Comme réponse idéale à la volonté du Gouvernement de la RDC de transformer l'agriculture congolaise d'un secteur de subsistance en véritable moteur de développement de l'ensemble de l'économie congolaise, à travers le pays, le Gouvernement congolais a identifié plus d'une vingtaine de sites disposant d'un potentiel avéré en matière de production végétale, animale et halieutique (Ministère de l'agriculture, pèche et élevage, 2018 : 6).

A l'aide d'un tableau l'on peut comprendre l'ensemble de ces sites potentiels d'aménagement des parcs agro-industriels identifiés.

Tableau 1 : Sites potentiels d'emplacement des Parcs Agro-industriels en RDC (Ministère de l'agriculture, pèche et élevage, 2018 : 7).

Province	Région	Site	Taille du site (ha)	Cultures	Elevage/ pèche
Kwango/Kwilu	Kenge/Bagata	Bukanga Lonzo	80.000		
Kwilu	Idiofa	Dibaya Lubwe	ND		
Kwilu	Bulungu	Kimbinga	20.000		
Kongo Central	Luozi	Nkundi	30.000		Poulet, Boeuf, chèvre, lait, poisson et porc
Kongo Central	Tshela	Tshela	ND		
Kongo Central	Mbanza Ngungu	Kinzau	1.000	Cabbage, spiach, tomate	
Kinshasa	Maluku	Dumi	14.000		
Mongala	Bumba	Bumba	110.000	Maïs, légumineuses, soja, riz, avocat, banane plantain, arachide, igname	Chèvre, poisson, porc
Nord Ubangui	Businga	Businga	65.000	Maïs, soya, arachide, légumineuses, tournesol	Boeuf, poulet, chèvre, poisson, porc

Nord Ubangui	Gbadolite	Gbadolite	77.000	Maïs, soya, arachide, légumineuses	Boeuf, poulet, chèvre, poisson et porc
Tanganyika	Kalemie	Kalemie	42.000		
Haut Katanga	Kaniama	Kaniama Kasese	30.000		
Maniema	Kasongo	Kasongo	75.000	Maïs, soya, riz, arachide, légumes	Bœuf, poulet, chèvre, poissons
Maniema	Kindu	Kindu	150.000	Maïs, soya, riz	Bœuf, poulet, poissons
Kasaï Central	Luiza	Luiza	120.000		
Kasaï Central	Mweka	Mweka	ND		
Kasaï central	Ngandajika	Ngandajika	ND		
Sud Kivu	Uvira	Ruzizi	80.000		
Tshopo		Yangambi	85.000	Maïs, soya, café, cacao	
Tshopo		Lotokila	95.000	Maïs, soya, riz	Poulet, poisson et bœuf

Après cette identification des sites potentiels pouvant accueillir les 22 parcs agro industriels qui pourtant est budgétivore pour leur application totale, le gouvernement a jugé bon de commercer par un premier parc agro industriel, celui de Bukanga Lonzo27 et ensuite, d'attirer les investisseurs pour le reste des parcs à implantés en RDC.

A ce sujet, une recherche de terrain effectuée par *Oakland Institute* et CEDEN (Cercle pour la défense de l'environnement) en juin 2018 intitulé « *Parcs agro-industriels en RDC. Tirer les leçons de la débâcle de Bukanga Lonzo* », renseigne ce qui suit : « le gouvernement tient à attirer les agro-industries et les investisseurs pour développer la production agricole à grande échelle. C'est dans ce contexte que la RDC s'est engagée en 2014 dans un plan visant à créer 22 parcs agroindustriels d'une superficie comprise entre 1 000 ha et 150 000 ha sur l'ensemble du pays, soit plus de 1,5 million d'hectares au total. La même année, le premier de ces parcs était lancé à titre de projet pilote à Bukanga Lonzo » (Frederic Mousseau, 2018 : 5).

Paulin Ibanda Kabaka renchérit en ces termes : «…le parc de Bukanga-Lonzo, dans la province du Kwango non loin de Kinshasa, devait servir de projet pilote. Ce projet visait à inciter les investisseurs tant nationaux et internationaux à se mobiliser dans la relance de la production agricole » (Paulin Ibanda Kabaka, 2020 : 2).

---

27 Ce choix a conduit à plusieurs études faites par les équipes d'expert qui ont : conçu le master plan du site de Bukanga Lonzo, c'est-à-dire des experts qui ont produit l'analyse topographique, agronomique, architecturale, du marché et financier du projet; effectuée les travaux d'analyse détaillée du sol (une première pour le pays); élaboré le plan d'affaires pour les 2 premières phases du projet ; ont effectué les autres études (analyse financière par KPMG; étude de réalisation de la sous-station électrique et l'étude environnementale associée; étude d'impacts environnemental et social pour la partie de production agricole; étude socio-économique de la population établie sur les sites).
Lire s Elvis ZIGABE, *Bukanga Lonzo : L'IGF a menti au moins 8 fois dans son rapport*, 7sur7.cd, 11 mai 2021, article disponible sur : https://7sur7.cd/2021/05/11/bukanga-lonzo-ligf-menti-au-moins-8-fois-dans-son-rapport-elvis-zigabe (01 aout 2023)

Il en ressort que Bukanga Lonzo, avant d'être un bon site pilote de mise en corps des projets des parcs agro-industriels, est un secteur dans la province du Kwanga placé dans une des zones économiques spéciales.

Bukanga Lonzo est un secteur dans la province du Kwango, un site dans la zone économique à l'Ouest, un bon site pour la mise en corps d'un parc agro industriel pilote en RDC

1. Bukanga Lonzo, un secteur dans la province du Kwango

Bukanga Lonzo avant d'être identifié à un Parc agro-industriel est avant tout un secteur dans la province du Kwango.

Il s'agit d'un secteur dans le territoire de Kenge situé dans la province du Kwango, une province bordée au nord par la Province du Kwilu, à l'Est, au Sud et à l'Ouest par l'Angola; Sa superficie couvre 89.974 Km² et son Chef-lieu est la ville de Kenge (Banque africaine de développement, 2015 : 2).

Au travers une carte administrative, l'on peut mieux comprendre le secteur de Bukanga Lonzo.

CARTE ADMINISTRATIVE DU TERRITOIRE DE KENGE

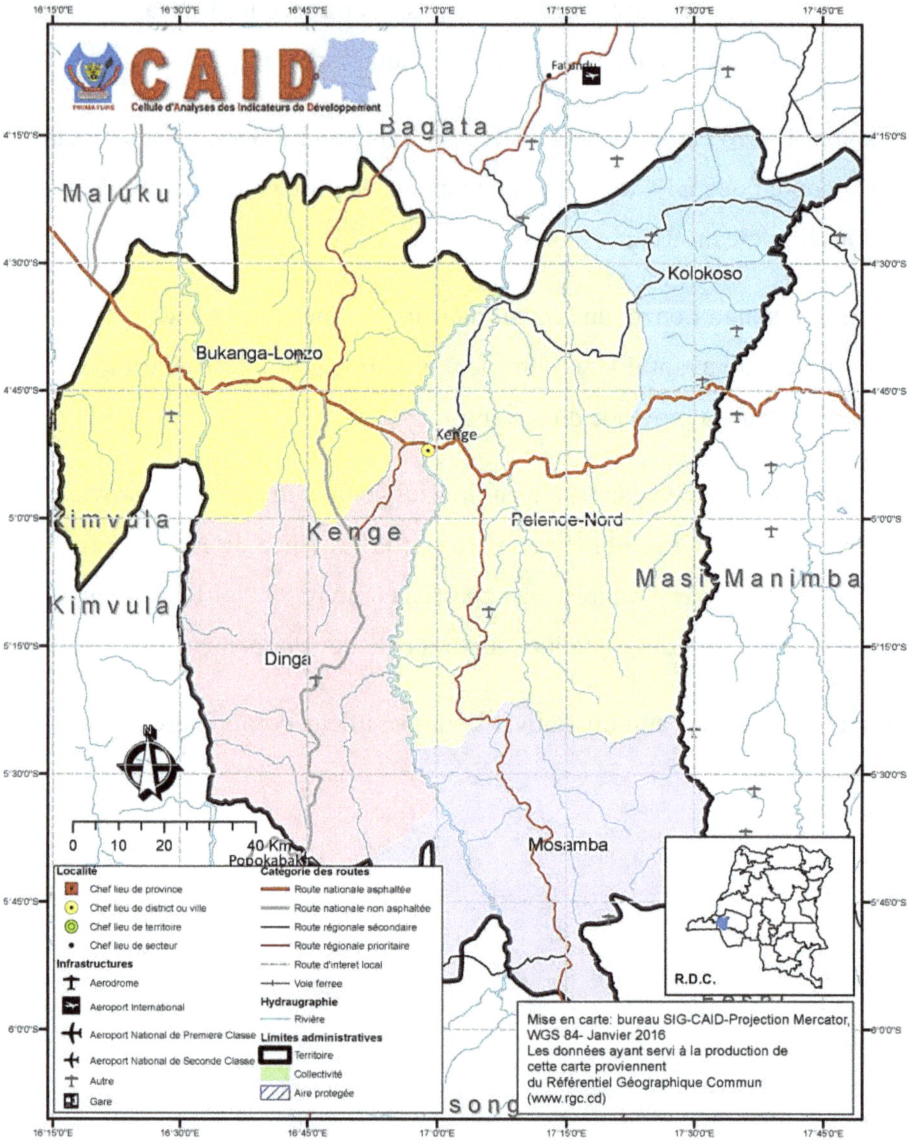

En effet, comme on peut le voir sur la carte, le site de Bukanga Lonzo est situé à cheval sur les provinces du Kwilu, et du Kwango à environ 250 Km au sud-est de Kinshasa (Ministère de la l'agriculture, pèche et élevage, 2018 : XIII).

Ce secteur a le mérite de regorger un potentiel de très haute valeur ajoutée : terre arable à fort rendement, disponibilité en eau et facilité d'irrigation, proximité avec la ville de Kinshasa qui constitue un marché et un débouché commercial de plus de 10 millions de personnes (Ministère de la l'agriculture, pèche et élevage, 2018 : XIII), c'est comme ça que Bukanga Lonzo se présente comme un bon site pour la mise en corps d'un parc agro-industriel pilote.

2. Bukanga Lonzo, un site dans la zone économique spéciale de la zone industrielle Ouest

Les Zones Economiques Spéciales (ZES) sont connues comme des espaces enclavés destinés à favoriser l'attrait des investissements privés nationaux et étrangers au moyen d'un régime juridique particulièrement incitatif, des procédures simplifiées et des infrastructures appropriées (Agence des zones économiques spéciales, 2020 : 7).

Elles sont considérées par les Etats qui tentent de les promouvoir comme un levier important de la politique économique, notamment en matière de développement du secteur industriel et d'amélioration du climat des affaires (Agence des zones économiques spéciales, 2020 : 7).

Les zones économiques spéciales (ZES) sont très répandues dans la plupart des pays en développement et dans nombre de pays développés. Au sein de ces zones géographiquement délimitées, les pouvoirs publics stimulent l'activité industrielle en prenant des mesures d'incitation d'ordre fiscal et réglementaire, et en apportant un appui aux infrastructures (Rapport CNUCED 2019).

S'il faut s'en tenir à l'histoire des projets de ZES ainsi que de leur évolution en RDC, l'on peut relever qu' « A la veille de son indépendance, la RDC était l'un des pays les plus industrialisés d'Afrique subsaharienne avec plus de 9600 entreprises industrielles. Quelques années après, le pays a connu un cycle de désindustrialisation suite à plusieurs événements, notamment la zaïrianisation et l'effet du premier choc pétrolier en 1973, la radicalisation et la récession en 1974. Ce cycle s'est accéléré durant les années 1990 avec les pillages de 1991 et de 1993, la forte dégradation du cadre macroéconomique, ainsi que des conflits armés récurrents » (Agence des zones économiques spéciales, 2020 : 11).

C'est dans le cadre de la recherche des voies et moyens pour attirer les investissements que la RDC a décidé de recourir à la stratégie des zones économiques spéciales (Agence des zones économiques spéciales, 2020 : 11).

En effet, pour le Gouvernement, le développement des industries de transformation (en particulier dans les secteurs de l'agro-industrie et de la transformation des produits primaires) et des industries industrialisantes ou structurantes, constitue le socle du progrès social et économique de notre pays. Ainsi, la stratégie de développement du secteur industriel devait être principalement axée sur la création desdites zones (Agence des zones économiques spéciales, 2020 : 11).

La stratégie des ZES entend résoudre deux obstacles majeurs à l'investissement privé, à savoir : (i) le manque d'infrastructures nécessaires à l'implantation industrielle et (ii) un climat des affaires peu propice aux investissements (Agence des zones économiques spéciales, 2020 : 11). .

Parmi ces zones économiques spéciales, le Plan d'industrialisation de la RDC du ministère de l'industrie présente Bukanga Lonzo comme faisant partie d'une zone économique spéciale ensemble avec Maluku à la zone industrielle Ouest (Ministère de l'industrie, 2021 : 9).

Et Bukanga Lonzo a été analysé comme un bon site pour la mise en corps du projet pilote des parcs agro-industriels en RDC.

3. Bukanga Lonzo, un bon site pour la mise en corps d'un parc agro industriel pilote en RDC

A travers le pays, le Gouvernement congolais a identifié plus d'une vingtaine de sites disposant d'un potentiel avéré en matière de production végétale, animale et halieutique parmi lesquels figure le site de Bukanga Lonzo (Ministère de la l'agriculture, pèche et élevage, 2018 : 6).

Le site de Bukanga Lonzo a été le choix du parc agro-industriel pilote en RDC. Ce site a fait en sorte que le parc agro-industriel qui porte son nom « Bukanga Lonzo » soit localisé entre les rivières Kwango et Lonzo à 250 km au sud-est de la ville de Kinshasa sur la route nationale n°1 (Paulin Ibanda Kabaka, 2020 : 2), une situation de terroir agricole bénéficiant d'excellentes conditions climatiques, géographiques et météorologiques.

Ces conditions sont essentielles et facilitatrices à la production végétale (maïs, soja, haricots, fruits et légumes) ; à la production animale (poulets, porcs, chèvres, moutons, bovins, etc..) ; et à la production aquacole (poissons « tilapias, clarias, etc. ») (Banque africaine de développement, 2015 : 2).

La banque africaine de développement (2018 : 5) note que « l'agriculture est la principale activité exercée sur les terres de Bukanga Lonzo de tel enseigne qu'elle se fait durant toute l'année ; que ça soit en saison de pluie ou en saison sèche. Elle occupe à peu près 80% de la population sous forme d'agriculture de subsistance et les produits suivants sont ceux cultivés dans la zone du projet: le manioc, l'arachide, le maïs, le riz paddy, la banane plantain, la patate douce, le millet, le Voandzou, le Niébé ainsi que différentes sortes de légumes.

L'élevage est pratiqué, surtout l'élevage de bovins, mais aussi de chèvres, de moutons, de porcs et de volaille, etc. La pêche n'est pas très développée et est essentiellement artisanale sur les rivières et lacs de la région. Les forêts du Kwango et du Kwilu abritent des arbres de grandes valeurs (les bois rouges, les bois noirs, etc.) qui peuvent être commercialisés mais le bois est surtout utilisé pour les besoins domestiques (Banque africaine de développement, 2018 : 5).

C'est en raison de cela que le gouvernement congolais a justifié son choix sur Bukanga Lonzo (Ministère de la l'agriculture, pèche et élevage, 2018 : XIII).

Un article du journal 7 sur 7 cd. Renseigne les autres détails du processus du choix du site de Bukanga Lonzo en ces termes : «Le choix du site 2 pour l'installation du premier parc agro-industriel est un processus qui a commencé lors du séminaire du gouvernement à Zongo. Au cours de ce séminaire, dans sa présentation, le Ministre des Travaux Publics avait souligné le manque de rentabilité économique des investissements consentis sur la Nationale 1 à cause du niveau très faible du trafic à l'exception du tronçon Kinshasa-Matadi (dans un seul sens). Parmi les recommandations, il était question de promouvoir des activités agricoles le long de la Nationale 1 y compris le développement des parcs agro-industriels tels que repris dans le Plan National d'Investissement Agricole (PNIA). Finalement des équipes d'identification avait été mises en place pour identifier les sites propices. Bukanga Lonzo a été ajouté après les analyses non-concluantes des sites de Nkundi (difficile d'accès), du Plateau de Bateke (manque d'eau et d'électricité) et Kimbinga (manque d'eau et d'électricité et loin d'un centre urbain important). C'est après l'identification du site que les experts sud-africains ont passé un mois sur le site pour analyser le sol et produire le business plan. Le choix … du site Bukanga Lonzo était une recommandation des experts »28.

---

28 Elvis ZIGABE, *Bukanga Lonzo : L'IGF a menti au moins 8 fois dans son rapport*, 7sur7.cd, 11 mai 2021, article disponible sur : https://7sur7.cd/2021/05/11/bukanga-lonzo-ligf-menti-au-moins-8-fois-dans-son-rapport-elvis-zigabe (01 aout 2023)

On peut le lire sur le site internet du parc agro industriel que les différentes zones choisies et alloués pour le Parc agro-industriel de Bukanga Lonzo ont été jugés de territoire excellent afin que toutes les parties concernées puissent en tirer le meilleur parti (http://www.parcagro.com).

Voici comment se présente en images le schéma directeur d'aménagement du parc agro industriel (Carte 1 : Schéma directeur d'aménagement (zoning) du Parc Agro-industriel de Bukanga Lonzo)

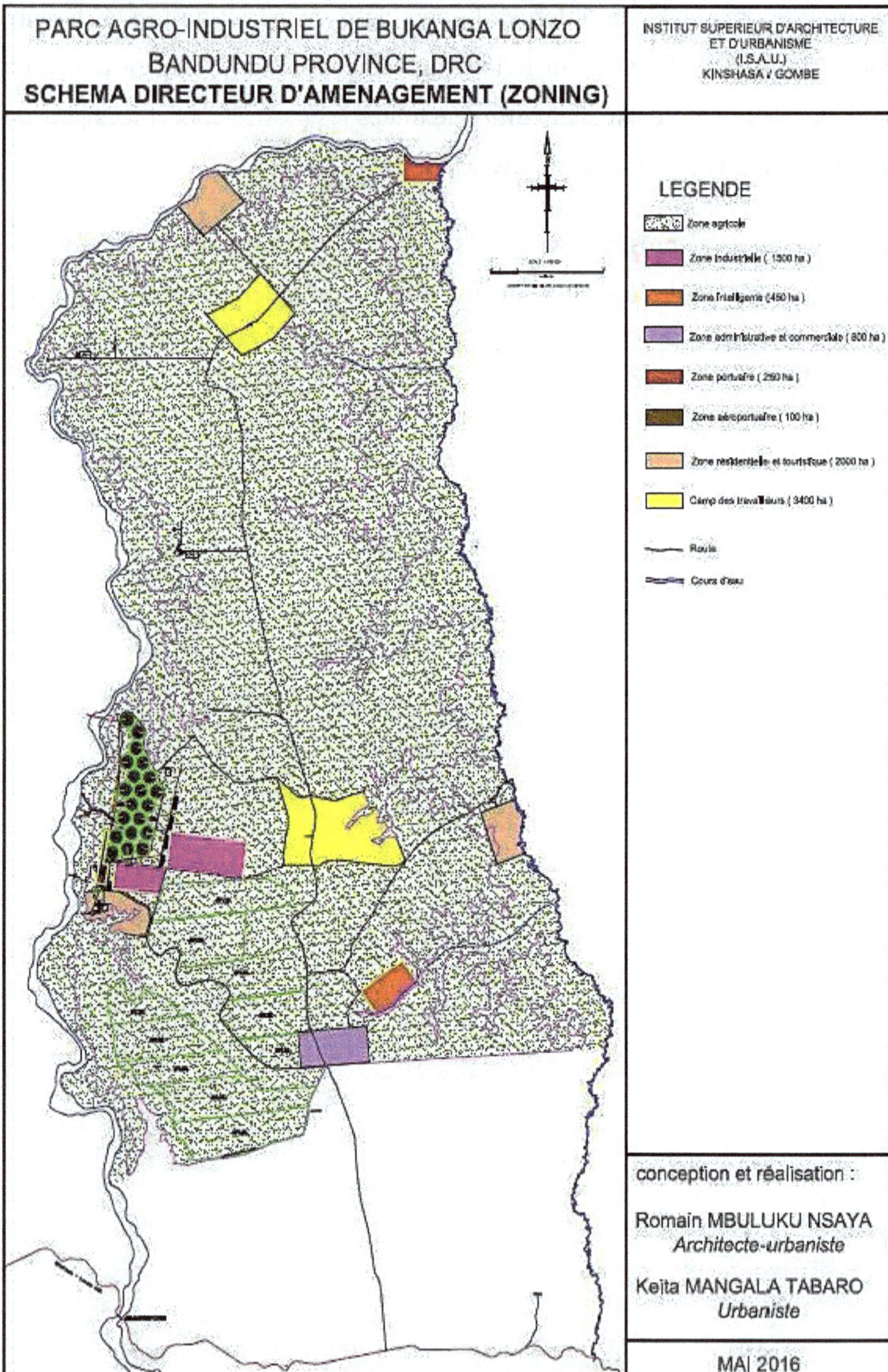
PARC AGRO-INDUSTRIEL DE BUKANGA LONZO
BANDUNDU PROVINCE, DRC
SCHEMA DIRECTEUR D'AMENAGEMENT (ZONING)
INSTITUT SUPERIEUR D'ARCHITECTURE ET D'URBANISME (I.S.A.U.)
KINSHASA / GOMBE
LEGENDE
Zone agricole
Zone industrielle (1500 ha)
Zone administrative et commerciale (800 ha)
Zone portuaire
Zone aéroportuaire (100 ha)
Zone résidentielle et touristique (2000 ha)
Camp des travailleurs (3400 ha)
Route
Cours d'eau
conception et réalisation :
Romain MBULUKU NSAYA
Architecte-urbaniste
Keita MANGALA TABARO
Urbaniste
MAI 2016

Par ailleurs, le Plan d'industrialisation de la RDC du ministère de l'industrie présente Bukanga Lonzo à cout approximatif de 250 millions d'USD comme faisant partie d'une zone économique spéciale ensemble avec Maluku à la zone industrielle Ouest parmi les vingt (20) zones économiques à rendre opérationnelles où sont censés accueillir les parcs agro industriels d'après les études préalables réalisées et les intentions des autorités provinciales (Ministère de l'industrie, 2021 : 9).

Après cette étape, devait venir la naissance structurelle et juridique du parc agro-industriel à appliquer sur le site Bukanga Lonzo.

III. L'opérationnalisation structurelle et juridique du Parc Agro-industriel de Bukanga Lonzo

D'un point de vue structurel et juridique, le projet du parc agro industriel a commencé par une forme d'entreprise publique (A) avant d'éclater en trois structures sociétales anonymes (B).

A. Le Parc agro industriel de Bukanga Lonzo : une entreprise publique de l'Etat

L'histoire de la naissance du parc agro-industriel renseigne qu'au départ, l'idée a été d'opter pour une structure juridique unique ayant pour actionnaire unique, l'Etat congolais.

A ce sujet, Jean Chrysostome Vahamwiti Mukesyayira, ancien ministre de l'agriculture et du développement rural sous le gouvernement Matata I (de 2012 à 2014) écrit dans un article intitulé « Problématique du développement agricole en République Démocratique du Congo : analyse des paramètres de durabilité des campagnes agricoles et des parcs agro-industriels » que « le contrat de gestion du parc agro-industriel de Bukanga lonzo entre le gouvernement congolais et le consortium sud-africain *Africom Commodities* en tant qu'instrument déclencheur du PAI / Bukanga lonzo est à la fois un contrat signé le 20/02/2014 et un acte de création d'une Entreprise Publique de droit congolais, PAI/Bukanga lonzo, dont l'Etat congolais était l'actionnaire unique avec option d'ouverture du capital au partenaire *Africom Commodities* (Jean Chrysostome Vahamwiti Mukesyayira, 2018 : 283.).

Cette nature juridique d'Entreprise Publique rendait ce parc autonome car doté de ses organes de gestion et ses propres mécanismes de contrôle. Le ministère de l'agriculture et du développement rural n'avait aucun rôle technique ou financier à jouer dans cette vaste initiative qui a voulu fonctionner en toute liberté sur le marché comme toute société commerciale (Jean Chrysostome Vahamwiti Mukesyayira, 2018 : 283) conformément à la loi de 2008 régissant les entreprises publiques29.

Au vu de ce contrat, le centre de gravité du PAI/Bukangalonzo avec le gouvernement a été le ministère des finances pour jouer le rôle de pourvoyeur des fonds (Jean Chrysostome Vahamwiti Mukesyayira, 2018 : 283.).

Cependant, en 2015, l'option a été levée sur la structuration des entreprises au niveau de Bukanga Lonzo passant de la première proposition d'une seule entité, à deux entités, plus la plateforme de distribution des produits.

B. Le parc agro industriel de Bukanga Lonzo : d'une entreprise publique à trois sociétés commerciales

Sur le plan opérationnel, le projet du Parc a éclaté en trois sociétés différentes ayant la forme des sociétés anonymes. Il s'agit, en premier lieu, de la société qui s'occupera de l'aménagement du parc « société Parc Agro Industriel de Bukanga Lonzo S.A » ; en deuxième lieu ; la société qui assurera l'exploitation du parc « société d'exploitation du parc agro-industriel de Bukanga-Lonzo S.A » ; et enfin, troisièmement, la société qui se chargera de

29 Loi n°08/007 du 07 Juillet 2008 portant dispositions générales relatives à la transformation des entreprises publiques.

la commercialisation des produits agricoles issus du parc « société Marché international de Kinshasa S.A. »30.

1. La société d'aménagement du parc agro industriel de Bukanga Lonzo S.A

La Société d'Aménagement du Parc Agro-Industriel de Bukanga Lonzo SA « PARCAGRI SA » est une société anonyme dont le capital est réparti entre l'Etat congolais (85%) et la société AFRICOM (15%). (Ministère de l'agriculture, pèche et élevage, 2018 : 1)

L'objet social de cette société est l'aménagement du site, la régulation des acteurs, et la provision des services publics au sein du parc ainsi que la planification des activités du site (Ministère de l'agriculture, pèche et élevage, 2018 : 1).

En détails, PARCAGRI S.A vise à mettre en place les infrastructures de base, spécialement les routes, la distribution d'énergie et d'eau et le morcellement du PAI en parcelles d'exploitation prêtes à recevoir des investisseurs désireux de s'y implanter (Ministère de l'agriculture, pèche et élevage, 2018 : 2).

Je signale la seconde structure qui est celle de la société d'exploitation du parc agro-industriel de Bukanga Lonzo SA.

2. La société d'exploitation du parc agro-industriel de Bukanga Lonzo S.A

La Société d'Exploitation du Parc Agro-Industriel de Bukanga Lonzo SA « SEPAGRI SA » dispose d'un capital social qui est détenu à 70% par l'Etat Congolais et à 30% par AFRICOM (Ministère de l'agriculture, pèche et élevage, 2018 : 1).

---

30 Procès-verbal de la réunion du 4 mars 2015 sur la validation des documents dont les statuts et la convention d'actionnaires entre gouvernement et AFRICOM.

Ses attributions sont l'exploitation et la transformation des produits agricoles, animaux et halieutiques. De ce fait, elle s'occupe de la production agricole, animale, halieutique et de leur transformation en produits alimentaires (Ministère de l'agriculture, pèche et élevage, 2018 : 1-2)

Je signale enfin la société de Marché internationale de Kinshasa S.A dans les lignes qui suivent.

3. La société de Marché internationale de Kinshasa S.A

Le Marché International de Kinshasa « MARIKIN » est organisé autour d'un capital social qui est détenu à parité de 50% par l'Etat Congolais et AFRICOM Commodities Ltd.

Il a pour objet la distribution et la commercialisation des produits agricoles, d'élevage, de pisciculture, des aliments pour bétail, des semences ainsi que tout autre produit frais ou transformé issu des parcs agro-industriels.

Conclusion

En corrélation avec les deux autres sociétés, la société « MARIKIN » est en charge de la vente des produits provenant de SEPAGRI et de tous les autres produits encadrés par le PAI B-L.

Toute cette opérationnalisation révèle combien est grand voire important le projet de parc agro industriel de Bukanga Lonzo à qui est assigné plusieurs attentes et objectifs qu'il convient d'étayer en détails.

Chapitre II

Les attentes et objectifs fondamentaux du projet agro-industriel de Bukanga Lonzo

Un si grand projet comme celui du parc agro-industriel de Bukanga Lonzo ne pouvait être pensé, conçu, ni mis en corps sans buts ni objectifs.

D'ailleurs, avec la logique de la performance insufflée par le courant du New Public Management (Yves Emery et David Giauque David, 2005), la politique agricole, comme toutes les autres politiques publiques, est déclinée en actions à réaliser et en objectifs à atteindre (Paulin Ibanda Kabaka, 2020 : 1).

Ainsi, le projet agro industriel de Bukanga Lonzo comme politique agricole, c'est-à-dire « l'ensemble des mesures mises en œuvre par un gouvernement afin de mettre à la disposition de l'économie et de la population des produits agricoles concourant à la satisfaction de leurs besoins économiques » (M. Bohman et M.-A Normile, 2003 : 49-62) , est conçu en 2014, d'une part, avec des actions à réaliser qui ne sont rien d'autres que des attentes (I) et d'autre part, avec des objectifs à atteindre (II).

I. Les attentes du projet Agro industriel de Bukanga Lonzo

Les actions à réaliser dans le cadre du projet du parc agro industriel peuvent être regroupés à trois.

D'abord, la production agricole (A), suivie de l'exploitation du bétail ainsi que l'organisation de l'élevage à caractère industriel (B) et pour finir, les constructions à faire C)

A. La production agricole au primordial de l'agro-industrie de Bukanga Lonzo

80 000 hectares de terres ont été mis à la disposition du parc agro industriel de Bukanga Lonzo pour la production agricole.

Cette production agricole devait rencontrer le besoin alimentaire tournant autour, d'abord, du maïs, du soja, des haricots, du manioc, des pommes de terre, des patates douces, des arachides, des tomates et des légumes.

1. Filière agricole du maïs comme premier choix de production agricole au parc de Bukanga Lonzo

Une filière agricole est centrée sur un produit agricole de base et sur tout ou partie de ses transformations successives. En analyse économique, une filière peut être considérée comme un «mode de découpage du système productif privilégiant certaines relations d'interdépendance. (…) Elle permet de repérer des relations de linéarité, de complémentarité et de cheminement entre les différents stades de transformation (Pierrick FRAVAL, 2000 : 20).

A ce propos et contexte congolais, le maïs est le principal aliment de base (consommé sous forme de pâte) dans l'ensemble des provinces (Antoine Bily Bolakonga Ilye et *al*, 2017 :159). C'est dans ce contexte que la prévision de la production agricole sur le Parc agro-industriel de Bukanga Lonzo 2015-2020 le place en première position et devait occuper au moins 50 000 ha de superficie de production la cinquième année, soit en 2020 (Paulin Ibanda Kabaka, 2020 : 4).

La production de maïs est unique en ce qu'elle constitue une base de nourriture pour non seulement les humains, mais aussi les animaux. La production de maïs en phase une formera, par conséquent, la base d'une production future d'aliments pour animaux. Gardant à l'esprit que l'axe principal est de créer non seulement un marché agricole et de cultures, mais également une chaîne de production durable, c'est-à-dire de la plantation du matériel de base (matériel brut sous forme de maïs) directement au produit final étant un morceau de viande sous forme de poulet sur la table des consommateurs (http://www.parcagro.com).

Si le manioc est la principale denrée alimentaire produite en République Démocratique du Congo. Le maïs est la principale céréale produite en RDC, loin devant le riz (Chaussée *et al*, 2012)

Rien qu'à Kinshasa où est destiné la vente du maïs, la consommation du maïs est évaluée à 15 kg/personne/an et les besoins à Kinshasa en 2012 étaient de 120 000 tonnes (Chaussée *et al*, 2012).

Il y a aussi des autres filières agricoles comme attentes dans la production agricole du PAI de Bukanga Lonzo que j'évoque dans les pages suivantes.

2. Les autres filières agricoles comme attentes dans la production agricole du PAI de Bukanga Lonzo

Il n'y a pas que le maïs qui constitue un repas pour les humains et les animaux. Le soja ou le blé aussi servent, dans certains pays, comme matières premières pouvant être converties en aliments pour le bétail (James E. Austin, 1981 : 82).

Par ailleurs, le haricot, le manioc, les pommes de terre, les patates douces, les arachides, les tomates ainsi que les légumes constituent le repas des humains consommés en République démocratique du Congo.

Ainsi, après le maïs, les concepteurs du projet agro-industriel de Bukanga Lonzo ont prévues comme activités : la production agricole du soja de 40 000 hectares par an, la production du haricot avec10 000 hectares de superficie utilisable, la production du manioc à 5 000 hectares, la production des pommes de terre de 1000 ha en 2015 et 2500 ha en 2020, la production des patates douces de 2500 hectares en 2020, la production des arachides en 2016 jusqu'à cumuler 1000 hectares en 2020 et la production des tomates de 1500 hectares en six ans (Paulin Ibanda Kabaka, 2020 : 5) .

Concernant, la production des légumes, la production de chou devait s'étendre sur 500 ha en 2015 et occuper 1000 ha en 2020. Quant à la production de l'épinard, elle devait doubler au bout de six ans pour atteindre 500 ha en 2020. Tandis que la production des oignons n'est programmée que dès la troisième année, soit 250 ha en 2017 en vue d'occuper une superficie agricole exploitable de 1000 ha en 2020 (Paulin Ibanda Kabaka, 2020 : 5).

Il convient de signaler en outre l'exploitation du bétail et l'organisation de l'élevage à caractère industriel.

B. L'exploitation du bétail et l'organisation de l'élevage à caractère industriel

Le parc agro-industriel de Bukanga-Lonzo avait aussi prévu d'exploiter du bétail et d'organiser l'élevage à caractère industriel. A cet effet, les planificateurs de ce projet avaient prévu ce qui suit :

- Les vaches laitières devaient être 2500 dès 2016 et passer à 5000 têtes à partir de 2017.

- Les poulets de chair mis à la disposition des consommateurs kinois devaient avoisiner 4 700 000 d'unités en 2016 pour atteindre près de 14 000 000 d'unités en 2018.

- La production des poules pondeuses devait être de près de 123 000 unités en 2016 à près de 380 000 unités en 2018.

- La production des porcs devait passer de 2120 têtes en 2016 à 7500 têtes à partir de 2018.
- L'élevage prévu de chèvres devait passer de 1000 bêtes en 2016 à 5000 en 2020, soit une augmentation de 400 % sur la période (Paulin Ibanda Kabaka, 2020 : 5).

En somme le tableau ci-après étale les attentes en termes de production qu'il s'est assigné Bukanga-Lonzo31 :

Cultures	Production
Maïs	140.000 Tonnes
Soya	80.000 Tonnes
Haricot	35.000 Tonnes
Manioc	300.000 Tonnes
Pommes de terre	40.000 Tonnes
Patates douces	400 Tonnes
Arachides	1.000 Tonnes
Tomates	1.200 Tonnes
Oignons	1.200 Tonnes
Poulets	24 Million d'unités
Œufs	91 Million d'unités
Lait	6.240 Litres par vache
Chèvres	7.250 Têtes
Porcs	7.500 Têtes
Poisson (Tilapia/Ngolo)	1.00 nnes

Que retenir sur les constructions à réaliser à Bukanga Lonzo ?

31 Programme National d'Investissement Agricole de la RDC, parcs agro-industriels, pourquoi et comment, Février 2014, p. 19.

C. Les constructions à faire dans le cadre de l'agro-industrie de Bukanga Lonzo

En termes des constructions à faire, le projet agro industriel de Bukanga Lonzo a prévu plusieurs constructions, à savoir : la construction d'un silo à grain, La construction de la ferme avicole, la construction d'un abattoir, la construction d'un entrepôt frigorifique, la construction d'un secteur emballage, la construction d'un site logistique (50 camions frigorifiques de 10 tonnes), la construction d'un système d'irrigation partant de la rivière vers le système d'irrigation à pilot central et la construction des stations de pompage(Paulin Ibanda Kabaka, 2020 : 6).

En termes d'investissements à réaliser, il a été prévu la construction d' un silo à grain, d'une ferme avicole, d'un abattoir, d'un entrepôt frigorifique, d'un secteur emballage, d'un site logistique (50 camions frigorifiques de 10 tonnes à destination du Marché de produits frais de Kinshasa et d'autres destinations), d'un système d'irrigation partant de la rivière vers le système d'irrigation à pilot central. Les stations de pompage emmèneraient l'eau à 3,2 km vers deux grandes lignes de barrages qui alimenteront les pivots centraux (Paulin Ibanda Kabaka, 2020 : 6).

Par ailleurs, une piste d'aviation était également prévue afin de permettre d'écouler les produits agricoles vers les villes de la RD Congo. Rappelons que Kinshasa citée comme étant la principale bénéficiaire du projet, mégapole de plus 10 millions d'habitants est à 250 km. D'où il y a des aspects paradoxaux dans cette façon de concevoir les choses d'un point de vue économique, écologique et sur le plan du développement local (Paulin Ibanda Kabaka, 2020 : 6).

Etaient également programmés une fourniture d'énergie électrique, un système interne de purification d'eau, 200 kms de routes, plus de 250 tracteurs de production agricole, une usine opérationnelle de bois et une usine de caillasse(Paulin Ibanda Kabaka, 2020 : 6).

On ne peut parler de Bukanga Lonzo sans en préciser les objectifs fondamentaux du projet. Telle est la pierre de touche des lignes suivantes.

II. Les objectifs fondamentaux du projet Agro industriel de Bukanga Lonzo

Dans un rapport sur la transformation de l'Afrique 2017 intitulé « l'agriculture, moteur de transformation économique de l'Afrique », Le Centre Africain pour la Transformation Economique fait savoir que « dans l'ensemble, l'agriculture en Afrique reste sous-développée et asservie à un modèle économique exportateur de produits de base, dont les pays cherchent à s'éloigner. Pourtant, pour nombre d'entre eux, l'agriculture représente la voie d'industrialisation et de transformation économique la plus facile. La hausse de la productivité et du rendement dans un secteur agricole moderne, outre l'amélioration de la sécurité alimentaire et de la balance des paiements (par la réduction des importations et l'augmentation des exportations de produits alimentaires), assurerait la pérennité de l'agro-industrie, de la fabrication d'intrants agricoles et d'une multitude de services en aval et en amont des unités de production. Elle serait ainsi créatrice d'emploi et doperait les revenus sur l'ensemble de l'économie » (Centre Africain pour la Transformation Economique, 2017 : 1).

De ces propos, l'on peut relever qu'une vision industrielle agricole caractérisée par la hausse de la productivité poursuit fondamentalement comme objectifs : l'amélioration de la sécurité alimentaire, la balance des paiements par la réduction des importations et l'augmentation des exportations des produits alimentaires, la pérennité de l'agro-industrie, la fabrication d'intrants agricoles, la création de l'emploi et la croissance économique.

S'il faut associer cela à la vision du Parc agro industriel de Bukanga Lonzo, l'on peut ressortir que dans la conception du projet des parcs agro-industriels en RDC avec comme projet pilote celui de Bukanga, plusieurs objectifs fondamentaux ont été fixés dans le même sens, à savoir : principalement, lutter contre l'insécurité alimentaire et nutritionnelle (A), croitre l'économie liée à la production agricole (B), réduire la pauvreté , offrir l'emploi (C), réaliser le développement rural par la construction des infrastructures importantes (D), réduire la dépendance extérieure et contribuer à l'exportation des produits agricoles (E).

Cependant, tous ces objectifs ne doivent pas oublier l'enjeu de la lutte contre l'insécurité environnementale. Ainsi, le projet du Parc agro industriel de Bukanga Lonzo a été conçu en tenant compte de l'impact environnemental et social (F).

A. Lutte contre l'insécurité alimentaire

L'insécurité alimentaire est l'un des grands problèmes qui touche une partie du monde en dehors de l'Afrique, en Afrique et en République démocratique du Congo.

Les chiffres statistiques sont tels que « Presque 70 % de la population vit dans la pauvreté, l'insécurité alimentaire chronique et un enfant sur quatre souffre de malnutrition (PAM 2014 ; D'Haese 2014 ; Kankonde & Tollens 2001 ; Tollens 2004 ; Marivoet 2014) »

« L'indice global de sécurité alimentaire (*The Economist*) place la RDC au dernier rang (109 sur 109) en 2014 ».

Si nous nous référons aux conclusions du sommet mondial sur l'alimentation de 1992, la sécurité alimentaire repose sur trois piliers : la disponibilité des aliments, l'accessibilité de ces aliments et leur utilisation. Ce concept ne trouve pas en RDC un terrain propice pour son application étant donné qu'une bonne partie de la population congolaise et surtout celle des régions affectées par les conflits armés est durement frappée par l'insuffisance des aliments rendant difficile leur accessibilité et leur utilisation (Damien-Joseph MUTEBA KALALA et Jules NKULU MWINE FYAMA, 2019 : v). Et la loi agricole définit la sécurité alimentaire comme « la disponibilité et l'accessibilité permanente aux aliments32».

Cependant, la RDC comme martelé ci-haut possède des terres arables capables de mettre fin à cette situation.

La problématique a été l'absence d'une exploitation des terres arables et d'une production agricole à grande échelle pour résoudre ce problème. Et Il a été honteux de voir la RDC plus recourir aux importations des produits alimentaires, plutôt que de produire dans le local pour s'auto-suffire sur le plan alimentaire.

Ainsi, le parc Bukanga Lonzo a été mis en place avec l'objectif fondamental de lutter contre l'insuffisance alimentaire et d'assurer la sécurité alimentaire et nutritionnelle aux congolais.

Cette lutte l'est aussi pour la croissance de l'économie au travers l'augmentation de la production agricole.

B. La croissance de l'économie liée à la production agricole

La RDC est un pays à vocation agricole en ce que près de 70 % de sa population vit en milieu rural et dépend essentiellement de l'activité agricole. Le potentiel de ce secteur le dispose à jouer un rôle important dans le développement socioéconomique du pays notre le ministère de l'agriculture,

32 Lire l'article 3, point 22 de la loi n° 11/022 du 24 décembre 2011 portant principes fondamentaux relatifs à l'agriculture

pèche et élevage dans une note de politique agricole en 2009 (Ministère de l'agriculture, pèche et élevage, 2009 : 6).

Il en ressort qu'en contexte congolais, entre production agricole et économie existe un lien étroit. A ce sujet, pour le centre africain pour la transformation économique « L'agriculture peut tirer la transformation économique dans de nombreux pays d'Afrique. Il faut, pour cela, augmenter la productivité, mais aussi relier l'activité agricole à l'industrie manufacturière et à d'autres secteurs économiques, à travers l'agro-industrie, les autres industries manufacturières à dominance agricole, la finance, la logistique, et les services en aval et en amont » (Centre Africain pour la transformation économique, 2017 : v).

Au demeurant, pour James E. Austin, (1981 :3), les agro-industries contribuent de manière importante au développement économique d'une nation pour quatre raisons. En premier lieu, les agro-industries sont le moyen essentiel dont dispose une nation pour transformer ses produits agricoles à l'état brut en produits finis propres à la consommation. En second lieu, les agro-industries constituent souvent la plus grande fraction du secteur manufacturier d'une nation en développement. En troisième lieu, les produits agro-industriels sont souvent les principaux produits d'exportation d'une nation en développement. En quatrième lieu, le système agro-alimentaire procure à la nation les éléments nutritifs qui sont essentiels au bien-être d'une population croissante.

Ainsi, d'après le ministre honoraire de l'industrie en RDC, Mr. Kabwe Mwuhe « L'objectif de la création de ce parc consiste à améliorer le secteur agricole par de gros investissements en vue d'accroitre le rendement économique du pays » (Beltrade, 2015 : 36).

Et dans le même sillage, l'ex gouverneur du Bandundu, Jean Kamisendu, a émis le vœu de voir l'agro-industrie se développer en harmonie avec l'agriculture familiale, indispensable au processus de réduction de la pauvreté dans les 11.042 villages de sa province (Beltrade, 2015 : 36).

Je signale comme autre objectif la réduction de la pauvreté et du chômage ainsi que la croissance de l'emploi.

C. La réduction de la pauvreté, la croissance de l'emploi et la réduction du taux de chômage

La lutte contre la pauvreté passe essentiellement par la relance du secteur agricole, auquel on reconnaît, une capacité de création d'emplois que l'on ne retrouve pas dans les autres secteurs. En effet, il est démontré qu'une augmentation de 10 % de la production agricole peut se traduire par une diminution de 7 % du nombre de personnes vivant sous le seuil de la pauvreté (Ministère de l'agriculture, pèche et élevage, 2009 :15).

D'après un rapport de NEPAD, en Afrique, le secteur agricole comparativement à l'industrie extractive, est le principal pourvoyeur d'emplois avec une population agricole estimée à 530 millions (soit 60% de la population africaine totale) qui certainement devait atteindre 580 millions en 2020 (NEPAD, 2013). Qui plus est, l'agriculture et l'agro-industrie sont des secteurs susceptibles de créer de grands nombres d'emplois, de marchés et d'opportunités de création d'entreprises, notamment pour les jeunes. La croissance agro-industrielle stimule la croissance de l'agriculture, qui, comme il a été prouvé, a au moins deux fois plus d'impact sur la réduction de la pauvreté que l'investissement dans tout autre secteur (Banque mondiale, 2007).

Un groupe d'experts de l'Organisation des Nations Unies pour le développement de l'industrie (ONUDI) a abouti à la conclusion que « les politiques et programmes d'industrialisation rurale devaient, au niveau de leur formulation, inclure une plus grande participation des individus pour être efficaces» (ONUDI, 1978 : 8).

C'est de cette manière que l'agro-industrie contribue à la lutte contre la pauvreté en milieu rural au travers l'augmentation de l'emploi agricole et cela réduit visiblement le taux de chômage.

Cet objectif fait partie intégrante du projet du Parc agro-industriel dans la mesure où la main d'œuvre proviendrait des communautés locales environnant le parc.

Le rapport final de l'impact environnemental et social du projet de développement du parc agro-industriel de Bukanga Lonzo renseigne que « le parc créera dans sa phase complète plus de 17.000 emplois dont au moins 5000 directs. Il allègera dans une certaine mesure le chômage dans les villes et villages environnants. De même, la distribution des revenus à travers ces emplois va contribuer à améliorer le niveau de vie des ménages bénéficiaires » (Ministère de l'agriculture, pèche et élevage, 2018 : 8).

Il était envisagé la création de 5.000 emplois directs et entre 12.000 et 15.000 emplois indirects (Paulin Ibanda Kabaka, 2020 : 6).

Le développement rural avec la construction des infrastructures est cet autre objectif à se rappeler.

D. Le développement rural par la construction des infrastructures importantes

James E. Austin (1981 : 6) souligne que « le processus même de l'industrialisation rurale est susceptible d'avoir des effets importants sur l'ampleur et la durée de l'incitation qu'apportent les agro-industries au développement des communautés rurales. Un élément fondamental semble être la participation de la communauté ».

Le parc agro-industriel est essentiellement un concept de développement de terres agricoles avec la mise en place d'une infrastructure nécessaire pour soutenir une unité économique autosuffisante. Cette mise en place à grande échelle inclut, non seulement le meilleur des plantations, mais également des structures de soutien telles que des routes, des sources d'eau, des lignes électriques, des hébergements, des hôpitaux et des écoles, ainsi qu'une piste d'atterrissage pour les avions (Philippe Lebailly et *al,* 2014 : 57).

Paulin Ibanda Kabaka ajoute que parmi les investissements d'accompagnement du PAI de Bukanga-Lonzo, il a été convenu d'exécuter des dépenses à caractère social tendant à financer la constitution du capital humain notamment par la création des centres de formation agricole, d'un grand centre médical, des écoles, des logements, des infrastructures communautaires à l'instar des églises , d'une bibliothèque, d'un terrain de football, etc. (Paulin Ibanda Kabaka, 2020 : 6).

Il convient de relever que plusieurs engagements avaient été pris au nom du gouvernement Matata en rapport avec les conséquences sociales de ce projet. En effet, le gouvernement congolais s'était engagé à indemniser les petits fermiers expropriés, à désintéresser financièrement les chefs coutumiers et à ne pas déplacer les villages situés à l'intérieur du parc de Bukanga-Lonzo33(Paulin Ibanda Kabaka, 2020 : 6).

---

33 Dans un communiqué de presse de la Primature congolaise du 07 juillet 2014. *[, Le ministre délégué aux Finances, Patrick Kitebi, a affirmé que « l'exécution du chronogramme de diverses tâches préparatoires est observée, notamment en ce qui concerne la construction de la piste de l'aérodrome, les travaux de construction de la ligne électrique devant alimenter le parc, l'indemnisation de petites fermes expropriées ». Disponible sur* Primature.cd.

Concernant les villageois se trouvant à l'intérieur du PAI, ils devaient être soutenus dans le cadre du développement de la filière manioc notamment grâce à la mise à leur disposition des boutures améliorées, des intrants, du matériel, des conseils et à l'achat de leur production par le PAI de Bukanga-Lonzo (Paulin Ibanda Kabaka, 2020 : 7).

Les Parcs agro industriels doivent aller de pair avec un appui fort et un renforcement de l'agriculture familiale pour augmenter les productions agricoles, les revenus et l'amélioration de l'accès aux intrants et aux marchés. On doit relancer et renforcer les services publics d'appui à l'agriculture que le secteur privé ne peut pas ou ne veut pas fournir, c'est-à-dire : recherche agronomique, vulgarisation et information agricoles ; routes de desserte agricole, ponts et bacs, marchés ruraux et coopératives ; semences et fertilisants ; crédit agricole ; renforcement des organisations paysannes et structuration du monde rural ; formation agricole ; accès à l'eau et à l'énergie ; sécurisation foncière et cadastre agricole ; concertation avec les CARGs et avec les services provinciaux de l'agriculture (Eric Tollens, 2014 :155).

Dans le même sens, Ida KAMONJI NASERWA, DG Parc Agroindustriel de Bukanga Lonzo dans une communication, en dialogue avec les acteurs sociaux, intitulée « la présentation du parc agroindustriel pilote de Bukanga Lonzo : de la sécurisation des terres à la mise en valeur du site » renseigne que : « les rôles du Parc Agro-Industriel de Bukanga Lonzo S.A. sont : Planifier et assurer la gestion de l'espace ; Bâtir des infrastructures de base ; Fournir des services généraux (Eau, Electricité, Sécurité) ; Règlementer l'accès et les activités des opérateurs ; Encadrer et soutenir les petits paysans ainsi que le développement social des communautés locales ; Sécurisation des terres, Filières spécifiques de production: manioc, moringa ; Labour, hersage et mécanisation de certaines taches ; Boutures et semences améliorées ;

Investissement social: écoles, hôpitaux, accès à l'eau et à l'électricité » (Confédération nationale des producteurs agricoles du Congo, 2018: 8).

John Mususa Ulimwengu, PhD, Conseiller Principal (Cabinet du Premier Ministre) dans une communication intitulé « Parcs Agro-industriels et Développement Inclusif en RDC » Parle des appuis aux petits exploitants à réaliser dans le cadre du projet agro-industriel de Bukanga Lonzo en ces termes : « Le PAI appuie les petits producteurs agricoles avec : 500-600 ménages agricoles ; 2 HA économiques en faveur des ménages ; 300 HA en 2015, soit 7.000 tonnes de tubercules de manioc ; 500 HA en 2016 et 1.000 HA en 2017; et Chaque ménage recevra en moyenne 700 dollars américains cette saison et 1500 la saison ; l'accès à la santé et à l'éducation; et les épluchures de manioc sont récupérées pour être utilisées comme compostes ou aliment pour bétail » (Confédération nationale des producteurs agricoles du Congo, 2018: 6-7).

Il s'agit là d'un objectif de développement rural fixé dans le cadre du projet qui traduit un cas d'illustration à la définition de la politique agricole donnée par Thierry POUCH (2002 : 14) comme suit « une politique agricole est un mode d'intervention de l'État destiné, par préservation de la petite exploitation agricole familiale et sa modernisation par l'intensification de la production, à fournir au mode production capitaliste un approvisionnement permanent des matières premières à un coût juste suffisant pour maintenir l'exploitant et sa famille, et des débouchés aux firmes situées en amont et productrices des biens intermédiaires. Une politique agricole est l'instrument qui rend possible la coexistence de deux modes de production ».

Par ailleurs, le projet vise également à réduire les importations alimentaires et à augmenter les exportations des produits alimentaires.

E. La réduction des importations alimentaires et la contribution aux exportations agricoles

L'importation des denrées alimentaires en Afrique constitue une opportunité d'investissement de l'ordre de 50 milliards de dollars US par an. Le riz, le maïs, le sucre, le blé, le cheptel et le poisson représentent plus de 60 pour cent des importations d'aliments. Les sociétés Olam Nigeria Ltd, Shonga Farms Holding Ltd, Dominion Integrated Rice Farms et d'autres entreprises qui investissent dans les installations de production et de traitement du riz à très grande échelle dans le pays, profitent déjà du marché d'importation du riz au Nigéria, qui s'élève à 4 milliards de dollars US (CABRI, 2014 : 2).

Pour permettre à la RDC de jouer pleinement son rôle de moteur du progrès de l'Afrique, le gouvernement congolais a décidé en 2012, de faire du secteur agricole la plus haute priorité pour le pays. Le développement des parcs agro-industriels était au cœur de la stratégie gouvernementale afin de diversifier son économie avec comme objectif la réduction de la facture annuelle des importations alimentaires d'environ 1, 5 milliards de dollars (CARP-DEV, 2022).

Et l'un de ces investissements phares du gouvernement Matata Ponyo était le lancement d'une politique agricole intensive en capital. Des parcs agricoles industriels (PAI) devaient le faire passer d'importateur net de produits vivriers à producteur capable de générer un surplus agricole au-delà des besoins prioritaires de consommation intérieure (Stefaan Marysse, 2018 : 251) et permettre de faire de la RDC, un grand pays exportateur des produits alimentaires pour sa croissance économique et son développement durable.

Ce projet a notamment pour finalité la lutte contre l'insécurité environnementale comme je l'éclaire au point suivant.

F. La lutte contre l'insécurité environnementale

La sécurité alimentaire et la sécurité environnementale ont toujours entretenu des rapports ambivalents, à la fois conflictuels et complémentaires, mais l'environnement et l'alimentation sont tous deux confrontés aux mêmes enjeux face au libéralisme, qui les appréhendent comme des considérations non commerciales subordonnées aux priorités marchandes (Armelle Guignier, 2009 : 110)34.

En effet, si la sécurité alimentaire « *existe lorsque tous les êtres humains ont, à tout moment, un accès physique et économique à une nourriture suffisante, saine et nutritive leur permettant de satisfaire leurs besoins énergétiques et leurs préférences alimentaires pour mener une vie saine et active35* », la sécurité environnementale est souvent perçue sous l'angle de la défense nationale et de la protection contre les atteintes à l'environnement en temps de guerre. Mais sa portée ne saurait être restreinte à cette approche et constitue un élément du concept de sécurité humaine au sens large (Armelle Guignier, 2009 : 109)36

De ce fait, l'agriculture constitue un point de rencontre entre l'environnement et l'alimentation. Elle est garante de la sécurité alimentaire quantitative et qualitative, mais cette activité a également des impacts positifs et négatifs sur l'environnement (Armelle Guignier, 2009 : 111).

C'est dans cette optique que d'un côté, l'article 53 de la Constitution du 18 février 2006, telle que modifiée ce jour, qui (au chapitre 3 : Des droits

---

34 Armelle GUI GNIER, « Le droit international face à l'insécurité alimentaire et environnementale : état des lieux et perspectives », *Écologie & politique* 2009/1 (N°38) 38), pages 109 à 119

35 *Plan d'action du sommet mondial de l'alimentation*, point 1, Rome, 13 novembre 1996.

36 La sécurité environnementale et la sécurité alimentaire figurent au titre des sept composantes de la sécurité humaine définie par le rapport sur le développement humain du Programme des Nations unies pour le développement de 1994, aux côtés des sécurités économique, sanitaire, personnelle, communautaire et politique

collectifs) reconnaît à toute personne un droit à un environnement sain et propice à son épanouissement intégral. Cette disposition impose également le devoir de défendre ce droit. La constitution fait également obligation à l'Etat de veiller à la protection de l'environnement et à la santé des populations. Et de l'autre côté, la loi agricole congolaise (loi n° 11/022 du 24 décembre 2011 portant principes fondamentaux relatifs à l'agriculture) prévoit tout un titre parlant de la protection environnementale et on peut lire les articles 66 et 67 qui obligent l'exploitant agricole industriel à produire une étude d'impact environnemental et social avant la mise en valeur de sa concession conformément à la législation sur l'environnement.

Et les articles 68 et 69 responsabilisent le ministre ayant l'environnement dans ses attributions à procéder à un audit de toute activité ou tout ouvrage agricole présentant un risque potentiel pour l'environnement et la population dans les conditions définies par la loi. Par ailleurs, Sous réserve des droits d'usage forestier reconnus aux communautés locales, les activités agricoles sont interdites dans tout site ou aire protégée.

Conclusion

Aux termes de l'article 70[37] le législateur oblige « L'Etat, la province et l'entité territoriale décentralisée prennent des mesures préventives en vue de protéger l'environnement et la santé contre des dommages éventuels découlant de certaines pratiques agricoles et de l'utilisation de certains produits chimiques dans l'agriculture. A cet effet, le Gouvernement central met au point un système d'homologation des produits chimiques avant commercialisation, basé sur l'évaluation et la gestion des risques et met en place un mécanisme de surveillance et de prévention des risques majeurs et des calamités agricoles ».

37 Article 70 de la loi n° 11/022 du 24 décembre 2011 portant principes fondamentaux relatifs à l'agriculture.

Et pour finir, le législateur prévoit aux termes de l'article 71 de la loi susvisée que « le Gouvernement veille à ce que la mise au point, l'utilisation, le transfert et la libération dans l'agriculture des organismes génétiquement modifiés et des pesticides se fassent de manière à éviter ou à réduire les risques pour l'environnement et la santé. Il veille également à ce que certaines pratiques agricoles n'aient pas d'impact négatif sur l'environnement et la santé. ».

Au regard de la loi N°11/009 du 09 juillet 2011 portant principes fondamentaux relatifs à la protection de l'environnement, en son article 21 de la section 2, il est stipulé: « Tout projet de développement, d'infrastructure ou d'exploitation de toute activité industrielle, commerciale, agricole, forestière, minière, de télécommunication ou autre susceptible d'avoir un impact sur l'environnement est assujetti à une étude d'impact environnemental et social préalable, assorti de son plan de gestion dument approuvé ».

Cette étude d'impact environnemental a été faite en 2014 sous la dénomination de « Étude d'impacts environnemental et social pour la partie de production agricole » avant le lancement du PAI de Bukanga Lonzo38, l'on verra plus tard une autre étude être faite en 2018 comme prélude à la relance du projet de parc agro industriel de Bukanga Lonzo par la cellule de Coordination de l'Etude de Faisabilité pour le Développement des Parcs Agro-Industriels du ministère de l'agriculture, pèche et élevage.

Dans cette étude, le projet de l'agro-industrie de Bukanga Lonzo s'est fixé l'objectif de l'exploitation ainsi que de la production agricole dans le respect

---

38Elvis ZIGABE, *Bukanga Lonzo : L'IGF a menti au moins 8 fois dans son rapport*, 7sur7.cd, 11 mai 2021, article disponible sur : https://7sur7.cd/2021/05/11/bukanga-lonzo-ligf-menti-au-moins-8-fois-dans-son-rapport-elvis-zigabe (01 aout 2023)

de l'environnement tout en prenant les dispositions et précautions pour éviter les impacts négatifs sur l'environnement et la santé de la population.

Pour la réalisation de ces objectifs, un processus avec multiples contours a été amorcé entrainant des résultats dans un premier temps satisfaisant.

Chapitre III

Réalisation du projet de Parc agro-industriel de Bukanga Lonzo : les contours d'un processus

Le processus de la réalisation ou de la mise en œuvre du projet de parc agro-industriel de Bukanga Lonzo s'est fait dans un contexte de partenariat public-privé entre le gouvernement et *Africom commodities*, une société sud-africaine (I).

Les activités ont démarré en 2014, avec des objectifs de production ambitieux. Le parc était alors salué comme un projet révolutionnaire pour le développement du pays. « Le temps est venu de transformer l'agriculture congolaise d'un secteur de subsistance en un puissant moteur de développement économique global », déclarait le président Joseph Kabila Kabange, en célébrant la première récolte du parc en mars 2015 (II) quoique la suite a été dans la douleur à la suite des plusieurs difficultés, prélude à sa débâcle (III).

I. Le choix du prestataire, l'intervention du gouvernement et le contrat de gestion

Penser à un projet agro-industriel ne suffisait pas. Encore fallait-il opérer le choix d'un partenariat avec une structure chargée de mettre en œuvre cela.

C'est ainsi que, comme évoqué au premier chapitre, après avoir visité les usines de *Triomf* en Afrique du sud, une filiale d'*Africom* capée en production des engrais, les experts de la primature étaient amenés à visiter également les usines d'*Africom* renseigne le rapport de leur mission.

Et d'après la ministre honoraire du portefeuille louise Munga dans un document où elle cherche à se dédouaner de la responsabilité de la débâcle du parc agro-industriel intitulé « Dossier Bukanga Lonzo : origine et processus de réalisation du projet agro industriel », c'est apparemment sur base de ce rapport que le choix a donc été porté par le premier ministre (Louise Munga, 2021 : 1).

Il y a lieu de renseigner sur les contours du processus du choix du prestataire sud-africain (A), le rôle joué par le gouvernement congolais (B) et le contrat règlementant ce partenariat public-privé dans la réalisation du parc agro industriel (C).

A. Les méandres autour du choix du prestataire *Africom commodities*, ses mérites et ses obligations dans le domaine agro-industriel

Le développement agricole implique le gouvernement et le secteur privé[39]. A ce sujet Moussa Boureima note que « découlant d'une politique de développement, une politique agricole est l'expression d'un choix et d'une orientation déterminant l'intervention de l'État dans le secteur »[40].

Ainsi, pour la réalisation du projet pilote du parc agro-industriel de Bukanga Lonzo, le choix a été porté sur *Africom Commodities Group of Companies* (http://africom.co/), un grand groupe sud-africain basé à Potchefstroom dans

39 *Stratégies et cadre de la politique agricole*, Texte disponible sur : https://www.fao.org/3/y5673f/y5673f02.htm. Consulté le 29 juillet 2023.

40 Moussa BOUREIMA, *Les politiques agricoles au Niger, 1960-2015 : 55 ans à la recherche de la sécurité alimentaire et à la réduction de la pauvreté* , Niamey, Ed. Belle Afrique, 2006, p.9

la province du Nord-Ouest, une compagnie holding avec plus de 100 compagnies/marques de produits et services, actif surtout en zone SADC (Eric Tollens, 2015 : 151).

1. Le justificatif et les mérites du choix d'*africom commodities* pour la prestation au parc agro-industriel de Bukanga lonzo

Approché par RFI, l'initiateur du projet des Parcs agro industriels en la personne de Matata Ponyo justifie ce choix de la manière suivante : « *Africom était un consortium de 15 entreprises couvrant pratiquement tous les domaines d'activités compris dans un parc agro-industriel. Ainsi recruter Africom correspondait à recruter 15 entreprises, c'était l'une des principales qualités requises.* » Par ailleurs, « *la mise en œuvre du concept de parc agro-industriel nécessitait une entité disposant des compétences non seulement une variété d'activités agro-industrielles, mais également des compétences avérées en construction et équipement agro-industriels.* »[41].

En effet, *Africom* comme groupe sud-africain a le mérite d'employer plus de 3 000 personnes (permanents et contractuels) et jusqu'à 10 000 employés à la fin de 2015, surtout à cause de leurs activités en RDC. Ils importent et distribuent des tracteurs et machines agricoles, ils fabriquent eux-mêmes certaines machines et bâtiments, ils acquièrent des terres et les mettent en valeur, ils distribuent des engrais et des pesticides42 (Éric Tollens, 2015 : 151).

41 Sonia ROLLEY, *En RDC, qu'est devenu l'argent investi dans le parc agro-industriel de Bukanga Lonzo ?* RFI, Afrique, enquête Publié le 22/05/2021, Disponible sur : https://www.rfi.fr/fr/afrique/20210521-rdc-matata-ponyo-ou-le-mirage-du-bukanga-lonzo

42 d'après le point 17 de l'article 3 de la loi n° 11/022 du 24 décembre 2011 portant principes fondamentaux relatifs à l'agriculture, on entend par pesticide : toute substance ou association de substances destinées à repousser, détruire ou combattre les ravageurs, les vecteurs de maladies et les espèces indésirables de plantes ou d'animaux causant des dommages ou se montrant autrement nuisibles durant la production, la transformation, le stockage, le transport

Avec leur choix dans la prestation du parc agro-industriel de Bukanga Lonzo, leur filiale à 100 % en RDC, *Africom Commodities* RDC, détient 15 % des parts dans la S.A Parc agro-industriel de Bukanga-Lonzo, 50 % des parts dans la S.A Marché international de Kinshasa, 30 % dans la S.A Société d'exploitation parc-agro-industriel et 60 % dans la S.A JIVENTO pour l'ingénierie, l'infrastructure et la logistique du port et des transports. En plus, ils détiennent 70 % des parts dans la S.A TRIOMF RDC qui gère l'usine d'engrais à Boma et distribue les engrais de marque TRIOMF (Éric Tollens, 2015 : 151).

Si dans un premier temps, l'idée a été de créer une seule société où l'Etat devrait être un actionnaire unique, les contraintes technique et de terrain ont fait qu'il fallait éclaté le projet en plusieurs structures sociétales chargées de la production, de l'exploitation et de la commercialisation, c'est ainsi que pour la bonne exécution et gestion du projet, trois sociétés anonymes ont été créées, à savoir : le Parc agro-industriel de Bukanga Lonzo (Parc agri SA), 85 % État congolais, 15 % *Africom Commodities* ; la Société d'exploitation du parc agro-industriel de Bukanga-Lonzo (Sepagri SA), 70 % État congolais, 30 % *Africom Commodities* ; le Marché international de Kinshasa (Marikin SA), 50 % État Congolais, 50 % *Africom Commodities* (Stefaan Marysse, 2018 : 251).

Africom comodities a été choisi comme prestataire de l'agro-industrie de Bukanga Longo. Il est important d'en rappeler la procédure dans les pages suivantes.

---

ou la commercialisation des produits alimentaires, des produits végétaux, du bois et des produits forestiers non ligneux ;

2. La procédure du choix d'*africom commodities* comme prestataire de l'agro-industrie de Bukanga Lonzo

Un projet comme celui du parc agro industriel de Bukanga Lonzo nécessite pour le choix de son prestataire que l'on suivre la procédure de passation des marchés publics.

En droit des marchés publics, l'on peut comprendre par marchés publics, un contrat administratif passé entre une personne morale de droit public et une ou plusieurs personnes de droit privé (L. Richer, 2002, 127-128.).

Comme tout contrat, le marché public suppose l'existence et la rencontre des volontés. La loi n° 10/10 du 27 avril 2010 le définit comme un contrat écrit par lequel un entrepreneur, un fournisseur ou un prestataire s'engage envers l'autorité contractante, fournissant une contribution ou une garantie financière, soit à réaliser des travaux, soit à fournir des biens ou des services, soit encore à exécuter des prestations intellectuelles, moyennant un prix43.

Cette définition permet d'indiquer que les marchés publics sont des contrats onéreux passés par l'administration avec des personnes publiques, mais ayant pour objet, soit la réalisation des travaux, soit la fourniture des biens et services, soit encore l'exécution des prestations intellectuelles (Esambo Kangashe, 2016 : 9).

Et parmi les procédures de passation des marchés publics existant en RDC, la loi congolaise sur les marchés publics n'organise que celles des marchés par appel d'offres et, exceptionnellement, ceux passés de gré à gré44.

---

43 Art. 5 de la Loi relative aux marchés publics.

44 Exposé des motifs de la Loi n° 10/010 du 27 avril relative aux marchés publics, *Journal officiel de la République démocratique du Congo*, numéro spécial du 30 avril 2010. p. 5.

Si l'appel d'offres est une procédure par laquelle l'autorité contractante choisit, sans négociation avec les candidats, l'offre économiquement la plus avantageuse, évaluée sur la base de critères objectifs portés à la connaissance des candidats et exprimés en termes monétaires, la procédure de gré à gré est celle d'un marché par entente directe, sans appel d'offre(Esambo Kangashe, 2016 : 19).

Par rapport au choix d'*africom commodities*, il convient de relever que la procédure utilisée a été celle de gré à gré. Cependant, comme nous le verrons, certaines irrégularités telles que l'absence du go de la direction générale des marches publics ont été décelées dans cette passation des marchés publics entre le gouvernement congolais et *africom commodities*.

Quoique ces irrégularités, ce contrat de marché public, non seulement, renferme des droits au profit du prestataires, mais aussi, produit des obligations à charge du prestataire.

3. Les droits et obligations dans la prestation en tant que partenaire privé dans l'agro-industrie de Bukanga Lonzo

Passé par appel d'offres ou selon la procédure de gré à gré, marché public doit être exécuté de bonne foi. Mieux connaître les droits et obligations des parties au contrat rendrait aisée l'identification des personnes autorisées à demander le rétablissement, en cas de conflit, de l'équilibre interrompu par l'inexécution d'une ou plusieurs stipulations contractuelles (Esambo Kangashe, 2016 : 79).

a. Les droits d'*africom commodities* en tant que prestataire du parc agro industriel de Bukanga lonzo

Comme définit en droit congolais de marché publics, un marché public est un contrat comme un contrat écrit par lequel un entrepreneur, un fournisseur ou un prestataire s'engage envers l'autorité contractante, fournissant une contribution ou une garantie financière, soit à réaliser des travaux, soit à fournir des biens ou des services, soit encore à exécuter des prestations intellectuelles, moyennant un prix[45].

De cette définition , l'on peut comprendre qu'un marché public, en dehors d'être un contrat synallagmatique c'est-à-dire où l'on enregistre la réciprocité des obligations de tel enseigne que l'obligation de l'un a pour contrepartie l'obligation de l'autre46, est un contrat à titre onéreux.

A cet effet, dans le cadre d'un contrat de marché public, le prestataire a droit au paiement du prix convenu. Elément de rémunération du titulaire du marché47, le prix couvre plusieurs prestations pouvant être réglées par d'autres à la fois forfaitaire et unitaire48.

Ainsi, le prestataire *africom commodities* s'était engagé avec le gouvernement moyennant un prix. Et c'est ce prix qui se révèle comme le droit d'*africom commodities* et une obligation du gouvernement congolais. Par ailleurs, pour la bonne exécution de leurs taches, le partenaire avait droit à certaines facilités légales et conventionnelles en matière agricole comme nous le verrons au point relatif à l'intervention du gouvernement congolais dans la réalisation du projet de parc agro industriel de Bukanga lonzo.

Les lignes qui suivent rappellent les obligations d'*africom commodities* choisi comme prestataire.

---

45 Art. 5 de la Loi relative aux marchés publics.
46 Un contrat est synallagmatique ou bilatéral lorsque les contractants s'obligent réciproquement les uns envers les autres», dispose l'article 2 du CCLIII. En droit civil les obligations, ce qui caractérise donc le contrat synallagmatique c'est la réciprocité des engagements qui en découlent, chacune des parties jouant le double rôle de créancier et de débiteur. L'obligation de l'un a pour contrepartie l'obligation de l'autre.
47 Art. 54 de la Loi relative aux marchés publics.
48 Art. 55 de la Loi relative aux marchés publics.

b. Les obligations d'*africom commodities*

D'après un document des experts de l'Organisation des Nations Unies pour le développement industriel (ONUDI) autour des directives internationales pour les parcs industriels, la structure chargée de l'agro-industrie est tenue à certaines obligations qui tournent autour de l'exploitation et de la gestion des parcs industriels.

On peut lire de manière globale comme obligations : les obligations de gestion des relations de travail, de gestion de l'énergie dans le fonctionnement des parcs, de gestion des déchets dans l'exploitation des parcs (ONUDI, 2019 : 69).

Comme pour tout contrat administratif, le cocontractant a l'obligation d'exécuter personnellement et correctement le marché49.

Cela n'a été rendu possible sans l'intervention du gouvernement.

B. L'intervention du gouvernement dans la réalisation du projet de l'agro-industrie de Bukanga Lonzo

Faisant partie des zones économiques spéciales qui de manière globale « procurent comme avantages : des incitations fiscales, l'exonération des droits de douane, une réglementation favorable aux entreprises en matière d'accès au foncier, de délivrance de permis et de concession de licences ou de règles d'emploi, ainsi que la rationalisation et la facilitation des formalités administratives » (Rapport CNUCED 2019), le projet du parc agro-industriel de Bukanga lonzo en dehors de sa conception à l'initiative du gouvernement, a bénéficié de l'intervention du gouvernement en termes de la mise à la disposition du projet des fonds nécessaires et de l'accompagnement de tout genre.

---

49 YUMA BIABA L, *Manuel de Droit administratif,* Kinshasa, CEDI, 2012, p.163

Il s'agit des différents engagements légaux et contractuels du gouvernement.

A premier ordre, le gouvernement s'est engagé à intervenir financièrement dans la réalisation du projet. En deuxième lieu, le gouvernement s'est engagé dans la négociation et la mise à la disposition des terres arables conséquentes à la bonne réalisation du projet et en troisième lieu dans la prise des mesures d'ordre fiscal et douanier dans la facilité de la production, de l'exploitation et de la commercialisation des produits issus du parc agro-industriel.

1. Les institutions du gouvernement congolais dans la réalisation de l'agro-industrie de Bukanga Lonzo

C'est ici qu'il y a lieu de mentionner les différentes institutions et entités sectorielles nationales disposant d'une compétence nécessaire à la mise en œuvre du parc agro industriel50 (Banque africaine de développement, 2018 : 5).

Il s'agit entre autre : de la primature, du Ministère de l'Agriculture, du ministère de l'environnement et du développement durable, du ministère de l'industrie, du ministère des finances, du ministère de budget, du ministère de l'énergie, du ministre du portefeuille, du ministère des affaires foncières, du ministère du commerce et du ministère des mines (qui délivre l'autorisation préalable sur analyse de dossier de tout projet de création, d'aménagement et/ou d'exploitation d'une zone d'emprunt ou d'une carrière de moellons et caillasses pour les travaux).

A cet effet, un comité de pilotage a été mis sur pieds. Dans ce comité de pilotage l'on a pu mettre en synergie certaines de ces ministères ensemble

50 La mise en œuvre du programme des Parcs Agro-Industriels implique l'intervention d'un ensemble d'institutions et d'entités sectorielles nationales

pour décider des grandes questions concernant la mise en œuvre du parc agro-industriel de Bukanga Lonzo.

On peut remarquer dans ce comité de pilotage : la présence du ministère de l'agriculture, pèche et élevage dans la mesure où la charge des questions agricoles leur incombe et dispose d'une Cellule de Coordination des Etudes de Faisabilité pour le Développement des Parcs Industriels, la CC/ED-PAIs et qui travaille sur toute l'étendue de la République Démocratique du Congo (Banque africaine de développement, 2018 : 5) ; la présence du ministère du budget pour toute question de budgétisation et de suivi des marchés publics ; la place pour le ministère du commerce pour toute question de commercialisation ; le ministre de l'économie, le ministère de l'industrie, des petites et moyennes entreprises ; le ministère des affaires foncières et le ministre des finances.

A ce comité s'ajoute des acteurs tels que le ministre du portefeuille pour la question des créations des sociétés formant le parc agro industriel et le ministre de l'énergie.

Grace à ce comité de pilotage, le gouvernement congolais va s'engager à jouer un rôle financier et des facilitations énergétiques, foncières et fiscales pour la concrétisation du PAI de Bukanga lonzo.

2. Le rôle financier du gouvernement congolais et son engagement dans la réalisation du parc agro industriel de Bukanga Lonzo

Un premier montant de 92 293 337 dollars américains a été débloqué par le gouvernement congolais pour la construction de l'usine, l'aménagement du site et d'autres travaux d'accès au site (Paulin Ibanda Kabaka, 2020 :10).

Dans l'éclatement du projet à trois sociétés, le premier ministre, adressée au ministre d'Etat, Ministre du Budget donnant instruction quant aux modalités de libération du capital social des entreprises du Parc Agro-industriel de

Bukanga Lonzo et des frais de premier établissement de la société des parcs agro-industriels (PARCAGRI S.A) reparti comme suit : d'un côté, 939.916 USD comprenant la libération du capital social (444.331 USD) de trois sociétés et l'installation de PARCAGRI et trois mois de son fonctionnement ; et de l'autre côté, 364.595 USD au débit du mois de juillet pour 9 autres mois de fonctionnement.

Par ailleurs, Éric Tollens (2015 : 151) renseigne qu'un budget au total de 83 millions de $ (en phase 1) a été alloué par le gouvernement pour la réalisation de la phase 1 du projet.

Un autre montant devait être alloué par le gouvernement congolais pour la réalisation des autres phases jusqu'à atteindre l'autonomisation financière du parc agro industriel après productions agricoles et leurs ventes.

Lors de la phase de lancement, 83 millions de dollars (Eric Tollens 2015 :151) avaient été mobilisés et investis par l'Etat congolais en raison de 53 millions destinés à la production agricole et 30 millions à la production ainsi qu'à la distribution du courant électrique sur le site de Bukanga Lonzo.

Au total, le projet a été évalué à un budget estimé à plus ou moins 500 millions de dollars américains. Le Gouvernement a mis en place trois mécanismes de financement: Un financement en un seul décaissement de $51,6M en 2015; Un financement échelonné de $4,8M par mois sur 18 mois, dont les derniers versements sont attendus incessamment; Un emprunt obligatoire ou ouverture du capital aux privés. Le Parc, une Zone Economique Spéciale, offre de nombreuses opportunités d'investissements aux opérateurs locaux et étrangers. La disponibilité d'énergie électrique et la construction des infrastructures telles que les routes, les camps de travailleurs, les bâtiments administratifs, l'université agricole offrent un cadre propice d'investissements dans différents domaines tels que: Production laitière; Emballages; Centres de

Recherche ; Hôtels ; Activités de loisir ; Sécurité ; Transports ; Gestion des déchets ; Équipements ; agro-industriels ; Vente et location ; Habitations ; Restauration (Confédération nationale des producteurs agricoles du congo,2018: 8).

Outre ce rôle en financement, le gouvernement congolais devait jouer un rôle important dans la mise à la disposition du parc agro industriel, les 80 000 hectares des terres arables du secteur de Bukanga Lonzo (Eric Tollens (2015 : 151).

3. Le rôle foncier du gouvernement congolais dans la réalisation du parc agro-industriel de Bukanga Lonzo

Il est de principe absolu que le sol et le sous-sol appartiennent à l'état selon la loi bakajika (Constitution de 1964, dite de Luluabourg) qui consacre la propriété foncière de l'Etat en excluant toute appropriation privée du sol et du sous-sol congolais, une norme qui se verra transposée dans la loi du 20 juillet 1973 en ces termes au niveau de l'article 53 : « *Le sol est la propriété exclusive, inaliénable et imprescriptible de l'Etat».* Et constitutionnalisé en 2006 aux termes de l'article 9 qui dispose : « L'Etat exerce une souveraineté permanente notamment sur le sol, le sous-sol, les eaux et les forêts, sur les espaces aérien, fluvial, lacustre et maritime congolais ainsi que sur la mer territoriale congolaise et sur le plateau continental.

Cependant, depuis longtemps une querelle a toujours existé entre le pouvoir de l'Etat et le pouvoir coutumier en ce qui concerne la propriété des terres occupées par les communautés locales (V. Kangulumba, 2007 : 302).

A ce sujet, Héritier Mambi Tunga-Bau, (2010 : 149) rapporte que dans cette querelle : Un nombre de résolutions a été pris parmi lesquelles celle relative à la révision par l'Assemblée Nationale et le Sénat de la loi foncière et du code minier afin d'associer l'autorité coutumière dans la gestion du sol et du sous-sol dans l'intérêt des communautés locales. Les chefs coutumiers estiment que l'autorité étatique brade le sol et le sous-sol à travers les concessions accordées aux particuliers (Héritier Mambi Tunga-Bau, 2010 : 149)

Cependant, Vincent Kangulumba dans son précis de droit civil des biens note que « il serait erroné de croire que le droit coutumier ne connaît pas de propriété. Mais, il reste acquis que la conception de la propriété y est plutôt « communautaire » qu'individuelle. D'ailleurs, cela n'a pas échappé au législateur du 20 juillet 1973 car il a prévu de réglementer les terres qu'occupent les communautés locales en vertu de la coutume et des usages locaux (art. 387). Le droit coutumier ignore la distinction entre la propriété collective (communautaire) et la propriété individuelle. Ce qui est reconnu aux individus est le droit d'usage collectif ou le droit d'usage individuel d'un bien revenant à la communauté. Celle-ci n'a pas le droit d'aliéner les biens « collectifs » (V. Kangulumba, 2007 : 190).

Ainsi, la modernisation du pouvoir d'Etat passerait par la désacralisation des absolus du pouvoir traditionnel pour l'adapter aux exigences de l'Etat moderne (Héritier Mambi Tunga-Bau, 2010 : 18)

En effet, aux termes de l'article 10 de la loi n° 11/022 du 24 décembre 2011 portant principes fondamentaux relatifs à l'agriculture, L'Etat, la province et l'entité territoriale décentralisée mettent en œuvre toute mesure destinée à garantir l'accès équitable aux terres agricoles, à la sécurisation de l'exploitation et des exploitants agricoles, à la promotion des investissements publics et privés et à la gestion durable des ressources en terres.

Par ailleurs, aux termes de l'article 18 la loi n° 11/022 du 24 décembre 2011 portant principes fondamentaux relatifs à l'agriculture : « Il est reconnu à chaque communauté locale les droits fonciers coutumiers exercés collectivement ou individuellement sur ses terres conformément à la loi.

L'ensemble des terres reconnues à chaque communauté locale constitue son domaine foncier de jouissance et comprend des réserves des terres de cultures, de jachère, de pâturage et de parcours, et les boisements utilisés régulièrement par la communauté locale ».

Et ces droits ou concessions agricoles des communautés locales sont cessible et transmissible aux conditions prévues par la loi d'après l'article 20 la loi n° 11/022 du 24 décembre 2011 portant principes fondamentaux relatifs à l'agriculture.

La question étant résolue par la loi, la démarche du gouvernement a été de s'engager vis-à-vis des communautés locales de Bukanga Lonzo en vue d'obtenir d'elles la mise à la disposition du parc de 80 000 hectares avec la vision d'un développement rural et communautaire centré sur la modernisation dont le processus mérite d'être décrite.

a. La procédure gouvernementale d'accès aux terres du site agricole de Bukanga Lonzo

D'après une recherche de Paulin Ibanda Kabaka publiée sous le titre «*La question foncière relative aux terres rurales et agricoles au Kwango en RD Congo. Le droit coutumier en complémentarité du droit positif congolais* », de manière descriptive « les terres rurales et agricoles du Kwango appartiennent dans leur quasi-majorité aux communautés locales qui en disposent en passant par leurs chefs. Ainsi, pour exploiter un terrain agricole en milieu rural du Kwango, il faudra commencer par solliciter la mise à disposition du terrain auprès du chef coutumier qui est un chef des terres51.

51 Paulin IBANDA KABAKA, *La question foncière relative aux terres rurales et agricoles au Kwango en RD Congo. Le droit coutumier en complémentarité du droit positif congolais* », 2020. Document disponible sur

Par ailleurs, en cas d'acquisition de terre à titre onéreux, c'est auprès de ce chef coutumier qu'on acquiert la terre. C'est avec lui qu'on signe l'acte de vente originelle52.

En effet, pour l'acquisition des terres formant le site identifié de Bukanga Lonzo pour l'implantation du parc agro industriel de Bukanga Lonzo, le gouvernement congolais a entamé un processus de dialogue auprès des chefs coutumiers concernés autour des concessions agricoles de Bukanga Lonzo.

Cette procédure a abouti à l'échange de consentement ainsi qu'à la remise des conditions coutumières et pécuniaires exigées qui sera formalisé sous formes des documents probants.

b. La formalisation de l'acquisition du site pour l'agro-industrie de Bukanga Lonzo

Le consensus entre le pouvoir de l'Etat et le pouvoir coutumier représenté par les chefs coutumiers des différents villages se trouvant dans et en périphérie du PAI-BL a conduit à la signature des actes d'engagement portant cession de la terre à l'Etat qui l'a mise à la disposition du projet. Le site est couvert par l'Acte de mise à disposition n°015 du 10 janvier 2014 du Ministère des affaires foncières, l'Arrêté Ministériel 0161/CAB/MIN/AFF.FONC./2014 du 01 janvier 2014 portant création d'une parcelle à usage agro-industriel n°7607 SR du Plan cadastral du territoire de Kenge, District de Kwango, Localité de

https://www.researchgate.net/publication/348007454_La_question_fonciere_relative_aux_terres_rurales_et_agricoles_au_Kwango_en_RD_Congo_Le_droit_coutumier_en_complementarite_du_droit_positif_congolais/citation/download (consulté le 04 aout 2023).

52 Paulin IBANDA KABAKA, *La question foncière relative aux terres rurales et agricoles au Kwango en RD Congo. Le droit coutumier en complémentarité du droit positif congolais* », 2020. Document disponible sur https://www.researchgate.net/publication/348007454_La_question_fonciere_relative_aux_terres_rurales_et_agricoles_au_Kwango_en_RD_Congo_Le_droit_coutumier_en_complementarite_du_droit_positif_congolais/citation/download (consulté le 04 aout 2023).

Bukanga-Lonzo, Province de Bandundu (ministère de l'agriculture, pèche et élevage, 2018 : XIV)

En effet, les actes d'engagement signés, en novembre 2013, par les chefs coutumiers des différentes localités (Baringa Ngasi, Famwe 1, Famwe 2, Kitoka1 , Kitoka 2, Kinsiami, Mumbanu, Mvula Banku, Tandudi) devant les responsables de la Primature, des Ministères des Affaires Foncières et de l'Agriculture, l'Administrateur du territoire et le Chef de groupement témoignent du caractère de l'indemnisation avant la cession des terres par les communautés(ministère de l'agriculture, pèche et élevage, 2018 : XIV).

Il convient de relever que plusieurs engagements avaient été pris au nom du gouvernement Matata en rapport avec les conséquences sociales de ce projet. En effet, le gouvernement congolais s'était engagé à indemniser les petits fermiers expropriés, à désintéresser financièrement les chefs coutumiers et à ne pas déplacer les villages situés à l'intérieur du parc de Bukanga-Lonzo (Primature.cd, Communiqué de presse du 07 juillet 2014).

Aussi, le gouvernement congolais devait faciliter les questions énergétiques au parc agro-industriel de Bukanga Lonzo.

4. Le gouvernement congolais dans l'engagement des facilités énergétiques au parc agro industriel

Le fonctionnement du parc agro industriel de Bukanga Lonzo exige de l'énergie électrique qui en contexte congolais relève de la SNEL placée sous la tutelle du ministère de l'énergie.

Ainsi, le gouvernement congolais au travers le Ministère de l'Energie, qui assure la tutelle de la Société Nationale d'Electricité (SNEL) s'est engagé à assurer la fourniture du site en courant électrique et (Banque africaine de développement, 2018 : 6).

Il y a aussi des facilitations fiscales et douanières que le gouvernement congolais devait assurer.

5. Le gouvernement congolais dans l'engagement des facilités fiscales et douanières pour la réalisation du PAI de Bukanga Lonzo

Si pour une exécution efficace du projet, trois sociétés anonymes ont été créées: Le Parc Agro-Industriel de Bukanga Lonzo (PARCAGRI SA); 85% Etat Congolais, 15% *Africom Commodities* Ltd ; la Société d'Exploitation du Parc Agro-Industriel de Bukanga-Lonzo (SEPAGRI SA); 70% Etat Congolais ; 30% *Africom Commodities* Ltd ; le Marché international de Kinshasa (MARIKIN SA). 50% Etat Congolais ; 50% *Africom Commodities* Ltd. Et que les trois sociétés ont été agréées suivant le Code des Investissements du 1er juin 2016 (Confédération nationale des producteurs agricoles du Congo, 2018: 8), sans facilités fiscales elles ne sauraient atteindre les objectifs fixés.

Un document de l'organisation mondiale du commerce examinant les politiques commerciales de la RDC note que « Pour la mise en œuvre du PNIA, les autorités congolaises, avec l'appui des bailleurs de fonds et des partenaires au développement, tentent notamment de désenclaver des campagnes, d'aménager progressivement 22 parcs agro-industriels (PAI) et de faire appel aux investisseurs étrangers. À cet effet, plusieurs mesures ont été prises parmi lesquelles l'établissement de principes fondamentaux relatifs à l'agriculture, l'exonération à l'importation des intrants agricoles et des produits agricoles des droits et taxes à l'exportation (Loi n° 11/022 du 24 décembre 2011), et la création d'un Fonds national de développement agricole (FONADA) » (Organisation mondiale du commerce, 2016 : 72).

En dehors des exonérations fiscales et en droit douanier découlant de la loi n°11/022 du 24 décembre 2011 portant principes fondamentaux relatifs à l'agriculture, à savoir : les intrants agricoles importés destinés exclusivement aux activités agricoles qui sont exonérés des droits et taxes à l'importation à l'exclusion des redevances administratives53 , les produits agricoles sont exonérés de droits et taxes à l'exportation54 , les superficies bâties et non bâties affectées exclusivement à l'exploitation agricole sont exemptées de l'impôt foncier55 ; Tout matériel roulant affecté exclusivement à l'exploitation agricole est exempté d'impôt56 ; le gouvernement congolais s'est engagé à leurs faire bénéficier d'une exonération de 5 ans sur : les impôts sur les bénéfices ; les droits d'entrée des équipements et autres matériels ; les droits de sortie des produits finis ; et l'impôt foncier (Confédération nationale des producteurs agricoles du Congo, 2018: 8).

Les 3 sociétés auront comme avantages pour une période au moins de 4 ans : Suspension de la TVA sur les importations/exportations, les transactions intérieures (achats et ventes); Taux préférentiel sur l'électricité par KWH ; Statut de « partenaire privilégié » vis-à-vis des administrations fiscales ; Réductions sur différentes taxes ministérielles (Confédération nationale des producteurs agricoles du Congo, 2018: 8).

Il convient de rappeler dans les lignes qui suivent le contrat de gestion, la convention d'actionnaires et son avenant dont la nature et le régime juridiques.

C. Le contrat de gestion, la convention d'actionnaires et son avenant : nature et régime juridiques

Les engagements convenus entre le gouvernement congolais et *africom commodities* dans le cadre d'un partenariat public-privé a été mis sur papier sous « contrat de gestion ». Et c'est à la date du 20 février 2014 que ce contrat

53 Article 72 de la loi n°11/022 du 24 décembre 2011 portant principes fondamentaux relatifs à l'agriculture

54 Article 73 de la loi n°11/022 du 24 décembre 2011 portant principes fondamentaux relatifs à l'agriculture

55 Article 74 de la loi n°11/022 du 24 décembre 2011 portant principes fondamentaux relatifs à l'agriculture

56 Article 75 de la loi n°11/022 du 24 décembre 2011 portant principes fondamentaux relatifs à l'agriculture

a été signé entre le gouvernement de la RDC et la Société sud-africaine *Africom commodities* Ltd pour la gestion quotidienne du parc agro-industriel de Bukanga Lonzo (Paulin Ibanda Kabaka, 2020 :10).

Le contrat signé avec la société *Africom commodities* Ltd était de gré à gré pour un montant global de 150 millions de dollars (Paulin Ibanda Kabaka, 2020 :11).

D'après ce contrat de gestion, l'Etat congolais créait un Parc Agro-industriel à Bukanga Lonzo et en confiait la gestion à *Africom commodities* avec comme obligations de financer le projet et d'entretenir ou réhabiliter les voies d'accès au Parc sur base des stipulations de l'article 4 point 2.

S'il faut ajouter l'article 9 de ce contrat, l'on peut comprendre en détails que « si la gestion du Parc est confiée au Partenaire conformément à l'article 4 du présent Contrat, l'Administrateur Général choisi par le partenaire après l'approbation de l'Etat Congolais assure la direction générale du Parc et le représente dans ses rapports avec les tiers ; 9.2. Dans la limite de ce qui est prévu dans le présent Contrat et sous réserve des attributions des administrateurs généraux adjoints, l'Administrateur Général est investi des pouvoirs qui lui sont délégués par l'Etat Congolais. 9.3. Les parties conviennent que les administrateurs généraux adjoints seront désignés à raison de trois (3), 2 par l'Etat Congolais et (1) par le partenaire. 9.4. Collégialement, l'Administrateur et les administrateurs généraux adjoints disposent notamment des pouvoirs suivants : assurer le contrôle permanent de la performance de la gestion du Parc ; préciser les objectifs à atteindre et les orientations nécessaires au fonctionnement des services ; approuver le budget annuel du Parc, apprécier les écarts budgétaires et arrêter les comptes de chaque exercice ; veiller à l'exécution des obligations de chacune des parties au présent contrat ; évaluer périodiquement la qualité des services fournis par le Partenaire. »

A la signature de ce contrat, l'Etat congolais a été représenté par Madame Louise Munga Mesozi, messieurs Remy Musungayi Bampale ; Robert Mbwinga Bila, et Patrice Kitebi Kibol Mvul respectivement Ministre du portefeuille, Ministre de l'industrie, petites et moyennes entreprises, Ministre délégué auprès du Premier Ministre, chargé des finances, alors que la société *Africom Commodities* Ltd a été représentée par Monsieur Christo Grobler, son administrateur.

Après avoir compris que le projet devait être éclaté en trois sociétés anonymes, une convention d'actionnaires sera mise sur pieds tout en définissant les modalités de répartition des actions, la gestion des sociétés ainsi que les engagements de chacune des parties.

La décision d'éclater le parc de Bukanga Lonzo a été décidée le 26 février 2015 par les membres du Comité de pilotage de ce site. Ce dernier avait également levé différentes options sur le niveau du capital, l'actionnariat et sur l'objet social de chaque société ainsi constituée. Pour le gouvernement congolais, le capital de ces trois sociétés créées sera ouvert au secteur privé pour promouvoir la trilogie PPP, c'est-à-dire le partenariat public-privé. Trois types d'actionnaires vont devoir constituer ces sociétés à savoir l'Etat congolais, les partenaires Sud-africains d'*Africom commodities* et le secteur privé congolais (Beltrade, 2015 : 35).

Comme déjà évoquée au point relatif à l'opérationnalisation structurelle et juridique, la première société, Société du Parc Agro-industriel de Bukanga Lonzo, va s'occuper de la gestion et de l'aménagement du site, ainsi que de la régulation des activités et de la planification de toutes les activités qui vont s'y dérouler (Beltrade, 2015 : 35).

La deuxième, la Société d'Exploitation Agro-industriel de Bukanga Lonzo, est chargée, selon la décision du Gouvernement, de l'exploitation, de la production ainsi que de l'aménagement des autres investissements qui parviendront sur le site. La troisième société, le Marché international de Kinshasa, est chargé de la distribution, la commercialisation des produits agricoles, végétaux, des semences ainsi que la pisciculture. Il sera érigé dans le site de la Zone économique spéciale (ZES), dans la commune de Maluku, sur un espace de 7 hectares au sein des 15 hectares lui alloués (Beltrade, 2015 : 35).

Le Premier Ministre Matata Ponyo a présidé, le 23 mars 2015 la cérémonie de signature du contrat de partenariat de trois sociétés sur la mise en œuvre de la chaîne des valeurs dans le secteur agricole en RDC en général et au parc agro-industriel de Bukanga Lonzo en particulier (Beltrade, 2015 : 35).

En date du 24 mars 2015, la RDC, représentée par la Ministre du portefeuille , et la société *Africom commodities* signeront un avenant à la convention d'actionnaires dont l'article 3 est ainsi libellé : « A l'issue de l'évaluation, les investissements réalisés par les parties seront incorporés pour le compte de chaque actionnaire au capital des sociétés Parc agro industriel de Bukanga Lonzo S.A et Société d'exploitation du parc agro industriel de Bukanga Lonzo S.A., dans le cadre d'une augmentation du capital, sans qu'y ait émission des actions nouvelles.

De toutes ces considérations, sur le plan juridique, il y a lieu de s'interroger sur la nature juridique de ce contrat de gestion signé entre le gouvernement congolais et *africom commodities* ainsi que de son régime juridique.

1. Nature juridique du contrat de gestion entre le gouvernement congolais et le consortium *africom commodities*

Le contenu du contrat de gestion signé entre le gouvernement congolais et son partenaire sud-africain dans le cadre de la réalisation du projet de parc agro industriel présente plusieurs caractéristiques qui juridiquement lui procure la nature juridique d'un contrat nommé contrat administratif de type marché public signé pour 5 ans renouvelable, avec réciprocité des obligations, à titre onéreux et dont l'exécution est successive mais intuitu personae.

a. Le contrat de gestion comme contrat nommé : un contrat administratif de type marché public

Yuma Biabi d'heureuse mémoire disait « dans la gestion des affaires de l'Etat, l'administration est appelée à signer des conventions pour réaliser certaines tâches d'intérêt général » (L. Yuma Biaba, 2012 : 145).

Parmi ces conventions, les contrats de l'administration sont automatiquement qualifiés de « contrats administratifs » lorsque la loi les reconnaît comme des marchés publics (L. Yuma Biaba, 2012 : 146).

Ainsi, en RDC l'article 5 de la loi n° 10/10 du 27 avril 2010 relative aux marchés publics définit le marché public comme « un contrat écrit par lequel un entrepreneur, un fournisseur ou un prestataire s'engage envers l'autorité contractante fournissant une contribution ou une garantie financière, soit à réaliser des travaux, soit à fournir des biens ou des services, soit à exécuter des prestations intellectuelles, moyennant un prix ».

Il s'agit d'un contrat administratif passé entre une personne morale de droit public et une ou plusieurs personnes de droit privé (L. Richer, 2002 : 127-128).

A cet effet, le contrat de gestion signé entre le gouvernement congolais et *africom commodities* est de la catégorie des contrats administratifs nommés contrats de marché public où existent une certaine dimension de réciprocité des obligations parmi lesquelles l'une des parties s'engage à la prestation des services et l'autre s'engage au paiement du prix. Il s'agit là du caractère synallagmatique et à titre onéreux.

Les pages suivantes éclairent sur le contrat de gestion comme contrat synallagmatique à titre onéreux.

b. Le contrat de gestion comme contrat synallagmatique à titre onéreux

Le mot synallagmatique provient du verbe grec signifiant: lier ensemble. A cet effet, un contrat est synallagmatique ou bilatéral lorsque les contractants s'obligent réciproquement les uns envers les autres», dispose l'article 2 du CCLIII.

Il en ressort donc que ce qui caractérise le contrat synallagmatique c'est la réciprocité des engagements qui en découlent, chacune des parties jouant le double rôle de créancier et de débiteur dans la mesure où l'obligation de l'un a pour contrepartie l'obligation de l'autre.

Au demeurant, à côté de la caractéristique synallagmatique du contrat existe le caractère onéreux qui renvoie au facteur donnant- donnant.

En effet, dans le contrat de gestion signé entre le gouvernement congolais et *africom commodities*, ces deux caractéristiques se ressentent dans la mesure où le gouvernement s'engager à payer *africom commodities* et ce dernier s'engage à gérer le parc agro industriel de Bukanga Lonzo.

Cependant, il sied de préciser que dans le cadre de cette gestion, l'exécution du projet de parc agro industriel est échelonnée dans le temps quoique la durée de la gestion a été limitée dans le temps voire renouvelable. Il s'agit de ce que la loi appelle d'une part, un contrat à exécution successive et d'autre part, un contrat à durée déterminée.

Je signale que le contrat en lien avec le parc de Bukanga Lonzo est à durée déterminée et à exécution successive.

c. Le contrat de gestion du Parc agro industriel comme contrat à exécution successive et à durée déterminée

En droit des obligations, un contrat est à exécution successive dès lors que l'exécution des obligations s'échelonnant dans le temps. Les contractants se lient pour une certaine durée, déterminée.

En effet, ce qui nous fait croire que le contrat de gestion du parc agro industriel est un contrat à exécution successive est le fait que « l'exécution des activités du PAI-BL est planifiée de façon progressive avec des investissements à court, moyen et long terme. Les infrastructures de base, la distribution d'énergie et d'eau ainsi que l'acquisition des matériels d'exploitation complémentaires sont des priorités à court terme » (Ministère de l'agriculture, pèche et élevage, 2018 : 2).

Ces investissements vont permettre la sédentarisation de la main-d'œuvre et la production des graines et légumes, ainsi que leur transformation, conditionnement et commercialisation. La transformation des graines en aliments de bétail va ouvrir la voie à l'élevage et à la pisciculture. Et ceci va générer la transformation laitière, la mise en place des abattoirs et des installations de transformation. Le pâturage naturel pourra être amélioré et supporter plus de 30.000 têtes gros bétail, ce qui peut générer la transformation laitière (Ministère de l'agriculture, pèche et élevage, 2018 : 2).

Par ailleurs, il est à préciser que le contrat de gestion signé avec *africom commodities* a été un contrat limité dans le temps c'est-à-dire un contrat de 5 ans renouvelable après évaluation de la performance.

Ce qu'il faut bien voir, c'est qu'il s'agit d'un contrat de gestion *intuitu personae*.

d. Le contrat de gestion comme contrat *intuitu personae*

Le contrat administratif est différent du contrat de droit privé car il est essentiellement conclu « intuitu personae », c'est-à-dire, en considération de la personne cocontractante. La cession du contrat au profit d'une autre personne n'est pas autorisée…(L. Yuma Biaba, 2012 : 163).

Déjà que le marché de gré à gré ne peut être passé qu'avec des entrepreneurs, fournisseurs ou prestataires de services qui ont l'expertise requise ou ont exécuté des travaux analogues dans le passé et acceptent de se soumettre à un contrôle des prix spécifiques durant l'exécution des prestations. II est passé sans appel d'offices après autorisation du service chargé du contrôle des marchés publics. La demande d'autorisation de recours à cette procédure décrit les motifs la justifiant. Il indique notamment les obligations comptables auxquelles l'attributaire est soumis(L. Yuma Biaba, 2012 : 154).

L'intérêt de cette dissertation sur la nature juridique du contrat de gestion se trouve dans la détermination de son régime juridique applicable.

2. Régime juridique applicable au contrat de gré à gré relatif à la gestion du parc agro industriel

Comme déjà mentionné, lorsqu'on parle du marché public de gré à gré, il s'agit d'un mode de passation de contrat par lequel l'Administration choisit librement la personne avec laquelle elle va conclure le marché. Ce marché est négocié ou par entente directe et l'Administration dispose de la liberté totale pour engager des discussions sur la qualité et le prix du marché, sans aucune contrainte et sans devoir consulter plusieurs concurrents. Elle attribue le marché au partenaire qui lui convient (L. Yuma Biaba, 2012 : 152).

De ce fait, le gré à gré est une procédure similaire à celle que l'on retrouve en droit commun où les parties discutent librement les conditions du marché et s'engagent librement à sa conclusion. Cependant, à la différence du droit commun, la procédure de gré à gré trouve son fondement dans la loi des marchés publics qui fixe expressément les cas dans lesquels l'Administration peut y recourir à titre exceptionnel. La loi du 27 avril 2010 détermine, en son article 42, les cas ci-après où le marché de gré à gré peut intervenir :

1. lorsque les besoins ne peuvent être satisfaits que par une prestation nécessitant l'emploi d'un brevet d'invention, d'une licence ou de droits exclusifs détenus par un seul entrepreneur, un seul fournisseur ou un seul prestataire ;

2. lorsque les marchés ne peuvent être confiés qu'à un prestataire déterminé pour des raisons techniques ou artistiques;

3. dans les cas d'extrême urgence, pour les travaux, fournitures ou services que l'autorité contractante fait exécuter en lieu et place de l'entrepreneur, du fournisseur ou du prestataire défaillant;

4. dans les cas d'urgence impérieuse motivée par des circonstances imprévisibles ou de force majeure ne permettant pas de respecter - les délais prévus dans les procédures d'appel d'offres, nécessitant une intervention immédiate;

5. lorsqu'il s'agit de marchés spéciaux définis aux articles 44 et 45 de la présente loi.

Concernant le parc agro industriel de Bukanga Lonzo, à l'absence à notre possession du document qui justifie le cas exceptionnel autorisé par la loi pour le recours à cette procédure, l'on peut déduire des propos de Matata ponyo au micro du RFI «*Africom était un consortium de 15 entreprises couvrant pratiquement tous les domaines d'activités compris dans un parc agro-industriel. Ainsi recruter Africom correspondait à recruter 15 entreprises, c'était l'une des principales qualités requises.*» Par ailleurs, « *la mise en œuvre du concept de parc agro-industriel nécessitait une entité disposant des compétences non seulement une variété d'activités agro-industrielles, mais également des compétences avérées en construction et équipement agro-industriels.* »[57]. » Que la procédure de gré à gré pour le PAI de Bukanga Lonzo l'a été au motif du point 2 c'est-à-dire lorsque les marchés ne peuvent être confiés qu'à un prestataire déterminé pour des raisons techniques ou artistiques.

En tant que tel, le contrat de gestion entre le gouvernement congolais et *africom commodities* est un contrat administratif avec comme conséquence soumise aux regèles exceptionnelles applicables aux marchés publics à la différence de contrat en droit privé où règne l'égalité des parties.

Ici, l'administration contractante dispose d'un certain nombre des pouvoirs exorbitants, à savoir : le pouvoir de contrôle, de modification unilatérale, de résiliation unilatérale et de sanction à la différence des contrats de droit privé où les parties sont égales.

En effet, le pouvoir de contrôle correspond au pouvoir que dispose l'administration de designer un fonctionnaire dirigeant qui a pour mission de contrôler de manière permanente l'exécution du marché ; il relève des malfaçons et peut même exiger des corrections (YUMA BIABA L, 2012 : 168). A ce sujet aussi relatif au suivi technique et financier, le contrat de gestion du 20 février 2014 dispose en son article 18 ce qui suit : « 18.1. Sans préjudice des pouvoirs reconnus collégialement à l'administrateur général et aux administrateurs généraux adjoints, l'Etat Congolais dispose d'un droit de contrôle permanent sur l'exécution technique et financière du présent contrat par le partenaire ainsi que sur la qualité des services fournis. A ce titre, il peut

57 Sonia ROLLEY, *En RDC, qu'est devenu l'argent investi dans le parc agro-industriel de Bukanga Lonzo,* RFI, Afrique, enquête Publié le : 22/05/2021, Disponible sur : https://www.rfi.fr/fr/afrique/20210521-rdc-matata-ponyo-ou-le-mirage-du-bukanga-lonzo

à tout moment diligenter des missions d'investissement ou d'audits financiers et/ou techniques indépendants … 18. 3. 1. L'Etat Congolais exerce librement son pouvoir de contrôle, soit par ses propres agents, soit par des organismes qu'il choisit ».

A propos du pouvoir de modification unilatérale, contrairement au droit privé basé la volonté des parties, le droit administratif admet que l'Administration contractante puisse modifier l'exécution du marché dès lors que les impératifs d'intérêt général le justifieraient58. Ainsi, lorsque la modification unilatérale entraîne des charges nouvelles, l'Administration est appelée à indemniser le cocontractant; il s'agit ici d'une responsabilité non pas pour faute mais pour risque (L. Yuma Biaba, 2012 : 168-169).

Pour ce qui est du pouvoir de résiliation unilatérale, il est également prévu que la suppression du besoin d'intérêt général peut également entraîner la résiliation unilatérale du contrat sans que la partie lésée puisse demander réparation pour manque à gagner. Cependant, la résiliation unilatérale ne dispense pas l'administration contractante de l'obligation de payer la partie du marché déjà exécutée par le cocontractant avant la résiliation (L. Yuma Biaba, 2012 : 169).

Pour finir, le pouvoir de sanction donne le privilège à l'administration contractante de sanctionner le cocontractant défaillant soit par des pénalités de retard prévues dans le cahier des charges et reprises dans le contrat, soit par l'exécution forcée obligeant le cocontractant à exécuter le contrat par la force, soit par le retrait du marché au cocontractant (résiliation-sanction) sans qu'il soit besoin de recourir au juge. Les articles 67 à 69 de la loi de 2010 prévoient que Le dépassement des délais contractuels donne lieu à des pénalités telles

---

58 Sonia ROLLEY, *En RDC, qu'est devenu l'argent investi dans le parc agro-industriel de Bukanga Lonzo,* RFI, Afrique, enquête Publié le : 22/05/2021, Disponible sur : https://www.rfi.fr/fr/afrique/20210521-rdc-matata-ponyo-ou-le-mirage-du-bukanga-lonzo

que fixées dans le cahier des charges; que l'autorité contractante peut ordonner l'ajournement des travaux, fournitures ou prestations, objet du marché, avant leur achèvement, dans les" conditions et aux conséquences prévues dans le contrat et que les marchés publics peuvent faire l'objet d'une résiliation dans les conditions stipulées au cahier des charges (L. Yuma Biaba, 2012 : 169).

Il y a lieu de noter dans le cadre du contrat de gestion du parc agro industriel de Bukanga Lonzo que ce « contrat administratif est un contrat que l'on pourrait assimiler au contrat léonin en ce sens que l'Administration est dans une position de supériorité par rapport au cocontractant; elle dispose de pouvoirs exorbitants ou de privilèges qui s'imposent à l'autre partie alors qu'en droit privé l'égalité des parties est de principe et que l'on s'en tient à la responsabilité quant au résultat ou au moyens utilisés selon qu'on est sous l'obligation de moyens ou de résultat en droit privé (L. Yuma Biaba, 2012 : 168) ».

En parlant des résultats, dans la période située entre 2014 et 2016, le parc agro industriel a connu un bilan satisfaisant avec des constructions réalisées, une première récolte ainsi que d'autres plantations de manioc et d'arachides.

II. Les activités réalisées dans l'agro-industrie de Bukanga Lonzo : un bilan des constructions, des plantations et de récolte du maïs

En référence à un document d'appui au parc agro-industriel de Bukanga Lonzo, Le projet PAI-BL a pour principales activités : La mise en place des infrastructures structurantes (routes, électricité, distribution d'eau, construction des hangars, entrepôts, maisons d'habitation etc.); La production végétale (maïs, soya, sorgho, niébés, légumes divers etc.), animale (porcs, volailles, petits ruminants etc.) et halieutique ; L'organisation paysanne, l'appui technique auprès des paysans à l'intérieur et à l'extérieur du PAI ; La gestion des équipements et matériel de transformation et de fabrication d'aliments pour bétail, la production des emballages etc. ; la commercialisation de différents produits du PAI y compris ceux des paysans ; la gestion des installations du PAI-BL et l'administration du PAI (Banque africaine au développement, 2018 : 2).

Ainsi, le Parc d'Activité Agricole de la République Démocratique du Congo a été la première étape d'une grande réforme Agricole en termes de processus de pensées en Afrique centrale face au développement de l'Agriculture. La première phase du Parc d'Activité Agricole est centrée sur la production de cultures de base (http://www.parcagro.com) en d'autres termes, sur la production de céréales et légumineuses (maïs, soja, haricots), la seconde phase prévoit la production horticole (légumes feuilles, légumes fruits etc.) et des produits d'élevage (poulet de chair, poisson, œufs, viande) tandis que la troisième phase est réservée à l'étape de transformation (huile d'arachide et de soja, tomates en boite, farine de manioc, etc.) et de commercialisation (Ministère de la l'agriculture, pèche et élevage, 2018 : XIII).

En termes des activités déjà réalisées, il convient de noter d'une part, la construction des infrastructures, l'achat des équipements et intrants agricoles (A), la plantation du maïs suivie de sa récolte ainsi que d'autres plantations (B) et la plantation des arachides et du manioc (B).

A. La construction des infrastructures, l'achat des équipements et intrants agricoles

La réalisation de la construction des infrastructures ainsi que l'achat des équipements et intrants agricoles a été tributaire aux fonds mis à la disposition de la première phase du projet par le gouvernement congolais ayant conduit à la construction des plusieurs infrastructures, notamment : un silo à grain, un pont, les structures de logement, complexe de serre, la piste, pont bascule, minoterie, trois auberges, usines de manioc, le moulin, entrepôt des grains, une piste d'aviation, le système d'irrigation partant de la rivière vers le système d'irrigation à pilot central. Les stations de pompage, les pivots centraux, pour ne citer que ceux-là59.

En somme, Frederic Mousseau (2018 : 6) rapporte que « La création du parc a impliqué la construction d'infrastructures, notamment de routes, de bâtiments, de centrales électriques et de systèmes d'approvisionnement en eau. Les silos à grain ont été construits avec une capacité de 40 000 tonnes (t). La production devait être hautement mécanisée, la société ayant acheté quelques 300 machines, plus de 50 tracteurs et deux avions pour la pulvérisation. Environ 300 locaux ont été embauchés pour le projet, sous la direction d'une équipe de cadres et techniciens sud-africains.

Zoomeco rapporte pour sa part, après visite du site du parc agro industriel de Bukanga lonzo que « Les superficies arables du parc sont tellement grandes que pour irriguer le sol, le projet s'est procuré des 18 pivots d'irrigation capables d'irriguer 50 hectares par jour. A cela s'ajoute : des 45 tracteurs assortis d'accessoires ; en dehors de deux avions pulvérisations des pesticides, des niveleuses, camions bennes, des machines d'aménagement, de tractopelles, de moissonneuses batteuses plusieurs autres matériels et usines de transformation de manioc et de maïs préalablement stockés dans des silos (6 grands et deux moyens) disponibles »60.

En ce qui concerne l'électricité permanente, à part les équipements qui constituent la plus grande part d'investissements consentis par le gouvernement congolais par rapport à son partenaire Sud-africain la société

---

59 Les nouvelles sur le site du parc agro industriel de Bukanga Lonzo, disponible sur http://www.parcagro.com/index.php/fr/nouvelles (consulté le 04 aout 2023).

60 Nadine FULA, *RDC : le trio dirigeant de Bukanga Lonzo œuvre pour la relance* ! , La rédaction de Zoom éco, publié le 14 juin 2018. Article disponible sur https://zoom-eco.net/secteur-public/rdc-le-trio-dirigeant-de-bukanga-lonzo-oeuvre-pour-la-relance/ (31 juillet 2023).

Africom Commodities, il y a également le soutirage de l'électricité à partir de la ligne haute tension Inga – Katanga61.

La sous-station d'une capacité de 33 KV est construite dans le Parc. Et elle alimente, en basse tension, huit départs qui permettront de couvrir les charges électriques de tout le complexe agro-industriel de Bukanga Lonzo ainsi les zones environnantes du Parc62.

En ce qui concerne le domaine de la commercialisation, « au regard du constat fait à Maluku dans la zone économique spéciale, l'on estime à 20 %, le taux de réalisation des travaux de construction du Marché International de Kinshasa. C'est cette société qui envisage, dans un avenir proche, installer plusieurs autres points de vente, en moyenne deux par commune à Kinshasa. Car, relevant de sa responsabilité63.

Tous les magasins « Mini Marché » dans la ville de Kinshasa ont été installés au nombre de sept dans les adresses suivantes : MASINA - Blvd Lumumba, Arrêt Pascal ; MATETE - Quartier Mutoto, Derrière Maison Communale de Matete ; YOLO - Commune de Kalamu, Arrêt Bongolo ; BANDAL - Avenue Pierre Mulele ex 24 Nov, Arrêt Molaert ; NGIRI - Marché Bayaka Commune ; UPN - Route Matadi Commune de Ngaliema en Face de la Station - Total Voir Univ. Upn[64].

Les mérites de ces différentes réalisations en termes de constructions et matériels agricoles ont facilités la production ainsi que la commercialisation du maïs.

---

61 *Ibidem.*

62 *Ibidem.*

63 *Ibidem*

64 *Les magasins mini marchés se présentent bien*, article disponible sur : http://www.parcagro.com/index.php/fr/nouvelles/899-les-magasins-mini-marche-se-presentent-bien (consulté le 04 aout 2023).

B. La plantation, la récolte de 20.000 tonnes de maïs et sa commercialisation

Après une première année en phase pilote, la production sur un périmètre d'essai de 5000 hectares arriva à générer 20.000 tonnes de maïs… (Stefaan Marysse, 2018 : 251).

Le chef de l'Etat congolais, Joseph Kabila, a officiellement lancé, le 5 mars 2015, la première récolte de maïs au parc agro-industriel de Bukanga-Lonzo. Cette cérémonie est intervenue sept mois après le début des activités sur ce site situé à 240 km de Kinshasa, sur la route menant vers Kikwit, dans la province de Bandundu (Beltrade, 2015 : 35).

A cette occasion, le ministre Kabwe Mwuhe a expliqué que l'initiative des Parcs Agro-industriels est un programme à long terme dont les travaux ont été planifiés en deux phases. La première comprend la production de graines, notamment le maïs, le soya et le haricot. Quant à la seconde, elle va se concentrer sur la production de légumes, de poisson, de poulet, des œufs et de viande. S'agissant de la première phase dont la récolte a été officiellement lancée, elle a consisté au semis du maïs sur une superficie de 5.000 ha. La production attendue a été d'environ 4 tonnes par ha, soit 20.000 tonnes pour 5000 ha récoltés par des moissonneuses. Pour la seconde phase, le ministre a précisé qu'une autre étendue de 2 500 ha vient d'être cultivée et qu'au mois de septembre prochain, 10.000 ha seront ensemencés. Ce qui fera un total de 12.000 ha de maïs pour cette année. A en croire Kabwe Mwuhe, chaque année au moins 10.000 ha seront plantés pour atteindre 50.000 ha de maïs au bout de cinq ans (Beltrade, 2015 : 35-36).

La première récolte maïs a été stockée dans un bac de stockage humide après quoi ils ont été transférés dans un séchoir à un stade ultérieur (http://www.parcagro.com) et la vente s'est opérée au sein des mini marchés installés à Kinshasa (sept au total)65 à la satisfaction optimale de la population kinoise et a entrainé une baisse des prix du maïs par les importateurs en raison du prix fixé pour le maïs produit à Bukanga Lonzo.

Outre le maïs, je signale la plantation des arachides et du manioc dans les lignes suivantes.

C. La plantation des arachides et du manioc

Après la récolte de 20.000 tonnes de maïs, le parc agro industriel s'est lancé dans la plantation des maniocs ainsi que celle des arachides (http://www.parcagro.com) avant que les difficultés ne commencent à se faire sentir entre le gouvernement congolais et la société *africom commodities* à la suite des intox en direction de ceux qui se sentaient menacés par la réussite du projet agro-industriel.

III. Les difficultés rencontrées dans la réalisation du projet comme prélude à la débâcle de Bukanga Lonzo

Après la première réussite du parc agro-industriel en termes de production de 20.000 tonnes de maïs vendu à Kinshasa et qui a été salué par tous, vers 2016, Stefaan Marysse note dans un article scientifique intitulé « *La gouvernance au quotidien : entre réformes et éléphants blancs* » : « que les difficultés de toutes sortes et des querelles entre partenaires et entre factions politiques en RDC ont commencé à voir le jour » (Stefaan Marysse, 2018 : 251).

Cet état des choses accentué par un rapport d'audit d'*Ernest Young*, fuité et récupéré sera un prélude conduisant à la débâcle de Bukanga Lonzo en 2017

65 Tous les magasins « Mini Marché » dans la ville de Kinshasa ont été installés au nombre de sept dans les adresses suivantes : MASINA - Blvd Lumumba, Arrêt Pascal ; MATETE - Quartier Mutoto, Derrière Maison Communale de Matete ; YOLO - Commune de Kalamu, Arrêt Bongolo ; BANDAL - Avenue Pierre Mulele ex 24 Nov, Arrêt Molaert ; NGIRI - Marché Bayaka Commune ; UPN - Route Matadi Commune de Ngaliema en Face de la Station - Total Voir Univ. Upn (http://www.parcagro.com/index.php/fr/nouvelles/899-les-magasins-mini-marche-se-presentent-bien)

précédé d'un arrêt de financement du gouvernement congolais et le départ d'*Africom commodities*.

La vérité sur cette débâcle ainsi que ces véritables acteurs méritent d'être retracés, reconstitués et découvert.

Conclusion

Cette partie vient de mettre en lumière combien le Parc agro-industriel de Bukanga Lonzo était non seulement un projet pilote par rapport au projet de 22 parcs agro-industriels initiés en 2013 sous la primature de Matata Ponyo mais aussi un projet révolutionnaire pour le développement socio-économique de la République Démocratique du Congo.

D'un point de vue juridique, ce projet est né dans l'optique du respect des textes juridiques internationaux tout comme nationaux en ce qui concerne les questions de la protection de l'environnement, de l'agriculture ainsi que de la sécurité alimentaire tout en joignant l'agriculture industrielle d'avec l'agriculture vivrière.

Ces attentes étaient telles que, l'on devait assister d'un côté, à des constructions au profit du parc ainsi qu'au profit des communautés locales et de l'autre côté, à la production agricole suivi de l'exploitation du bétail voir de l'élevage à caractère industriel qui devrait servir à la lutte contre l'insécurité alimentaire, à la réduction des importations, à la croissance de l'économie, à la réduction de la pauvreté, pour ne citer que ceux-là.

C'est dans ce contexte que pour sa réalisation, cette partie démontre que le choix a été porté sur *Africom commodities* dans un contrat de gestion du parc agro-industriel de Bukanga Lonzo, qui du reste s'est engagé à mettre à la disposition du projet et l'accompagnement financier, foncier, énergétique et des facilités fiscales (*Africom commodities* est entendu ici comme un simple prestataire).

Ces engagements dans un premier temps réalisés à partir de 2014 ont permis la construction des infrastructures sur le site de Bukanga Lonzo comme territoire choisi pour la réalisation dudit projet ; l'achat des équipements et intrants conduisant à la première expérience de plantation des maïs.

Cette plantation suivi de son entretien a donné lieu à une récolte de l'ordre de 20.000 tonnes suivi de sa commercialisation au mini marché de Kinshasa entrainant une baisse de prix sur le marché des maïs importé à la satisfaction des consommateurs de la ville de Kinshasa.

Cependant, après ce premier succès, les difficultés ont surgi de partout et les querelles entre partenaires et fractions politiques ont commencés à voir le jour jusqu'à en découdre à la débâcle du projet en 2017.

Deuxième partie

La débâcle du Parc agro industriel de Bukanga Lonzo :

Entre déraisons, raisons, acteurs et responsabilisations

Luc Boltanski et L. THEVENOT dans leur ouvrage « *De la justification, les économies de la grandeur*, Paris, Gallimard, 1991. » ont été conduits à rapprocher « la façon dont une personne, pour rendre compréhensible sa conduite, s'identifie en se rapprochant d'autres personnes dans un rapport qui lui semble pertinent. » (L. Boltanski et L. Thevenot, 1991 : 15).

À partir d'une étude portant sur la façon dont certains plaidaient leur cause auprès d'un journal (L. Boltanski, 1990 ; L. Boltanski, Y. Darré et M.-A. Schiltz, 1984 : 3-40), les auteurs ont constaté que des contraintes de cohérence et de mise en forme pesaient sur l'argumentation et les discours de jugement. L'argumentation de certains dossiers "était caractérisée par une construction déficiente de la généralité du grief" (L. Boltanski et L. Thevenot, 1991 : 19) et mêlait des éléments de preuves de l'ordre du familier ou du personnel et d'autres qui relevaient de l'ordre de généralité le plus grand. En rapprochant les contraintes de mise en forme des demandes de justice, les procédures d'assignation des personnes à des catégories et les modes de justification des rapprochements ou des jugements effectués par les "personnes ordinaires", ils ont fait "ressortir une pluralité de rapports sous lesquels pouvaient être opérés des rapprochements et des jugements incompatibles" (L. Boltanski et L. Thevenot, 1991 : 17).

Cette théorie au tour de la justification peut s'appliquer dans la compréhension de l'abandon du projet de Bukanga Lonzo dans la mesure où autour de l'échec du projet de Bukanga Lonzo qu'on appelle « débâcle[66]» plusieurs raisons ont été données.

Cependant, à la lumière des données à notre possession l'on a pu comprendre que certaines raisons n'étaient que des déraisons. Pourtant, les pertinentes raisons se trouvent ailleurs (chapitre I). Et cela, nous offrons une lumière sur les vrais acteurs de la débâcle (chapitre II), par conséquent, les types de responsabilisation possible (chapitre III).

66 Le concept débâcle renvoie à la réalité d'effondrement soudain et violent. Il peut se comprendre aussi par la chute, l'échec, le naufrage, le renversement, la ruine pour ne citer que ceux-là (https://langue-francaise.tv5monde.com/decouvrir/dictionnaire/d/debacle). Le terme a été popularisé par le roman d'Émile Zola, *la Débâcle*, paru en 1892, à Paris aux éditions bibliothèque-charpentier.

Chapitre I

Les raisons et les déraisons de la débâcle de Bukanga Lonzo

Ce chapitre a pour pierre de touche les raisons et les déraisons de la débâcle de Bukanga Lonzo.

En effet, le journal jeune Afrique dans sa branche économique titre en 2020, « RDC, Bukanga Lonzo, un fiasco à 80 millions de dollars », un article écrit par Stanis Bujakera Tshiamala. Dans cet article l'emphase est mise sur le fait suivant « alors que ce qui devait être le projet agricole phare de la mandature Matata Ponyo est à l'abandon, anciens et nouveaux dirigeants se rejettent les responsabilités de cet échec67.

Par ailleurs, des études tantôt des journalistes d'investigation tantôt des chercheurs tantôt des organisations non gouvernementales essayent de donner les raisons de cet échec. Si certaines raisons sont pertinentes (II), d'autres par contre, sont données par manque de raison faute de lien sérieux de causalité qu'on qualifie des déraisons de la débâcle de l'agro-industrie de Bukanga Lonzo (I).

I. Les déraisons de la débâcle du Parc agro-industriel de Bukanga Lonzo

Dans l'ordre de la liberté de pensée, d'expression et de presse garanties par la constitution du 18 février 2006 en ces articles 22, 23, 24, plusieurs

67 S. BUJAKERA TSHIAMALA, « RDC : Bukanga Lonzo, un fiasco à 80 millions de dollars » *in Revue Jeune Afrique*, 8 septembre 2020. Disponible sur https://www.jeuneafrique.com/1041392/economie/rdc-bukanga-lonzo-un-fiasco-a-80-millions-de-dollars/ (consulté le 25 juin 2023).

personnes se sont lancées dans l'explication des raisons de la débâcle de Bukanga Lonzo allant d'une conception d'un échec congénital (A), à la création de *Lonzo Natural ressources* SARL pour l'exploitation des ressources naturelles (F) en passant par l'impasse dans le choix et dans la qualité des acteurs de gestion (B), l'acquisition des terres des communautés dans la tromperie (C), la non réalisation des infrastructures au profit des villages de Bukanga Lonzo (D) et le non-respect des règles de passation des marchés publics (E).

A titre d'exemple, Michel Bisa Kibul et Nadia Kapinga Kayembe, analysant le cas du Parc Industriel de Bukanga Lonzo font état de la vampirisation de l'Etat en ces termes : tous les acteurs, pour des motifs d'intérêts très divergents, ont souhaité et ont œuvré pour le fiasco d'un projet d'implantation agricole gigantesque et coûteux mais délibérément mal conçu. « *En effet,* notent-ils, *des Membres du Gouvernement Central (de qui dépendaient le projet et qui l'ont manœuvré au détriment des procédures formelles de passation des marché, de négociation avec les communautés locales et d'implications des autorités locales) aux Législateurs nationaux (qui ont refusé de contrôler la gestion de ce Parc agro-industriel malgré les sonnettes et cris d'alarmes de la société civile et des scientifiques), en passant par les Membres des Institutions provinciales (exécutifs et législatifs du Kwango et de Kinshasa ignorés dans la mise en place du Parc qui se trouve dans leurs juridictions respectives et qui n'ont parié que sur la faillite du Projet) en chutant par les Communautés locales (coutumières et société civile-qui se sentaient escroqués, trahis, volés et encore colonisés. Ils maudissaient le projet la nuit comme le jour) et des partenaires Sud-africains (qui ont mis en place une étrange gouvernementalité opaque et d'arnaque et des détournements et camouflage des Fonds et d'identité des partenaires) toutes les volontés ont préféré et recherché la faillite. Bukanga Lonzo est une arnaque qui aura englouti des millions de dollars sous prétexte de poursuivre un objectif formel (autosuffisance alimentaire) qui était pourtant contraire aux différentes attentes informelles (maximisation des profits personnels des groupes d'acteurs impliqués) ...».* (M. Bisa Kibul et N. Kapinga Kayembe, 2019 : 247-264).

Loin de nous, l'idée de défendre qui que ce soit et de justifier quoique ce soit, mais plutôt la démarche est ici d'analyser ces faits en vérifiant leur lien sérieux de causalité avec la débâcle de Bukanga Lonzo.

A ce propos, il y a lieu de relever qu'en approchant ces faits de prés (avec des lunettes de causalité à effet) qui sont des raisons données par plusieurs acteurs citoyens, chercheurs ou de la presse, l'on a du mal à établir le lien de causalité entre celles-là et la débâcle de Bukanga Lonzo. Ainsi, pour moi, ces raisons ne sont que des déraisons et les vraies raisons sont ailleurs.

Scrutons le contenu de ces raisons et analysons-leur non pertinence dans la vraie explication de la débâcle de Bukanga Lonzo.

A. Le projet agro-industriel de Bukanga Lonzo, une conception d'un échec congénital

Un extrait de l'article du journal jeune Afrique écrit par Stanis Bujakera Tshiamala avec l'intitulé « RDC, Bukanga Lonzo, un fiasco à 80 millions de dollars » renseigne ce qui suit : « Des épandeurs cloués au sol, des tracteurs neufs jamais utilisés dont les moteurs ont été dérobés au profit de navires privés, des tonnes d'engrais chimiques abandonnées »... Si le Premier ministre, Sylvestre Ilunga, a fait part aux rédactions congolaises de son « étonnement » quant à l'état du site de Bukanga Lonzo, qu'il a visité le 19 août, il était déjà au courant du fiasco de ce projet mort-né, inauguré en fanfare par Joseph Kabila en 2014 68».

Un autre extrait, cette fois si de l'inspection générale des finances note que « 285 millions de dollars, au total, ont été décaissés par le gouvernement. De cette somme, au moins 205 millions ont été perdus dans ce projet dont l'échec aurait été planifié dès sa conception, d'après l'Inspection générale des finances (IGF, 2020).

Ce qui retient notre attention au niveau du premier extrait est le concept « mort-né » qui traduit l'idée de dire que le projet est né en ayant échoué c'est-à-dire un projet conçu avec l'idée de débâcler avant même sa naissance parce que s'il faut s'en tenir à la métaphore d'un mort-né, « un mort-né se dit d'un *fœtus* viable expulsé mort des voies génitales maternelles. Ou quand la mort est survenue soit pendant la grossesse, après 180 jours de gestation, soit pendant le travail d'accouchement. Dans le premier cas, on parle de mort *ante partum* ou de mort *in utero*, dans le second cas, de mort *per partum* » (Abdoul Kader SIDIBE, 2008 : 26).

Cette affirmation vise à faire croire que la débâcle de Bukanga Lonzo est congénitale sans sa démonstration. D'ailleurs, une telle affirmation est difficile à démontrer dans la mesure où elle est loin de la « raison raisonnée ou raisonnante69» eu égard au contenu du projet des parcs agro-industriels.

Pour l'extrait de l'inspection générale des finances, en dehors du choix des partenaires selon elle inexpérimentés comme on le verra en détails au point

---

68 S. BUJAKERA TSHIAMALA, « RDC : Bukanga Lonzo, un fiasco à 80 millions de dollars » *in Revue Jeune Afrique*, 8 septembre 2020. Disponible sur https://www.jeuneafrique.com/1041392/economie/rdc-bukanga-lonzo-un-fiasco-a-80-millions-de-dollars/ (consulté le 25 juin 2023).

69 Il s'agit en philosophie d'une locution qui renvoie à des motifs qui font raisonner. Le Robert Dico en ligne. Disponible sur https://dictionnaire.lerobert.com/definition/raisonnant

suivant, cette conception d'un échec congénital est la résultante d'une absence d'une étude proprement dite si ce n'est qu'un master plan et business plans de deux phases du projet, préparés en 2014 par la société *créative axis architectes international* PTY LTD, comportant quelques éléments d'une étude de faisabilité, entre autres, l'étude sur la qualité du sol, les potentialités, les contraintes, les risques, des scenarios financiers possibles, ainsi que sur l'analyse des environnements d'affaires et les besoins en équipements et en fonds de roulement. (IGF, 2021, 3)

Cependant, les résultats de l'étude faite qu'elle appelle de non proprement dite, a produit les mêmes résultats que celle menée en 2018 sous le financement de la BAD par la Cellule de Coordination de l'Etude de Faisabilité pour le Développement des Parcs Agro-Industriels, un organe technique du ministère de l'agriculture, pèche et élevage.

Par ailleurs, le plan directeur d'industrialisation de la RDC établie par le ministère de l'industrie fait référence aux études préalables de l'implantation des parcs agro-industriels ayant même conduit à l'opérationnalisation des zones économiques spéciales à mettre en œuvre parmi lesquelles figurent la zone industrielle ouest où l'on retrouve Maluku et Bukanga Lonzo avec un cout approximatif de 250 millions d'USD pour Bukanga Lonzo et de 103 millions pour Maluku (Ministère de l'industrie, 2021 : 9).

Ainsi, Il est erroné de croire que le projet du parc agro-industriel a été conçu avec une planification d'échec, après avoir lu son contenu ainsi que sa planification voire les différentes réalisations prévues et accomplies sanctionnées par une première récolte de 20.000 tonnes de maïs et une continuation des plantations de manioc et d'arachides.

Une telle raison semble facile mais impossible à démontrer. Car elle n'est pas vérité et loin de la vérité même.

Le choix des partenaires et leur prétendu faible expérience sembleraient être la cause de la débâcle de Bukanga Lonzo. C'est l'objet des lignes suivantes.

B. Le choix des partenaires et leur prétendue faible expérience comme cause de la débâcle du PAI de Bukanga Lonzo.

Pour l'inspection générale des finances qui tente de démontrer la théorie de l'échec congénital du projet de Bukanga Lonzo, « parmi les causes de la débâcle, il y a le choix des partenaires qui seraient, d'après leur analyse, non expérimentés » (IGF, 2021, 4).

Ici, la raison avancée est le choix d'un groupe sud-africain dénommé *Africom commodities* qui n'a que trois ans d'expérience comme débâcle au projet de parc agro-industriel de Bukanga Lonzo (IGF, 2021, 4).

Cette raison est avancée non seulement par le rapport de l'inspection générale des finances, mais aussi, par Paulin Ibanda Kabaka qui en parle comme cause lointaine et non immédiate (Paulin Ibanda Kabaka, 2020 :8).

Quand l'ancien Premier ministre se défend face aux accusations de l'IGF, il répond point par point le 11 novembre 2020 dans une note attachée à sa correspondance de transmission. Il insiste sur le fait que « *Africom était un consortium de 15 entreprises couvrant pratiquement tous les domaines d'activités compris dans un parc agro-industriel. Ainsi recruter Africom correspondait à recruter 15 entreprises, c'était l'une des principales qualités requises.* » C'est ainsi qu'il justifie l'absence d'appel d'offres : « *la mise en œuvre du concept de parc agro-industriel nécessitait une entité disposant des compétences non seulement une variété d'activités agro-industrielles, mais également des compétences avérées en construction et équipement agro-industriels.* » Il évoque également « *une certaine réticence justifiée quant à la divulgation d'une stratégie de développement qui touchait à la sécurité nationale* », dont la sécurité alimentaire ferait partie70.

Contre toute attente, ce groupe gérant le parc agro industriel de Bukanga Lonzo a pu réaliser des constructions des plusieurs infrastructures, notamment : un silo à grain, un pont, les structures de logement, complexe de serre, la piste, pont bascule, minoterie, trois auberges, usines de manioc, le moulin, entrepôt des grains, une piste d'aviation, le système d'irrigation partant de la rivière vers le système d'irrigation à pilot central. Les stations de pompage, les pivots centraux, pour ne citer que ceux-là (http://www.parcagro.com/index.php/fr/nouvelles). Et seulement en 2015 en termes de production du mai, sur un périmètre d'essai de 5000 hectares, la production arriva à générer 20.000 tonnes de maïs… (Stefaan Marysse, 2018 : 251).

La première récolte maïs a été stockée dans un bac de stockage humide après quoi ils ont été transférés dans un séchoir à un stade ultérieur (http://www.parcagro.com) et la vente s'est opérée au sein des mini marchés installés à Kinshasa (sept au total) à la satisfaction de la population kinoise et a entrainé une baisse des prix du maïs par les importateurs en raison du prix fixé pour le maïs produit à Bukanga Lonzo.

Et des plantations des arachides et des maniocs ont été en cours de production au moment où le gouvernement s'est décidé d'arrêter avec le financement du projet.

L'acquisition des terres des communautés pour le projet Bukanga Lonzo s'est passée dans une grande tromperie.

---

70 Sonia ROLLEY, *En RDC, qu'est devenu l'argent investi dans le parc agro-industriel de Bukanga Lonzo?,* RFI, Afrique, enquête Publié le : 22/05/2021, Disponible sur : https://www.rfi.fr/fr/afrique/20210521-rdc-matata-ponyo-ou-le-mirage-du-bukanga-lonzo

C. L'acquisition des terres des communautés dans la tromperie

Cet argumentaire a été balayé de revers par un rapport de la cellule de Coordination de l'Etude de Faisabilité pour le Développement des Parcs Agro-Industriels en 2018, en ces termes : « Jusque-là, aucun déplacement de village ou de population n'a été observé et les droits des ayant-droit terriens ont bel et bien été versés. Ce qui a permis d'obtenir l'Arrêté Ministériel 0161/CAB/MIN/AFF.FONC./2014 du 01 janvier 2014 portant création d'une parcelle à usage agro-industriel n°7607 SR du Plan cadastral du territoire de Kenge, District de Kwango, Localité de Bukanga-Lonzo, Province de Bandundu » (Ministère de la l'agriculture, pèche et élevage, 2018 : 19). De ce point de vue, il n'y a aucun litige (Ministère de la l'agriculture, pèche et élevage, 2018 : XIV).

Encore que cette raison avancée ne présente pas de lien de causalité entre la débâcle de Bukanga Lonzo et la prétendue dépossession des terres des communautés locales.

A cette raison s'ajoute, les accusations de non-respect des clauses de modernisation des communautés locales à savoir : les constructions et l'électrification des villages autour du site du parc agro-industriel de Bukanga Lonzo qui n'ont pas pu être réalisé faute de financement du gouvernement.

D. La non réalisation des infrastructures au profit des villages de Bukanga Lonzo : constructions et électrification

Selon le rapport de l'université d'Oakland des Etats-Unis déjà cité, « les communautés locales se plaignent d'avoir été victime d'un accaparement des terres, et non pas bénéficier des promesses faites avant la création du parc, entre autres, leur implication dans la mise en place du Parc, les bénéfices des activités du parc, des écoles, des cliniques, des églises, l'eau, l'électricité et tout ce qui est nécessaire à la vie moderne » (Frederic Mousseau, 2018 : 7).

En lisant cet extrait, l'on peut comprendre que les communautés reprochent à ceux qui ont mis en place le parc de n'avoir pas respecté leurs engagements sociaux au profit du développement rural et de la lutte contre le chômage ainsi que la pauvreté.

Hormis le fait que cette raison n'a pas de lien à expliquer la débâcle de Bukanga Lonzo, Il sied néanmoins de chercher à savoir la dimension temporelle de ces engagements en faveur des communautés locales.

En effet, en parcourant la plupart des documents autour de la réalisation du projet des parcs agro-industriels à la base de Bukanga Lonzo, ces différents engagements en termes d'objectifs du développement rural ne sont classés à court terme. Paulin Ibanda Kabaka renseigne simplement sans mentionner à court terme ou à long terme « que parmi les investissements d'accompagnement du PAI de Bukanga-Lonzo, il a été convenu d'exécuter des dépenses à caractère social tendant à financer la constitution du capital humain notamment par la création des centres de formation agricole, d'un grand centre médical, des écoles, des logements, des infrastructures communautaires à l'instar des églises , d'une bibliothèque, d'un terrain de football, etc. (Paulin Ibanda Kabaka, 2020 : 6).

L'on peut comprendre que tous les efforts comme l'indique la subdivision en phases du projet était de démarrer le projet avec des exploitations, productions et commercialisations qui assureront l'autonomie financière des sociétés du parc et entraineront le financement de ces différentes constructions en faveur des communautés locales, car le développement rural ne peut venir sans que le projet ne soit rendu en production permanente.

Néanmoins, il est à relever certaines réalisations en faveur de la population des communautés locales en termes d'emplois de 300 et 500 personnes (Frederic Mousseau, 2018 : 7), le rapport de l'université d'Oakland des Etats-

Unis relève ce qui suit : « Bien que la société ait embauché quelques centaines de personnes (entre 300 et 500 selon les sources), beaucoup ne venaient pas des villages adjacents au parc qui avaient perdu des terres pour le projet. En outre, l'offre d'emploi était relativement faible dans une province de près de 3 millions d'habitants, avec des dizaines de milliers de personnes vivant à proximité immédiate du parc. En conséquence, de fortes attentes ont été créées parmi la population locale, ce qui a amené de nombreux habitants à se rendre au parc avec l'espoir d'un emploi. Selon plusieurs témoins, cela aurait été à l'origine de nombreux incidents violents, les villageois locaux à la recherche d'un emploi dans le parc ayant été arrêtés et battus par la police. Dans plusieurs cas, des hommes ont été fouettés, attachés à un arbre, face au tronc, dans une posture dite de « marié à un arbre » (Frederic Mousseau, 2018 : 11). Ce qui est déplorable à la suite du manque de professionnalisme des certains agents de la police congolaise commettant des exactions des droits de l'homme.

Cependant, établir une corrélation entre ces différents problèmes avec la débâcle de Bukanga est loin de toute rationalité.

Il en est de même avec les présupposées accusations de non-respect des règles de passation des marchés publics.

E. Le non-respect des règles de passation des marchés publics dans le choix d'*africom commodities*

D'aucuns pensent que le choix d'*africom commodities* comme prestataire privé du projet agro-industriel de Bukanga Lonzo a été fait en violation des règles de passation des marchés publics.

Parmi ceux qui pensent ainsi, figurent les inspecteurs des finances publiques et les auditeurs du cabinet Ernst et Young.

D'entrée de jeu, les auditeurs mettent en lumière le caractère opaque de la signature du contrat au mépris de la loi régissant les marchés publics en RDC. Le contrat signé avec la société *Africom commodities Ltd* était de gré à gré pour un montant global de 150 millions de dollars, violant ainsi la loi sur la passation des marchés en RDC (Ernest & Young, 2015 : 4).

Paulin Ibanda Kabaka renchérit en commentant comme suit : « en application de la loi n° 10/010 du 27 avril 2010 relative aux marchés publics, tout marché dont le montant dépasse l'équivalent de 200 millions de francs congolais doit être soumis à la procédure d'appel d'offre, sauf les cas prévus à l'article 42 dont l'exploitation d'un parc agro-industriel ne fait pas partie ». (Paulin Ibanda Kabaka, 2020 : 80)

Il est alors plus qu'important d'interroger le droit congolais des marchés publics pour en savoir quelque chose.

A ce sujet, hormis la loi de 2010 sur la passation des marchés publics en RDC qui définit un marché de gré à gré comme étant celui qui est passé sans appel d'offre ; c'est un marché qui se fait par entente directe avec le candidat. Toutefois, la passation d'une telle procédure ne peut se faire que dans des cas limités, après l'autorisation de la DGCMP qui prend acte des motifs le justifiant71, la doctrine au travers l'ouvrage intitulé « droit congolais des marchés publics » du professeur Esambo révèle que « dans la pratique, le marché de gré à gré ressemble, dans ses phases de négociation et de conclusion, à celui de droit privé parce qu'il ne requiert aucune procédure particulière. Il n'a de public qu'en considération de la qualité de l'une des parties contractantes, à savoir la personne morale de droit public ». Cependant, Comme exception édictée par le Code congolais des marchés publics, le marché de gré à gré est obligatoirement soumis à une autorisation

71 Article 42 de la loi relative aux marchés publics

spéciale de la Direction générale de contrôle des marchés publics (Jean louis Esambo Kangashe, 2018 : 20).

Nulle part, cette passation des marchés publics de gré à gré n'a été soumise à une autorisation spéciale de la DGCMP, il y a lieu de dire que cette passation de marché de gré à gré entre le gouvernement congolais et la société *Africom commodities* comporte une irrégularité dans la procédure et fait appel à des conséquences juridiques.

De ces conséquences juridiques, une question se pose : celle de savoir si elle est de nature à conduire à la débâcle qu'a connue le projet du parc agro industriel de Bukanga Lonzo ?

La réponse est négative. Certes, il s'agit des irrégularités dans la passation des marchés publics qui donnent lieu à des sanctions juridiques, cependant, ces irrégularités ne sont pas de nature à justifier la débâcle qu'a connue le parc agro industriel de Bukanga Lonzo.

Quand bien même certains auteurs expliquent que les irrégularités dans la passation des marchés publics cachent de possibilités des corruptions et des détournements des deniers publics.

Si cela est vrai. Cependant, cela n'est pas une vérité absolue. Encore faut-il démontrer cela. D'autres auteurs renseignent aussi, certaines irrégularités dans la passation des marchés publics pour des raisons d'urgence ou encore pour contourner un blocage de nature à freiner la mise en œuvre d'un projet d'intérêt national.

De toutes les façons, dans le cadre du projet de parc agro industriel, les différentes irrégularités ne sont pas de nature à conduire à la débâcle du parc agro industriel. Seulement, dans pareille situation, au nom de la cohésion nationale autour du projet, le vœu est de mettre en place des mécanismes de contrôle continu pour éviter des hypothèses de surfacturations qui sont de nature à faire perdre l'argent pouvant servir au financement.

Une autre raison avancée ou constatée est celle du vécu désobligeant des travailleurs et l'absence de la mise en mouvement de leur protection comme débâcle au projet de Bukanga Lonzo.

Que répondre à la question de savoir si la création de Lonzo Naturel était un corollaire aux débâcles de Bukanga Lonzo.

F. La création de *Lonzo Natural ressources SARL* est-elle corollaire à la débâcle de Bukanga Lonzo ?

Il s'agit d'un questionnement qui a pour but de rechercher, par le raisonnement à la lumière des faits, d'établir un lien de causalité entre les faits soulevés et la débâcle de Bukanga Lonzo.

Ce raisonnement doit s'appliquer aussi à la découverte de la société Lonzo Natural ressources SARL créé au guichet unique de création d'entreprise.

Alors il sied de se demander est-il interdit de créer une société en RDC qui œuvre dans le domaine d'exploitation des ressources naturelles ?

N'est-ce pas que la création d'entreprise en Afrique est profitable à la société car elle est source de création d'emplois et des recettes pour l'Etat ?

D'après le rapport de l'université d'Oakland des Etats-Unis cité ci-haut, « Une des découvertes surprenantes de la recherche est la création d'une société minière en 2015, sous le couvert du parc. La société *Lonzo Natural Resources* SARL, dirigée par Christo Grobler, directeur général d'*Africom*, a été créée par un consortium rassemblant *Africom* et plusieurs sociétés affiliées (voir tableau ci-dessous). Il s'agit notamment du Groupe *Jivento*, filiale d'*Africom*, et Agri-Kwango SARL, également dirigée par Christo Grobler » (Frederic Mousseau, 2018 : 13).

Loin de l'objectif déclaré de promotion de la sécurité alimentaire, la nouvelle société a été créée pour « la prospection, la recherche, l'exploitation, le traitement et les opérations connexes dont la commercialisation de substances minérales valorisables ». Les anciens travailleurs interrogés ont confirmé que le personnel sud-africain de la société *Africom commodities* était impliqué dans la prospection minière et avait engagé des locaux pour « creuser des trous autour de la concession » à la recherche de diamants. (Frederic Mousseau, 2018 : 13).

Le rapport titre ces découvertes comme suit « Assurer la sécurité alimentaire ou s'accaparer des ressources minières ? ».

S'il a été question de s'accaparer des ressources minières, pourquoi passer par la procédure légale de création d'une entreprise au travers le guichet unique de création d'entreprise ?

Tout au plus, dans la mesure où à cause de l'immensité de la richesse du sous-sol congolais en termes des ressources minières ? Est-il interdit de créer une société pour exploiter la découverte des matières premières ? Et en quoi, une création d'une entreprise pour exploiter les minerais découverts à Bukanga Lonzo peut être à la base de la débâcle du projet agro-industriel ?

Tout ce questionnement nous pousse à douter du lien de causalité entre la création de *Lonzo Natural ressources* et la débâcle du projet de parc agro-industriel.

Encore une fois de plus, les bonnes raisons sont ailleurs, tous les éléments relevés ci-haut sont certes des problèmes posés, mais qui ne sont nullement susceptibles d'entrainer la débâcle du parc agro-industriel. Alors scrutons au tour des véritables raisons en causalité avec la débâcle de Bukanga Lonzo.

Il me faut signaler dans les pages qui suivent les raisons pertinentes de la débâcle de Bukanga Lonzo.

II. Les raisons pertinentes et/ou raisonnantes de la débâcle de l'agro-industrie de Bukanga Lonzo

Dans la mesure où la notion métaphorique de la débâcle renvoie à la notion de « la rupture subite de la couche de glace (d'u cours d'eau) dont les morceaux sont par le courant 72» ou de l'effondrement ou encore de l'écroulement comme synonymes ; s'il faut rechercher les raisons pertinentes, il faut questionner les fondements du projet de parc agro industriel de Bukanga Lonzo. A cet effet, comme on a pu le relever ci-haut, les fondements ou la fondation des parcs agro industriels à l'instar du parc agro industriel de Bukanga est basée sur les questions du respect des engagements entre partenaires. Si pour *africom commodities*, l'engagement a été au niveau de la gestion, pour le gouvernement congolais, l'essentiel des engagements tournés autour du financement ainsi que d'autres facilités inhérentes et importantes à la maturation ainsi qu'à l'autonomisation financière du parc agro industriel de Bukanga Lonzo. C'est à ce stade du respect des engagements, qu'en application d'une approche sociologique des élites, l'on est arrivé à détecter cinq principales et pertinentes raisons qui peuvent être considérés comme raisonnantes de la débâcle du Parc agro-industriel : il s'agit, entre autre, des guéguerres politiques ayant conduit au changement de gouvernement et à la cessation des engagements financiers et fiscales (A) ; des lobbyings des importateurs alimentaires mobilisant plusieurs pratiques problématiques conduisant au sabotage (B) le tout dans un contexte d'absence de cohésion nationale autour du projet (C) et de laxisme dans la gouvernance et la gouvernabilité *d'africom communities*, partenaire privé chargé de la gestion des fonds , à l'instar du PAI de Bukanga Lonzo (D).

---

72 Définition proposée par le dictionnaire Le Robert.

A. Les guéguerres politiques, la démission commandée de Matata ponyo et l'arrêt du financement du gouvernement congolais

La RFI titre « Plusieurs audits contradictoires sur fond de guerre au sein du PPRD » dans un article publié par elle73. Cette démarche de conceptualisation après une enquête journaliste montre comment l'approche socio-politique est « mobilisée » dans l'explication de la débâcle de Bukanga Lonzo.

En effet, d'après la RFI « Plusieurs audits sont bien réalisés alors que M. Matata Ponyo est toujours en fonction, mais l'un d'eux -au moins- pointe déjà de possibles fraudes. Il est formellement commandé en août 2015 par un nouveau ministre des Finances, Henri Yav Mulang, en poste depuis la fin décembre 2014 au cabinet international Ernst and Young, l'un des quatre plus grands cabinets d'audit au monde. Il porte sur « le projet de mise en place du parc agro-industriel de Bukanga Lonzo » dans son ensemble. Le rapport finalisé le 30 mars 2016 est accablant : absence d'appels d'offres, d'inventaires physiques consignés, de logiciels de gestion des stocks, aucune exigence de garantie de bonne exécution du projet au partenaire de gestion… « Notre revue de risque de fraude a relevé l'existence des paiements effectués directement à des tiers pour lesquels nous n'avons pas encore obtenu des preuves probantes et appropriées auprès du ministère des Finances », peut-on lire dans ce rapport. Ces paiements peuvent être des paiements à des fournisseurs non reconnus par *Africom commodities*, à des institutions, dont la présidence, la primature, le ministère des Finances et la province du

73 Sonia ROLLEY, *En RDC, qu'est devenu l'argent investi dans le parc agro-industriel de Bukanga Lonzo?*, RFI, Afrique, enquête Publié le : 22/05/2021, Disponible sur : https://www.rfi.fr/fr/afrique/20210521-rdc-matata-ponyo-ou-le-mirage-du-bukanga-lonzo

Bandundu, et même des individus et portent sur près de 22 millions de dollars74.

Les autres audits sont aussi réalisés par Ernest and Young, mais ils sont cette fois menés par de simples commissaires aux comptes et concernent uniquement les états financiers annuels des trois sociétés créées en mars 2015 pour officiellement renforcer la gestion du projet -le parc agro-industriel de Bukanga Lonzo (PARCAGRI), la société d'exploitation du parc agro-industriel (SEPAGRI) et le marché international de Kinshasa (MARIKIN) dans lesquels l'État congolais et *Africom commodities* ont des parts. Le 7 juillet 2016, le cabinet d'audit a assuré que pour ces trois sociétés, les états financiers de l'exercice clos le 31 décembre 2015 sont « *réguliers et sincères et donnent une image fidèle du résultat des opérations de l'exercice écoulé.* »75

Pour Matata Ponyo Mapon, au contraire, « *le projet semble avoir été saboté* » après son départ de la primature. C'est ce qu'il écrit à l'Inspecteur général des finances le 11 novembre 2020 en réponse à ses accusations. L'ancien chef de gouvernement a détaillé : « *Ce projet d'intérêt national a connu un arrêt brusque et injustifié dès fin décembre 2016. Il en est de même des équipements coûteux qui ont été vandalisés sur le site entre janvier 2017 et novembre 2020. Cette question majeure de gouvernance après 2016 ne fait malheureusement l'objet d'aucune observation dans votre document.* » Le 18 novembre, il insiste : « *la primature et le chef du gouvernement n'ont reçu aucun paiement destiné au projet. Par ailleurs, l'entreprise Africom a déjà affirmé n'avoir rien retourné directement ou indirectement à la primature ou au Premier*

---

74 Sonia ROLLEY, *En RDC, qu'est devenu l'argent investi dans le parc agro-industriel de Bukanga Lonzo?*, RFI, Afrique, enquête Publié le : 22/05/2021, Disponible sur : https://www.rfi.fr/fr/afrique/20210521-rdc-matata-ponyo-ou-le-mirage-du-bukanga-lonzo
75 *Ibidem*

ministre de l'époque. » Il assure même être à l'origine de plusieurs audits du projet, mené par « *des cabinets d'audit compétents et crédibles* »76.

« *Matata et Yav n'étaient pas en bons termes* », explique un membre de la coalition présidentielle sous Joseph Kabila. « *Tous les caciques du PPRD [Ndlr : parti de Joseph Kabila] voulaient la tête de Matata Ponyo parce qu'ils redoutaient son emprise auprès du chef et que tous voulaient devenir dauphin aux prochaines élections.* » Un ancien collaborateur de Matata Ponyo Mapon confirme que « *le PPRD faisait beaucoup de bruit autour de la gestion de Bukanga Lonzo depuis le départ* »77.

Après son départ du PPRD annoncé le 12 mars 2021, Matata Ponyo a confirmé cela en révélant à l'opinion publique qu' « il a toujours été le mal aimé du parti Kabila et subissait des rapports houleux de la part de la majorité présidentielle » au micro de jeune Afrique78.

Tous ces faits indiquent combien les guéguerres politiques y compris la crise politique et l'impasse électorale ont conduit au départ de l'initiateur du projet, à l'arrêt de financement et à la débâcle du Parc agro-industriel de Bukanga Lonzo.

1. Le contexte politique, la priorité aux élections et le changement de gouvernement

En 2016, le contexte politique a été celui des organisations des élections. En effet, Après les élections de 2011, la RDC a été confrontée à des crises

---

76 Sonia ROLLEY, *En RDC, qu'est devenu l'argent investi dans le parc agro-industriel de Bukanga Lonzo?*, RFI, Afrique, enquête Publié le : 22/05/2021, Disponible sur : https://www.rfi.fr/fr/afrique/20210521-rdc-matata-ponyo-ou-le-mirage-du-bukanga-lonzo

77 *Ibidem*

78 Romain Gras et Stanis Bujakera Tshiamala, *RDC – Augustin Matata Ponyo : « J'ai toujours été le mal aimé du parti de Kabila »* , Politique, jeune Afrique, publié le 26 mars 2021, https://www.jeuneafrique.com/1143235/politique/rdc-augustin-matata-ponyo-jai-toujours-ete-le-mal-aime-du-parti-de-kabila/ consulté le 02 aout 2023

politiques et sécuritaires persistantes qui ont divisé le pays. Les mouvements de milices armées du Nord-Kivu et du Kasaï se sont affrontés aux forces de sécurité gouvernementales, déstabilisant ces régions. Les élections, prévues en 2016, ont été retardées, ostensiblement en raison des conditions de sécurité. De plus, les forces de l'opposition ont affirmé que le gouvernement n'avait pas la volonté politique nécessaire pour aller de l'avant. Il y avait de nombreuses rumeurs selon lesquelles le président Kabila essaierait de modifier les dispositions constitutionnelles sur les limites du mandat présidentiel et de briguer un troisième mandat. Le président Kabila a entamé des pourparlers nationaux pour remédier à l'impasse politique ; toutefois, le dialogue n'a pas réussi à conclure un accord élargi, et ce jusqu'à la fin de 2016 quand l'accord de la Saint Sylvestre a été signé (Le Centre Carter, 2018 : 14).

Cet accord de saint Silvestre a été précédé par le dialogue de la ville de l'union africaine.

a. Dialogue de la ville de l'Union africaine

Sous les auspices de l'Union africaine, le facilitateur Edem Kodjo a lancé le 1er septembre 2016 un dialogue politique national appelé « Dialogue de la ville de l'Union africaine »79. Le dialogue, destiné à être inclusif et global, a rassemblé les forces politiques et sociales de la RDC, notamment des représentants de la majorité parlementaire, de l'opposition politique, des membres de la société civile, et des personnalités congolaises pour débattre de l'organisation d'élections pacifiques, crédibles et transparentes. Vital Kamerhe a dirigé l'opposition, mais la plupart des membres du MLC et de l'UDPS ont refusé de participer au dialogue. Le 18 octobre 2016, les participants ont signé un accord visant à reporter les élections à avril 2018 et à former un gouvernement d'union nationale. Un mois après la signature de cet accord, le président Kabila a nommé Samy Badiganda, ancien président

79 Le dialogue a été convoqué par Ordonnance Présidentielle 15/084 du 28 novembre 2015.

du groupe parlementaire UDPS, premier ministre. La plupart de l'opposition – à l'exception de l'UNC, dirigé par Vital Kamerhe, et de quelques députés de l'UDPS et du MLC – n'a pas soutenu le nouveau gouvernement (Le Centre Carter, 2018 : 17).

Il me faut évoquer dans les lignes suivantes l'accord de la Saint Sylvestre.

b. L'accord de la Saint Sylvestre

Face à la persistance des crises politiques et sécuritaires dans le pays, les évêques catholiques ont souvent joué un rôle de premier plan en tant que médiateurs pour promouvoir la paix. Afin de sortir de l'impasse politique et d'élargir les dialogues pour qu'ils soient réellement inclusifs, le Centre interdiocésain de la Conférence épiscopale nationale du Congo (CENCO) a convoqué les parties prenantes électorales à participer aux discussions à Kinshasa. Parmi les participants au dialogue figuraient ceux qui avaient assisté à la signature de l'accord du 18 octobre 2016, dont la majorité présidentielle de Kabila, certains membres de l'opposition politique, l'opposition républicaine, et des membres de la société civile. De l'autre côté du dialogue se trouvaient les membres d'un mouvement de la société civile et politique appelé le Front pour le respect de la Constitution et des acteurs de la société civile qui n'avaient pas signé l'accord politique de la ville de l'Union africaine(Le Centre Carter, 2018 : 17).

Bien que les efforts précédents visant à réunir les parties aient échoué, les participants ont signé le 31 décembre 2016 un accord appelé Accord de la Saint-Sylvestre, prévoyant que des élections présidentielles, législatives, et provinciales devraient être organisées au plus tard en décembre 2017. L'accord prévoyait que le Conseil national de suivi de l'accord et du processus électoral (CNSA), ainsi que la CENI et le gouvernement, procéderaient à une évaluation des étapes à franchir et des délais nécessaires à l'organisation d'élections(Le Centre Carter, 2018 : 17).

Il y a lieu de relever que le changement de ce gouvernement en dehors de ce qui a été susmentionné était lié au contexte d'organisation électorale. Ainsi, changer de premier ministre avait aussi pour objectif d'organiser les élections en RDC après glissement. Dans un premier temps, c'est Samy Badibanga qui est nommé premier ministre, ensuite, Bruno Tshibala qui n'avait la vision que d'organiser les élections en 2018. C'est de cette manière que l'option de financement des élections au détriment du parc agro-industriel a été à la base de la débâcle.

Il y a donc lieu de soutenir que la politique liée aux élections avait pris le dessus par rapport à la politique alimentaire qui avait justifié la crise en place du Parc Agro-industriel de Bukanga Lonzo. Ceci justifie l'arrêt de financement, des facilités fiscales, l'expulsion des acteurs sud-africains et la débâcle de Bukanga Lonzo.

2. L'arrêt de financement, des facilités fiscales, l'expulsion des acteurs sud-africains et la débâcle de Bukanga Lonzo

Non seulement, que le gouvernement congolais s'est décidé unilatéralement d'arrêter avec l'obligation du financement du projet de parc agro-industriel de Bukanga Lonzo, mais aussi, a rompu avec son obligation des facilités fiscales au projet de parc agro-industriel ce qui a contraint les sud-africains à quitter le sol de Bukanga Lonzo.

Pour Christo Grobler, l'échec de Bukanga Lonzo a commencé avec l'avènement d'un nouveau gouvernement avant fin en 2016. « *Quand monsieur Matata Mponyo a quitté la primature, nos paiements sont allés en diminuant jusqu'à s'arrêter totalement. Et c'est à cette période que nos bureaux ont été totalement bombardés par les taxes, payez ceci payez ça nous étions vraiment harcelés »*, révèle-t-il80.

Par ailleurs, les lobbies des importateurs alimentaires seraient pour quelque chose dans la débâcle de Bukanga Lonzo.

B. Les lobbies des importateurs alimentaires et la mobilisation de la corruption pour saboter le Projet Bukanga Lonzo

Une étude réalisée par CARP-DEV révèle comment la débâcle de Bukanga Lonzo a été une victoire des importateurs des vivres en RDC.

En effet, comme relevé ci-haut, le projet du parc agro industriel avait aussi pour objectif de réduire la dépendance de la RDC vis-à-vis des importations des produits alimentaires.

Ainsi, la plupart des entreprises qui œuvrent dans l'importation des produits alimentaires se sont sentis menacés par ce projet. Et ils se sont mis à mobiliser des pratiques corruptives de l'Elite politique pour combattre ce projet révolutionnaire.

Il y a lieu de parler de la corruption qui est inquiétante en contexte congolais avant de parler de sa mobilisation par les importateurs alimentaires en contexte de lutte pour la chute du projet agro-industriel de Bukanga Lonzo.

1. Les pratiques de corruption au quotidien et sa proportion inquiétante en R.D.C

La corruption est déjà ce *phénomène qui rampe autour de nous* (A. SITA-AKELE MUILA et P. AKELE ADAU, 2008:379-409) et revêt dans *une large mesure les proportions inquiétantes* en République Démocratique du Congo

80 RDC : le parc agro-industriel de Bukanga Lonzo victime d'un « sabotage organisé » du gouvernement (Africom), Disponible sur : https://www.radiookapi.net/2021/06/14/actualite/economie/rdc-le-parc-agro-industriel-de-bukanga-lonzo-victime-dun-sabotage

tel est le diagnostic fait lors des états généraux de la justice. (Ministère de la justice et droits humains de la RDC, 2015 : 85[81])

L'approche holistique, mieux globale, du phénomène de la Corruption en RDC atteste que la RDC n'est pas épargnée par le fléau de la Corruption qui fragilise l'équilibre des Etats et ralentit le développement des Nations du monde82.

D'un point de vue juridique, En RDC, la corruption est une infraction prévue et punie par les articles 147 à 150 du code pénal congolais, « qui ne définissent pas à proprement parler la corruption (Nyabirungu mwene Songa, 2013 : 402-425) ». Cependant, elle peut être « passive » ou « active (Manasi N'kusu-Kaleba, 2013 : 56-65)». Ainsi, aux termes de l'article 147 du code pénal congolais, Sont constitutifs d'actes de corruption : « le fait , pour un agent public ou toute autre personne, de solliciter ou d'accepter directement ou indirectement, des sommes d'argent, tout bien ayant une valeur pécuniaire ou tout autre avantage, tel qu'un don, une faveur ,une promesse ou un gain pour lui-même ou pour autrui, personne physique ou morale, en contrepartie de l'accomplissement ou de l'omission d'un acte dans l'exercice de ses fonctions ; le fait d'offrir ou d'octroyer, directement ou indirectement, à un agent public ou à toute autre personne des sommes d'argent , tout bien ayant une valeur pécuniaire ou tout autre avantage , tel qu'un don, une faveur, une promesse ou un gain pour lui-même ou pour autrui, personne physique ou morale, en vue de l'accomplissement ou de l'omission d'un acte dans l'exercice de ses fonctions ; le fait d'offrir , de donner ou de promettre directement ou indirectement un avantage indu à toute personne qui dirige un organisme du

---

81 Il s'agit du rapport « des états généraux de la justice, République démocratique du Congo organisé à Kinshasa du 27 avril au 2 mai 2015, publié par le ministère de la justice et droits humains de la RDC en août 2015, p. 85.

82 Lire le rapport synthèse du forum national sur la lutte contre la corruption en RDC, organisé au palais du peuple du mercredi 16 au samedi 19.12.2009, Kinshasa – Lingwala, pp.4-5.

secteur privé ou est employé par ce dernier en quelque qualité que ce soit, ou le fait, pour cette personne de solliciter ou d'accepter cet avantage indu, directement ou indirectement à titre personnel ou pour autrui pour qu'elle agisse en contravention de ses devoirs ou qu'elle s'abstienne d'agir ; le fait pour un agent public ou toute autre personne, de solliciter ou d'accepter, directement ou indirectement un avantage indu pour lui-même ou pour autrui afin d'abuser de son influence réelle ou supposée , en vue de faire obtenir d'une administration ou d'une autorité publique un avantage indu ; l'usage, la dissimulation ou l'aliénation frauduleuse du produit ou des biens tirés de l'un des actes visés au présent article ; le fait d'utiliser la fraude pour échapper ou faire échapper autrui aux obligations fiscales, douanières et administratives ; et l'enrichissement illicite ».

Par contre, d'un point de vue sociologique, la complexité de la corruption se comprend par le fait qu'«Il apparait que les pratiques corruptives sont justifiées et "euphémisées" par leur grande proximité ou interpénétration avec des pratiques sociales communes et "normales". Les mots et les discours participent ainsi à une même entreprise de banalisation. (Blundo G. et Olivier de Sardan, J.-P. 2000 : 98-114).».

A titre d'illustration, on peut reprendre : *coop* pour parler de coopération, *kolomba*, commission, enveloppe, motivation, transports, frais de suivi, etc. Ces vocables constituent autant d'expressions désignant la corruption ou les pratiques corruptives en RDC.
Même au niveau judiciaire, il existe des pratiques qui cachent la corruption à l'exemple des « pratiques de visas »83.

83 Depuis près de deux décennies, une pratique a élu domicile dans les cours et tribunaux congolais consistant pour le ou les juges (mieux la composition) à soumettre tout projet de jugement, d'arrêt ou d'ordonnance à la lecture et/ou censure du chef de la juridiction en vue d'obtenir son quitus avant de le (ou la) prononcer. Cette pratique est communément appelée « VISA ». Le visa se présente souvent sous forme d'un paraphe qu'appose le chef de juridiction

Dans ces synonymes, on y trouve toujours, comme affirment les anthropologues Blundo et Olivier de Sardan (2000 : 135), des affirmations ou vocables de justifications et de légitimation, qui sont révélateurs de l'insertion de la pratique corruptive. Ainsi, pour eux, « L'argumentaire justificatif « archétypique » englobe quelques « grands énoncés », dans lesquels la corruption relèverait tantôt de la récupération, tantôt des « bonnes manières », tantôt du privilège, tantôt de la pression sociale, tantôt de la redistribution, tantôt du mimétisme, tantôt du défi, tantôt de l'emprunt. Chacun de ces « grands énoncés » inclut diverses variantes». C'est dans cette complexité des pratiques corruptives que s'insèrent les pratiques mobilisées par les importateurs alimentaires dans l'effondrement des plusieurs projets de développement agricole en RDC, à l'instar du Parc agro industriel de Bukanga Lonzo.

---

sur la minute de la décision que la composition se propose de prononcer. L'auteur du visa lit et, éventuellement, adresse ses observations de forme et/ou de fond sur le projet.

Cette pratique fût, à l'origine, instaurée dans le but de pourvoir à la formation des juges par le Chef de juridiction ainsi qu'unifier la jurisprudence au sein d'une même juridiction. Pourtant, à ce jour, le visa est une véritable soupape d'imposition de la volonté des chefs de juridiction, fût-elle contraire à la loi ou à la position des membres de la composition. Il se présente comme un véto dont dispose le Chef de juridiction, en cas de divergence de vues avec la composition. En outre, elle a contribué à l'accentuation des pratiques marginales décriées dans le pouvoir judiciaire à savoir, la corruption, la concussion, le clientélisme, ou d'une manière générale, l'injustice. Cela provient du fait que les Chefs de juridictions véreux imposent à leurs magistrats de lui présenter des sommes d'argent avant d'obtenir ce fameux visa ; sommes que la composition devrait exiger des justiciables. Aussi, elle est l'expression de la violation flagrante du principe de l'indépendance du juge et du secret du délibéré consacré par l'article 41 alinéa 1er de la Loi organique n°13/011-B du 11 avril 2013 portant organisation, fonctionnement et compétences des juridictions de l'ordre judiciaire qui dispose que « Les délibérés sont secrets ».Bien plus, alors que par son contrôle a priori exercé sur la décision prononcée par les juges, le Président de la juridiction devient le deuxième membre (unicité) ou le quatrième membre (collégialité) de la composition, il s'avère pourtant qu'en cas de poursuites disciplinaires engagées ou en cas de prise à partie contre les membres de la composition, le Chef de la juridiction s'en trouve à l'abri, alors même que la position fût commune, parfois imposée furtivement par celui-ci. Dans cette dernière hypothèse, les pauvres membres de la composition sont appelés à engager leur responsabilité individuelle mais pour fait d'autrui. Lire Carlos Ngwapitshi, Lettre ouverte adressee a monsieur le procureur général près la cour constitutionnelle et président a.i. Du conseil supérieur de la magistrature, Disponible sur : https://legalrdc.com/2021/03/08/lettre-ouverte-a-monsieur-le-procureur-general-pres-la-cour-constitutionnelle/ (consulté le 05 juillet 2023).

2. La corruption comme face cachée et mobilisée des importateurs alimentaires dans l'effondrement du projet de Parc agro-industriel

En s'insérant dans des pratiques diverses caractérisées par certaines autorités qui demandent de l'argent pour s'actionner, les importateurs des vivres ont, en majorité libanais et indo-pakistanais, qui en ont vu une menace pour leurs intérêts. Voulant conserver leur marché, aujourd'hui estimé à plus de deux milliards de dollars américains, ces importateurs des produits alimentaires ont utilisé certains membres du gouvernement qui ont succédé à celui d'Augustin MATATA PONYO, initiateur du projet, pour le saboter rapporte une étude intitulée « la bataille du Parc agro industriel de Bukanga Lonzo : un complot contre la RDC et l'Afrique » sous couvert du centre d'appui à la recherche pour les projets de développement (CARP-DEV), une association sans but lucratif regroupant des chercheurs, professionnels et étudiants. La raison du choix de l'anonymat des auteurs préférant mettre l'institution comme auteur de l'ouvrage est liée à la sensibilité des informations découvertes et révélées dans le cadre de cette recherche (CARP-DEV, 2022).

D'après les informations découvertes par les chercheurs en application d'une méthodologie qualitative, le mode opératoire des importateurs a été les pratiques corruptives en ce que « Ces derniers ont réussi depuis l'époque de Mobutu, à infiltrer le pays et à se faire des amis parmi les décideurs de différents régimes. Leur influence sur nos gouvernants part habituellement des yeux doux qu'ils font souvent aux dirigeants nouvellement nommés. En leur offrant des cadeaux, à la longue, ils leur demandent certaines facilités pour faire prospérer leurs affaires en étouffant toute initiative du gouvernement capable d'offrir au pays son autonomie alimentaire. Selon certaines indiscrétions, tous les dirigeants congolais sont conscients de cette réalité, mais personne ne veut en parler. Ci-gît le sérieux problème qu'a connu le projet du parc agro-industriel de Bukanga-Lonzo qui a été combattu de toutes pièces, nous laissant croire que celui-ci a été victime d'un étouffement voire d'un sabotage à l'interne comme à l'externe, et ce, pour empêcher la RDC de réaliser le rêve de puissance économique au milieu de l'Afrique (CARP-DEV, 2022).

Dans un article publié dans la revue Congo challenge intitulé « Parc agro-industriel de Bukanga Lonzo : séparer les spéculations de la réalité », John M. Ulimwengu (2020) estime que projet a été privé des moyens suite au lobbying des importateurs des produits agro-alimentaires, soucieux de protéger leur marché évalué à près de 2 milliards de dollars par an. Ces importateurs craignaient la grande production prévue à la récolte, ce qui pouvait mettre fin à l'importation des produits agricoles pour lesquels des sommes importantes d'argent sont dépensées par l'Etat Congolais.

Cette thèse de la mobilisation des formes complexes de la corruption par les importateurs est aussi mentionnée par Philippe Lebailly et al (2014 : 54). Quoique sans citer des noms lorsqu'ils répondent à la question de savoir : « comment sommes-nous arrivés à des importations alimentaires qui ont aujourd'hui pour effet de couper les producteurs agricoles congolais des marchés principaux pour leurs produits ? Les raisons sont multiples et parmi elles sont fréquemment évoquées les politiques commerciales défavorables aux productions locales, les pratiques de certains dirigeants, plus préoccupés par leur enrichissement personnel que par le bien commun… ».

Il faut noter que le recours à des pratiques de corruption ne date pas d'aujourd'hui. Il trouve ses origines lointaines dans le modèle même de gestion de l'Etat indépendant du Congo, où seul un individu pouvait tirer profit d'immenses richesses que regorge le bassin du Congo au détriment de son royaume et de son protectorat (Forum national sur la lutte contre la corruption en RDC, 2009 : 4-5).84.

Cette situation s'est accentuée pendant le régime de Mobutu où la confiscation du débat démocratique, la précarité de la vie sociale, l'affairisme des dirigeants, le clientélisme et le népotisme vont basculer le Pays dans la spirale des antivaleurs institutionnalisées où, seules, triomphaient la loi du plus fort et la règle de la plus-value (Forum national sur la lutte contre la corruption en RDC, 2009 : 4-5).

Ainsi, touchant plusieurs nations dans un contexte de porosité frontalière, la corruption comme phénomène a été assimilée à une pandémie qui détruit le tissu socio-économique des Etats modernes, accroit les inégalités sociales et accentue la pauvreté (Forum national sur la lutte contre la corruption en RDC, 2009 : 4-5).

Ce qui peut retenir notre attention c'est lorsque les auteurs épinglent les politiques commerciales défavorables aux productions locales et les pratiques de certains dirigeants.

Ces méthodes mobilisées ont pu facilement produire gain de cause, à la suite de l'absence de la cohésion nationale autour du projet de PAI Bukanga Lonzo comme projet de développement national.

C. L'absence de la cohésion nationale autour du projet de Bukanga Lonzo comme projet de développement national

Depuis fort longtemps, si plusieurs programmes de relance agricole ont échoué en contexte congolais, l'absence de la cohésion nationale a été toujours pour quelques choses surtout, lorsqu'on sait que la poursuite du

84 Lire le rapport synthèse du forum national sur la lutte contre la corruption en RDC, organisé au palais du peuple du mercredi 16 au samedi 19.12.2009, Kinshasa – Lingwala, pp.4-5.

développement d'un Etat si elle fait le bonheur des uns, elle fait aussi le malheur des autres.

L'enjeu a toujours été de maintenir certains pays dans le sous-développement en vue de réaliser plusieurs profits au profit des acteurs économiques.

En effet, la note de politique agricole cite l'absence de cohésion nationale comme l'une des insuffisances majeures faisant échec des programmes de relance agricole en RDC, hormis l'absence de participation régionale (pas des représentants), les moyens très indirects de dialogue avec les producteurs agricoles, la faiblesse de l'administration et l'absence de volonté politique.

Cette situation d'absence de cohésion nationale s'est observée dans la mise en œuvre du parc agro industriel de Bukanga Lonzo marqué également par le vécu désobligeant des travailleurs et l'absence de leur protection , quoique l'on puisse relever la tentative non aboutie de la cohésion nationale avec les acteurs locaux de Bukanga Lonzo.

Il y a lieu de comprendre ce qu'est la cohésion nationale, son importance ainsi que sa tentative avortée avant de l'appliquer dans la compréhension de la débâcle du PAI de Bukanga Lonzo.

1. La cohésion nationale et son importance dans le développement d'une nation

La cohésion nationale signifie la cohésion des différents éléments et composantes de la nation. Ces derniers sont des briques qui doivent être liées et cimentées solidement dans une dynamique de construction de la nation-Etat. La cohésion de la nation se décline en dimensions verticale (cohésion sociale), horizontale (cohésion ethno-régionale et territoriale), et culturo-identitaire (Rapport National sur le Développement Humain, 2014 ; 57).

Elle est comprise à la fois comme état et degré de cimentation des composantes d'une nation et comme objectif collectif poursuivi et par là, elle est l'expression de la conscience collective des citoyens d'être ensemble comme membres d'une même nation, d'un même Etat au sein duquel tout le monde dispose des mêmes droits et des mêmes devoirs, et en bénéficie de manière équitable. Bien qu'ayant une dimension quantitative, la cohésion nationale est d'abord d'essence qualitative indiscutable, car elle concerne la qualité et le degré de cimentation des différents segments de la nation. A ce titre, elle a une essence politique fondamentale et relève du domaine de la politique active au sens large. D'où, l'importance de la cohésion politique au niveau national (Rapport National sur le Développement Humain, 2014 ; 57)...

Elle est l'union et l'harmonie existentielle des composantes d'une communauté, dans le fonctionnement interne de cette dernière et dans ses rapports avec les groupes extérieurs, y compris en temps de danger existentiel de ladite communauté : partage de la conscience de l'identité collective, communion dans l'histoire, partage des valeurs fondamentales du groupe (national), défense de l'existence du groupe et communion agissante dans la vision de son devenir(Rapport National sur le développement Humain, 2014 ; 57).

L'on peut lire qu'au sein de la cohésion nationale se trouve la cohésion sociale qui « est définie, selon différentes approches, soit comme un mécanisme psychosocial, soit comme une extension des relations sociales et des normes de réciprocité sociale, soit comme un ensemble de ressources qui circulent à l'intérieur des réseaux sociaux » (Emond, A., 2010 cité par Dave Poitras et al, 2019 : 5). Appliquée dans une société moderne, elle est la capacité de la société à assurer de façon durable le bien-être de tous ses membres, incluant l'accès équitable aux ressources disponibles, le respect de la dignité dans la diversité, l'autonomie personnelle et collective et la participation responsable [...] ce qui implique l'engagement social à réduire les disparités au minimum et à éviter toute polarisation » (Conseil de l'Europe (2005) cité par Dave Poitras et al, 2019 : 5).

En effet, il convient de relever que le climat de cohésion, de paix sociale et d'équité renvoie à une société juste, protégeant l'harmonie entre les groupes d'appartenance ou de pratiques religieuses, d'origine ethnique ou d'orientation sexuelle différente, sans porter atteinte aux droits et aux libertés des personnes (Dave Poitras et al., 2019 : 3). A cet effet, la cohésion sociale constitue une clé de voute..., car il s'agit d'une caractéristique qui influence l'ensemble de ses autres constituantes, soit la paix sociale, l'équité, la justice, le respect des droits et libertés et la non-discrimination (Dave Poitras et al. 2019 : 3).

En contexte de la mise en œuvre du projet agro-industriel de Bukanga Lonzo, il y a lieu de relever qu'au départ, la quête de la cohésion nationale autour de ce projet n'a pas été une priorité. Ce n'est qu'après certains pesanteurs socio-politiques qu'en 2016, le gouvernement va tenter d'obtenir un des éléments de la cohésion nationale à savoir, la cohésion sociale dans le cadre d'un processus de dialogue multi acteurs du secteur agricole, foncier et environnemental.

2. L'effort du gouvernement dans la quête de la cohésion sociale autour du PAI de Bukanga Lonzo avec les multi acteurs du secteur agricole et son échec

La tentative d'obtenir la cohésion sociale qui n'est qu'un élément de la cohésion nationale autour du projet du parc agro industriel a poussé le gouvernement congolais en 2016 à être en dialogue multi acteurs avec certains acteurs communautaires et de la société civile après plusieurs pesanteurs ressentis au niveau social et politique.

On peut lire dans un rapport sur le déroulement de ce dialogue multi acteurs dans la mise en œuvre des parcs agroindustriels (PAI) : cas de Bukanga Lonzo publié par la confédération nationale des producteurs agricoles du Congo (CONAPAC) que sous le patronage de la primature de Matata en 2016 , le gouvernement congolais a été amené à dialoguer avec certains acteurs communautaires notamment les petits producteurs agricoles regroupés sous la Confédération Nationale des Producteurs Agricoles du Congo (CONAPAC) qui, lors d'un dialogue de 2015 organisé par l'Initiative des Droits et Ressources (RRI85), ont exprimé leur crainte quant à l'installation des Parcs Agro Industriels qui selon eux, aboutiraient à la disparition de l'agriculture de subsistance familiale qui est jusqu'ici pratiquée par 60% de la population Congolaise (CONAPAC, 2016 : 3).

Ce dialogue multi-acteurs avait pour objectifs de : Permettre à toutes les parties prenantes d'être mieux informées sur le projet des Parcs Agro Industriels du pays, avec Bukanga Lonzo comme étude de cas ; Lever tout équivoque quant à la question de prise en compte des droits de communautés autour de ce parc, et Tirer des leçons de ce dialogue pour alimenter la mise en œuvre des autres parcs prévus après celui de Bukanga Lonzo(CONAPAC, 2016 : 3).

Les résultats attendus de ce dialogue étaient : de s'attendre à ce que le peuple congolais soit mieux informé sur les PAI et s'implique d'une manière ou d'une autre à leur mise en œuvre ; de tirer les leçons du parc agro industriel de Bukanga Lonzo pour aider la mise en œuvre des autres parcs prévue à travers

---

85 une coalition d'organisations nationales et internationales de par le monde avec son Secrétariat Général basé à Washington aux USA, dont la mission est « Soutenir la lutte contre la Pauvreté et la marginalisation des Communautés locales et des Peuples autochtones, en encourageant un plus grand engagement et l'action vers les Réformes des Politiques, des marchés et des Lois qui garantissent leurs Droits de Posséder, de Gérer et de Tirer profit des Ressources naturelles, en Particulier La Terre et les Forêts » (Lire Rapport, 3

le pays ; de définir ensemble des axes devant être pris en compte dans la stratégie du Cadre de Concertation de la société civile sur le foncier (CACO) de 2017 pour une meilleure prise en compte des droits des communautés locales, des peuples autochtones, et des femmes dans les grands projets d'investissements en RDC ; et de mettre en place un accord pour faciliter l'accès à la société dans cette zone pour travailler avec les communautés locales (sensibilisations, cartographie participative, etc.) et collaborer avec les investisseurs dans le cadre des études d'impacts et de la responsabilité sociétale des entreprises (RSE) (CONAPAC, 2016 : 3-4).

Quoiqu'ayant connu la participation des députés ; de la direction de Bukanga Lonzo ; L'Institut National de Recherche et Etudes Agronomiques, des chefs coutumiers de Bukanga Lonzo, représentants des communautés locales autour de Bukanga Lonzo ; de la Société civile Congolaise (CACO, CNONG, organisations des femmes, etc.…), du RRI pour l'Afrique Centrale, des Partenaires Techniques et Financiers (PNUD, le BIT, l'Ambassade de la Belgique,), des ONGs Internationales, des Représentants des grands projets nationaux (CONAREF, STAREC….) ; des médias ainsi que des représentants des institutions telles que la Présidence de la République ; la Primature ; le Ministère de l'Agriculture ; Le ministère des Affaires Foncières ; le ministère de l'Aménagement du Territoire, Urbanisme et Habitat ; le ministère des Femmes, Famille et Enfant ; le ministère de l'Environnement et Développement Durable, le Ministère de la Décentralisation, le Ministère d'Etat Ministère du Budget ; cette tentative d'obtention de la cohésion nationale au tour du PAI de Bukanga Lonzo s'est soldé par un échec rapporte le CONAPAC lorsqu'il relève que « Bien que la crainte quant à l'installation des Parcs Agro Industriels qui aboutiraient à la disparition de l'agriculture de subsistance familiale ait donné l'occasion pendant ce dialogue à l'équipe du projet pour une présentation, celle-ci a presque semé plus de doutes dans la tête des participants qui sont restés sur leur soif en lien avec la participation des communautés locales, des peuples autochtones et des femmes dans ces projets et surtout sur leur impact sur la vie de ces populations » (CONAPAC, 2016 : 3).

Une année après ce dialogue, le parc agro industriel de Bukanga Lonzo va connaitre l'arrêt de financement et des facilités de la part du gouvernement congolais avec comme conséquence son effondrement faute de cohésion non seulement sociale mais aussi nationale privilégiant d'autres intérêts en défaveur de l'intérêt du développement national.

L'absence de la cohésion nationale explique également la débâcle du parc agro industriel de Bukanga Lonzo. A cela s'ajoute le vécu désobligeant des travailleurs et l'absence de la mise en mouvement de leur protection.

3. Le vécu désobligeant des travailleurs et l'absence de la mise en mouvement de leur protection

Le rapport détaillé des pratiques épouvantables en matière de droits du travail et de conditions de travail pour les travailleurs locaux, notamment des licenciements collectifs du jour au lendemain en réaction à des grèves. Le personnel en incapacité à la suite d'accidents du travail se plaint de ne pas avoir reçu de soins adéquats, d'avoir perdu leur emploi et qu'au moins une personne est décédée des suites d'un accident du travail (Frederic Mousseau, 2018 : 3).

D'après ce rapport, d'anciens travailleurs du parc témoignent de pratiques de travail terribles et de l'attitude des cadres sud-africains. Alors que les vidéos du parc montraient des infrastructures de vie modernes pour les travailleurs, celles-ci n'expliquaient pas que les logements étaient construits pour le personnel de direction, tandis que la plupart des travailleurs devaient construire leurs propres huttes avec des branchages et des feuilles dans un coin différent du parc. En 2015, les travailleurs se sont mis en grève parce que la direction leur a coupé l'alimentation en eau potable. En réponse, entre 100 et 150 travailleurs ont été licenciés du jour au lendemain. En février 2016, 152 travailleurs ont été à nouveau licenciés du jour au lendemain (Frederic Mousseau, 2018 : 14).

Plusieurs témoins ont également affirmé qu'un homme de 36 ans, Nzoko Pasi, est mort quelques jours après avoir été aspergé de produits chimiques sur le visage et les yeux alors qu'il manipulait des produits chimiques sans équipement. De même, monsieur Ngonzo Ngu, ayant perdu son œil dans les mêmes conditions a été licencié, sans dédommagement, le 5 février 2015 (Frederic Mousseau, 2018 : 14).

D'après ces révélations, il y a lieu de croire que des problèmes ont eu lieu lors de la gestion des travailleurs du parc agro-industriel, cette situation qui n'est pas acceptable au regard des textes juridiques congolais en droit social c'est-à-dire du travail et de sécurité sociale peut faire l'objet d'une responsabilisation au niveau du droit social pour mauvaises conditions de travail, licenciement abusif et absence de protection sociale des travailleurs de Bukanga Lonzo.

S'agit-il des problèmes de nature à conduire à la débâcle du parc agro-industriel ? Ici la réponse est à donner d'après les directives internationales pour les parcs agro industriels de l'ONUDU qui font remarquer que « la gestion responsable des relations de travail a une influence directe sur la durabilité des parcs industriels car elle affecte la taille, le moral et la productivité de la main-d'œuvre. Il convient donc de mettre l'accent sur : des conditions de travail décentes ; la liberté d'activité syndicale ; et le règlement des conflits du travail. Les parcs industriels modernes peuvent et doivent cependant être mis à profit en tant que plateformes permettant d'aller au-delà de ces protections de base et de promouvoir des normes et des pratiques supérieures en matière de bien-être des travailleurs afin d'attirer des talents, d'améliorer les compétences de la main-d'œuvre et de contribuer à des emplois de qualité ainsi qu'à une économie fondée sur la connaissance » (ONUDI, 2019 : 20).

Par ailleurs, cette situation est de nature à hypothéquer la cohésion sociale des communautés locales environnantes à propos du projet qui comme vu est importante pour la durabilité d'un parc agro industriel. Il y a donc la cohésion nationale et son absence dans l'explication de la débâcle de Bukanga Lonzo.

4. La cohésion nationale et son absence dans l'explication de la débâcle du projet du Parc agro-industriel de Bukanga Lonzo

Un projet comme celui des parcs agro industriels demandent une synergie des acteurs et l'adhésion de la population tout autour en dehors de tout clivage politique, ethnique, religieux et tribal.

Cette cohésion nationale a fait défaut au projet des parcs agro industriels entrainant comme conséquences des blocages politiques comme relevés au point lié à la guéguerre politique.

A ce sujet RFI révèle [comme déjà cité] « *Matata et Yav n'étaient pas en bons termes* »... « *Tous les caciques du PPRD voulaient la tête de Matata Ponyo parce qu'ils redoutaient son emprise auprès du chef et que tous voulaient devenir dauphin aux prochaines élections.* »86.

Avec des méthodes de manipulation et de récupération politicienne, le regard n'était pas sur le projet et l'intérêt de la nation. Mais plutôt aux individus à qui l'on chantera la gloire après la réussite du projet.

---

86 Sonia ROLLEY, *En RDC, qu'est devenu l'argent investi dans le parc agro-industriel de Bukanga Lonzo?*, RFI, Afrique, enquête Publié le : 22/05/2021, Disponible sur : https://www.rfi.fr/fr/afrique/20210521-rdc-matata-ponyo-ou-le-mirage-du-bukanga-lonzo

En effet, cette mentalité a toujours régné dans la scène politique au Congo. Cette mentalité hypothèque quelques fois l'esprit même de la continuité des services publics de L'État. Les hommes passant et les institutions restantes, se coaliser autour d'une vision profitant à la nation semble difficile en contexte congolais mais pas impossible.

On voit, déjà cela dans la question de l'insécurité à l'Est de la RDC, où en lieu et place de se coaliser pour défendre la patrie ou la mort, les congolais sous l'hospice de ses leaders s'accusent mutuellement, oubliant que l'ennemi avance.

Et tant soit peu, par rapport aux différents projets de développement en RDC, cette notion de cohésion nationale est très importante parce que dans la scène économique également existe des guerres économiques liées au vouloir réaliser beaucoup des profits.

Certains auteurs développent des pensées autour duquel l'Afrique est le continent consommateur de plusieurs opérateurs économiques de tel enseigne que beaucoup des produits même alimentaires sont le fruit des industries d'ailleurs et font l'objet des grandes importations.

Dans la logique de vouloir réduire les importations en défaveur des importateurs, la logique belliqueuse a été lancée. Les hostilités ont été lancées. Ainsi, ceux qui réalisent des profits énormes dans ce secteur ne s'étaient pas avouer vaincus et ont mobilisés des pratiques illégales qui ont aboutis facilement faute de cohésion nationale et dans une logique de « diviser pour mieux régner ».

Si dans ces pratiques figurent le fait de se greffer aux problèmes entre le gouvernement congolais, les gestionnaires du parc agro-industriels et les populations formant les communautés locales environnantes, il y a lieu de relever aussi que la plupart des importateurs ont eu recours aux lobbyings pour obtenir des faveurs, en défaveur de la population congolaise et de la nation toute entière. Fragilisant son économie.

Il s'agit de la théorie d'instiguer le chaos pour se maintenir dans la hausse des profits.

Ainsi, le projet des parcs agro industriels n'étant pas assis sur une base de cohésion sociale a fini par être victime de ces pratiques et s'effondrer.

Cette absence de cohésion nationale a été le point de départ conduisant à faciliter la débâcle de l'agro-industrie de Bukanga Lonzo

Aussi, il faut reconnaitre les failles dans la gouvernance et dans la gouvernabilité d'*africom commodities* comme non facilitatrices à la cohésion sociale autour du projet et d'autre part, comme base facilitant les querelles et entrainant la débâcle de l'agro-industrie de Bukanga Lonzo.

D. Les failles dans la gouvernance et dans la gouvernabilité d'*Africom* comme partenaire privé

Ici, il est question de discuter sur plusieurs découvertes faites liées à la mauvaise tenue de la comptabilité que nous préférons ré conceptualiser par « la tenue non contextualisée de la comptabilité , à l'opacité dans la gestion des achats au profit du parc agro-industriel et les suspicions de surfacturations qui laissent entrevoir les pratiques cachées de détournement des deniers publics quoique difficilement démontrés dans les différents rapports d'audit réalisés tantôt par Ernest Young, tantôt par l'inspection générale des finances.

Si le choix du groupe *africom commodities* a été justifié par le fait que d'une part, il comportait en son sein 15 entreprises couvrant pratiquement tous les domaines d'activités compris dans un parc agro-industriel et d'autre part, du fait que « la mise en œuvre du concept de parc agro-industriel nécessitait une entité disposant des compétences non seulement une variété d'activités agro-industrielles, mais également des compétences avérées en construction et équipement agro-industriels. »[87] ; Les failles ont été au niveau du laxisme dans le contrôle de ce groupe et pour tant en droit de marché public, « l'admiration contractante dispose du pouvoir de contrôle qui s'exerce par la désignation d'un fonctionnaire dirigeant qui a pour mission de contrôler de manière permanente l'exécution du marché ; il relève des malfaçons et peut même exiger des corrections (L. Yuma Biaba, 2012 : 168)». Il s'agit de ce que j' appelle de failles dans la gouvernance et dans la gouvernabilité d'*africom commodities* comme partenaire privé manifestées par la non tenue contextualisée de la comptabilité ainsi que l'opacité au niveau de la gestion des achats ayant conduit à des suspicions des surfacturations et de détournement des deniers publics sources de querelles et préludes à la débâcle de Bukanga Lonzo par l'arrêt de financement de la part du gouvernement, ce qui est selon notre approche, une mauvaise réponse à des bonnes inquiétudes.

1. La tenue non contextualisée de la comptabilité

L'audit a révélé qu'aucun système comptable et financier, d'organisation administrative, de gestion de stocks et informatique n'a été mis en place localement afin d'assurer un contrôle interne permettant une gestion efficace et transparente des opérations de la société. Les auditeurs ont noté que toutes les opérations de passation de marché, de gestion financière et comptable relative aux activités du Projet sont effectuées directement en Afrique du Sud au siège d'*africom commodities* Ltd.

87 Sonia ROLLEY, En RDC, *qu'est devenu l'argent investi dans le parc agro-industriel de Bukanga Lonzo?*, RFI, Afrique, enquête Publié le : 22/05/2021, Disponible sur : https://www.rfi.fr/fr/afrique/20210521-rdc-matata-ponyo-ou-le-mirage-du-bukanga-lonzo

Le rapport financier préparé par le partenaire *africom commodities* Ltd n'est pas présenté sous le format des états financiers conformément au plan comptable OHADA d'application en RDC depuis le 1er Janvier 2014.

Pour moi, cette faille n'est pas la mauvaise tenue de la comptabilité comme le qualifie le rapport Ernst Young, il s'agit plutôt d'une tenue non contextualisée de la comptabilité qui est susceptible d'entrainer beaucoup des difficultés.

Il est important de signaler l'opacité au niveau de la gestion des achats et les suspicions de surfacturations comme prélude aux querelles entre partenaires.

2. L'opacité au niveau de la gestion des achats et les suspicions de surfacturations comme prélude aux querelles entre partenaires

Comme qui dirait « la confiance n'exclut pas le contrôle », si le motif de la prétendue inexpérience d'*africom commodities* en raison de trois ans d'existence soulevée comme raison de la débâcle du parc agro-industriel de Bukanga Lonzo par l'inspection Générale des Finances à travers son rapport, n'est pas raisonnable, par contre, les failles dans le contrôle des prix ainsi que de la gestion des fonds décaissés a été essentielle à nourrir des querelles qui se sont vus préludes à la débâcle de Bukanga Lonzo.

En effet, d'après le rapport d'audit Ernest Young que nous ne remettons pas en cause totalement, il se dégage l'absence d'appels d'offres lancé lors de la sélection des fournisseurs des équipements ; l'achat des équipements et des matériels principalement auprès des sociétés sœurs, *Michigan Equipment*, *BPI manufacturing, triomf fertiliser*, *desticlox* ; l'absence du comité d'achat dans la mesure où tous les achats sont approuvés par le CEO, Mr. Grobler ; et surtout, toutes les opérations de passation de marché, de gestion financière et comptable relative aux activités du Projet sont effectuées directement en Afrique du Sud au siège d'*africom commodities* Ltd. (Ernst & Young, 2015 : 4).

La conséquence est que les prix pratiqués par les fournisseurs d'*Africom commodities* sont excessivement supérieurs à ceux pratiqués par des concurrents sur le marché international (Ernst & Young, 2015 : 4).

En ce qui concerne la vérification des prix pratiqués sur le marché international et d'*Africom commodities*, il a été relevé que ces prix variaient du simple au double. A titre illustratif, le prix d'un tracteur américain acheté à près de 254 000 dollars était requalifié à 518 800 dollars dans la comptabilité d'*Africom*.

Pour les autres comparaisons des prix, l'on peut se rendre compte de la surfacturation au travers ce tableau (Ernst & Young, 2015 : 14) :

	Prix au niveau international				Prix acheté par Africom	
Equipement	Fournisseur	Pays	Devises	Prix	Prix en USD	Fournisseur
Trailer 10T	Gm Stensson	UK	Pound	6 450	22 000	BPI
Challenger 500C	Tractor House	USA	Dollars	279 000	628 000	BPI
Massey Fergusson 7618			Euro	118 006	426 000	Michigan
Massey Fergusson 8690	Tractor House	USA	Dollars	254 900	518 800	Michigan
Tafe 8502 4x4	Farmwork	Afrique du Sud	Rand	251 000 Ou 19 217 $US	45 500	Michigan
Grader G9190		Chine	Dollars	70 000 -80 000	711 215 et 12 mois service	Michigan

La réaction d'*africom commodities* face à cette accusation de surfacturation a été de dire, au travers son administrateur, monsieur grobler, qu' *« Il n'y a eu ni surfacturation ni détournement de fonds. Les prix qu'ils ont taxés n'étaient pas seulement le prix du tracteur mais c'était le prix de l'ensemble de service que le tracteur va leur fournir, y compris la maintenance pendant deux ans 88».*

Difficile à prouver, faute des documents préalables qui attestent cela. Ainsi, nous mettons ces faits de surfacturation dans le lot des failles dans le contrôle de l'exécution du marché public par *africom commodities.*

Par ailleurs, au niveau de la gouvernance d'entreprise, le rapport d'audit indique que la revue de la gouvernance en rapport avec les exigences légales a mis en exergue les faiblesses suivantes : le non-respect des dispositions de l'acte uniforme Ohada relatif au droit comptable, principalement sur les articles suivants : article 6 : obligation de mettre en place des procédures de contrôle interne ; article 16 : obligation d'établir une documentation et l'organisation comptables ; article 24 : durée de conservation des documents comptables de 10 ans (Ernst & Young, 2015 : 5).

Tout au plus, les auditeurs indiquent qu'ils n'ont pas été en mesure de vérifier la nature de certaines dépenses engagées pour le compte du projet faute de non accès à la documentation. Ces dépenses se rapportent aux paiement en faveur des institutions de la RDC (628 788 USD et 680 222 408 Fc), paiement en faveur des individus (52 850 USD et 90 854 000 FC), paiement en faveur du projet PARC non reconnus par le partenaire *Africom Commodities* LTD (45 000 USD et 754 000 330 FC), paiement en faveur des sociétés publiques (126

---

88 Radio Okapi, *RDC : le parc agro-industriel de Bukanga Lonzo victime d'un « sabotage organisé » du gouvernement (Africom)*, Publié le lundi14/06/2021, article disponible sur : https://www.radiookapi.net/2021/06/14/actualite/economie/rdc-le-parc-agro-industriel-de-bukanga-lonzo-victime-dun-sabotage 27 juillet 2023

300 324 FC), le montant de libération du capital des sociétés PARCAGRI, MARIKIN et SEPAGRI (874 121 880 FC) et des paiements en faveur de *DESTICLOX* et *TRIOMF* considérés par *AFRICOM COMMODITIES* Ltd comme ne se rapportant pas au projet BUKANGA LONZO (7 225 450 USD).

Comme premier pas dans la correction des failles constatées dans la gouvernance, l'on peut relever de manière déduite, qu'en 2016, les parcs agro industriels ont été dotés d'un code d'éthique et de bonne conduite à l'initiative d'augustin Matata Ponyo (encore premier ministre en ce moment) qui sera signé le mardi 23 février 2016 à l'hôtel du gouvernement à l'issue d'un atelier de validation qui a mobilisé plus d'une cinquantaine des participants. Pour le premier ministre, un homme en quête de la bonne gouvernance, augustin Matata ponyo, cette initiative est inscrite dans le cadre de la bonne gouvernance (Beltrade, 2016 : 25). Et Ce code d'éthique a été élaboré avec le concours de Dr Djordjija, DG de Global CDL, un bureau d'études basé aux États-Unis, en collaboration avec le cabinet Winak. D'ailleurs, selon Guillaume Kalala de ce dernier cabinet, ce code a l'avantage de stimuler les vertus de loyauté, d'intégrité et de transparence (Beltrade, 2016 : 25).

Malheureusement, les failles constatées dans la gouvernance ainsi que dans la gouvernabilité d'*africom* ont été d'ordre, non seulement, à renforcer l'absence de la cohésion nationale autour du projet, mais aussi, à faire perdre à la république des fonds qui pouvaient servir dans le financement d'autres dépenses toujours dans le cadre du projet des parcs agro-industriels, d'où les suspicions de corruption et des détournements des fonds publics.

3. Les pratiques de corruption et de détournement des deniers publics comme soupçons à la suite des failles dans la gouvernance

Les failles dans la gouvernance et dans la gouvernabilité d'*africom* comme partenaire laissent croire à des possibles pratiques de corruption et de détournement des deniers publics selon le rapport d'audit du cabinet Ernest et Young.

En effet, « L'opacité des procédures administratives, la lenteur dans le traitement des dossiers, le non-respect de la procédure de passation des marchés, l'inexécution de l'obligation de déclaration de patrimoine, sinon l'opacité qui caractérise les quelques cas d'accomplissement de ce devoir, l'impunité des agents publics de l'Etat qui s'en rendent coupables et l'inexploitation des rapports de la Cour des comptes expliquent, dans une large mesure, les proportions inquiétantes que revêt la corruption »[89].

D'après le rapport Ernst Young, il y a eu plusieurs des découvertes des chiffres et transactions inexpliquées en raison des failles dans la mesure où « Les auditeurs ont constatés des différences entre les montants déclarés par *Africom commodoties* Ltd et ceux déclarés par la Direction du Trésor et Ordonnancement (DTO) du Ministère des Finances ».

Par ailleurs, « Les auditeurs ont identifiés des paiements en faveur d'*Africom commodities* Ltd de 4 800 000 000 FC et 29 295 000 FC équivalent respectivement en USD 5 172 688 et USD 31 662. Les auditeurs ont obtenu le Swift de la transaction de 4,8 milliards de FC qui renseigne un montant de 4 800 000 USD, soit une différence de 372 685 USD non justifiés. Le second montant en CDF a été enregistré dans les livres du partenaire *Africom commodities* Ltd pour 30 000 USD, soit une différence non significative de USD 1 652 »

Tout au plus, les auditeurs révèlent que « le Gouvernement de la RDC a effectué des paiements en faveur de Desticlox pour l'amélioration de la route

89 Le rapport « des états généraux de la justice, République démocratique du Congo» organisé à Kinshasa du 27 avril au 2 mai 2015, publié par le ministère de la justice et droits humains de la RDC en août 2015, p. 85.

d'accès au site Bukanga lonzo. Ces deux paiements sont : d'une part, le 16/08/2014 paiement de 993 600 USD pour gravillonner 14,4 km (Coût unitaire 69 000 $US le Km) depuis la route nationale jusqu'au site de Bukanga Lonzo et d'autre part, le 23/09/2014 paiement de 3 798 000 USD pour l'amélioration de la voie d'accès de la route principale jusqu'au site C de Bukanga Lonzo soit 42 Km (l'estimation du coût unitaire est de 90 428 $US le Km)

Cependant, après analyse de ces 2 paiements, les auditeurs estiment que : La route d'accès au Parc Bukanga Lonzo n'est pas gravillonnée. Cette route est en terre ; Le coût unitaire de la deuxième facture est trop élevé comparé à celui de la première facture ; Aucun contrat n'a été signé pour l'exécution de ces travaux et aucune évidence de contrôle technique des travaux sur la route par les experts de l'Office de Route ou de l'Office des Voiries et Drainage.

Tous ces faits relevés par les auditeurs révèlent les failles dans la gouvernance et la gouvernabilité *d'africom commodities* Ltd.

Face à cela, malheureusement, l'option du gouvernement a été d'arrêter le financement après le départ de l'initiateur du projet de Parc agro industriel, une décision qui selon nous n'est pas bonne quoique le problème était existant.

4. L'arrêt de l'exécution des engagements du gouvernement : une mauvaise réponse à un problème existant

Nous l'avons précisé supra que dans la réalisation du projet de Bukanga Lonzo, le gouvernement congolais s'était engagé en partenariat public-privé avec le consortium *africom commodities* a non seulement, mettre à la disposition des terres pour le PAI de Bukanga Lonzo, mais aussi, au financement ainsi qu'aux facilités fiscales et douanières.

Si l'on peut analyser cette obligation, l'on peut dire qu'elle est une obligation synallagmatique. *Africom commodities* de sa part, s'était engagé à bien gérer le parc agro-industriel. Les deux parties continuer à exécuter leurs obligations jusqu'à ce que l'audit Ernst Young révèle un certain nombre des constats qui entrainera de la part du gouvernement non pas la suspension de l'exécution de ces engagements mais plutôt la cessation de ces engagements.

D'après nous, si le rapport Ernst Young pouvait révéler les failles dans la gouvernance et la gouvernabilité, la conclusion ne devait pas être d'arrêter avec le financement condition principale à la débâcle de Bukanga Lonzo ni encore l'arrêt des facilités fiscales et douanières. Mais plutôt d'entamer des processus avec le partenaire privé en vue de régulariser les choses ou de trouver des terrains d'attente ou encore d'établir des responsabilités à assumer.

Aussi, comme déjà martelé dans le point relatif au régime applicable au contrat de gestion entre la RDC et *africom commodities*, l'autorité contractante dispose du pouvoir de contrôle qui s'exerce par la désignation d'un fonctionnaire dirigeant qui a pour mission de contrôler de manière permanente l'exécution du marché tout en relevant des malfaçons et peut même exiger des corrections (L. Yuma Biaba, 2012 : 168); cela étant dit, l'idéal devait être de corriger les failles telles que mettre en place un comité d'achat ainsi que des mécanismes de contrôle continu sur chaque évolution du projet en vue de consolider les acquis du parc agro-industriel de Bukanga Lonzo et d'assurer la continuité du service public en dehors de tout clivage lié aux personnes.

Malheureusement, la mauvaise réponse à des inquiétudes existantes à prédominer sur la bonne.

L'on peut dénoter la même erreur avec la mobilisation de la même approche en ce qui concerne le dossier « 100 cents jours 90» dans sa facette relative à la construction des maisons préfabriquées qui est venu tôt et a conduit à la perte des maisons préfabriquées qui se sont dégradés dans des conteneurs à dédouaner.

Dans cette affaire, Vital Kamerhe était poursuivi pour détournements des deniers publics, blanchiment des capitaux et corruption dans le cadre de l'exécution du programme d'urgence de 100 jours initié par le président de la République. Il a pour co-accusés Jamaal Samih et Mohima Jeannot, respectivement entrepreneur libanais et chargé de l'import-export à la présidence de la République selon les prétentions du ministère public (Alain Diasso, 2020 : 3).

Si dans ce dossier, le volet construction des sauts de moutons avait continué jusqu'à son exécution finale, force est de constater le penalocentrisme dans l'arrestation et la poursuite de monsieur Jammal Samith exécutant du volet des maisons préfabriquées. Un choix de règlement des conflits ayant conduit à la dégradation des conteneurs qui contenait les maisons préfabriquées à la perte de l'Etat congolais. D'ailleurs, le procès s'est soldé finalement par un acquittement deux ans après une situation de détention de M. Jammal, patron de la société Samibo cité par Top Congo qui s'exprima en ces termes :

«Il y a presque 400 ou 500 conteneurs qui sont arrivés en Angola et en Tanzanie, puisque j'ai le monopole dans ce secteur à travers la RDC, le Congo-Brazzaville et l'Angola. J'ai passé près de deux ans en prison, je ne sais pas si ces articles commandés ont été volés. Je ne le souhaite pas. J'ai envoyé dans chaque pays 167 conteneurs. Avec la deuxième société, j'ai payé

---

90 Il s'agit d'une affaire mettant en cause le directeur de cabinet du chef de l'Etat et ses deux co-accusés, Jamaal Samih et Mohima Jeannot, respectivement entrepreneur libanais et chargé de l'import-export à la présidence de la République

un acompte de 200.000 dollars. J'ai choisi les meilleures sociétés pour le montage de ces maisons. Nous allons monter 90 maisons au camp Tshatshi. Nous ne ferons même pas deux mois pour les terminer. Après cette étape du camp militaire Tshatshi, je veux immédiatement me consacrer aux travaux de Mbuji-Mayi et Kananga,»91.

Conclusion

Deux ans de perdus, alors qu'à la découverte de certaines failles, l'on pouvait mobiliser le règlement pacifique entre partenaire pour consolider les acquis des maisons préfabriquées au profit de l'Etat congolais. Cette approche est criminologiquement intéressante car elle a l'avantage d'être économique en temps (permet aux parties de trouver une solution dans un délai raisonnable que la procédure judiciaire) et en argent, elle en appelle à la responsabilité individuelle et la liberté de consentement de chaque partie qui en définisse les modalités avec le médiateur à qui elle confie la responsabilité de la garantie de son bon déroulement ; Elle s'adapte aux différents contextes, Elle cherche la satisfaction optimale de toutes les parties concernées par le préjudice (Philosophie du *gagnant-gagnant*); Elle permet la protection de la renommée des parties ; Elle permet le rétablissement de la cohésion sociale (J. Idzuimbuir Assop, 2013: 215-216);

D'ailleurs, à ce sujet F.Ben Mrad (2012 : 12) relève que « de tous les modes alternatifs de régulation des conflits (médiation, conciliation, arbitrage, négociation, transaction) qui peuvent déboucher sur une solution plus satisfaisante qu'une procédure judiciaire, la médiation offre le plus de liberté aux parties en conflit. Fondée sur le volontariat des médiés, elle est souple et

91 Lire Mireille ZAGABE, *Reprise des travaux de construction des maisons préfabriquées, après le procès 100 jours*, publié le 03/aout/2022. Article disponible sur : https://www.mediacongo.net/article-actualite-108530_reprise_des_travaux_de_construction_des_maisons_prefabriquees_apres_le_proces_100_jours.html (consulté le 20 juillet 2023).

non formelle ; le médiateur est là pour les aider à exprimer leurs besoins et faciliter le dialogue tout en se tenant en dehors du fond de l'affaire ».

C'est dans ce contexte que dans le monde des affaires, le législateur OHADA à institutionnaliser « la médiation » par l'adoption de l'Acte uniforme sur la médiation le 23 septembre 2017 que la RDC a signé au travers son ministre de la justice.

Et d'après l'article premier de l'Acte uniforme, la médiation dans le monde des affaires désigne « tout processus, quelle que soit son appellation, dans lequel les parties demandent à un tiers de les aider à parvenir à un règlement amiable d'un litige, d'un rapport conflictuel ou d'un désaccord (ci-après le « différend ») découlant d'un rapport juridique, contractuel ou autre ou lié à un tel rapport, impliquant des personnes physiques ou morales, y compris des entités publiques ou des Etats[92].

Au regard de cet article premier de l'acte uniforme sur la médiation applicable en RDC à cause de la signature du ministre de la justice en 2017, la voie de la résolution pacifique des différents problèmes liés au rapport Ernst Young devait être engagée entre partenaires à notre avis. Cependant, la précipitation et les idées en face cachée ont propulsé la nation toute entière à une privation des résultats bénéfiques attendus du projet de Bukanga Lonzo à l'horizon 2020.

Il y a lieu d'analyser sur les principaux acteurs de cette débâcle à l'aune de raisons raisonnantes sus-évoquées.

92 Article 1 de l'acte uniforme sur la médiation.

Chapitre II

Les acteurs de la débâcle de Bukanga Lonzo à l'aune des raisons découvertes

Ces pages ont pour matrice les acteurs de la débâcle de Bukanga Lonzo à l'aune des raisons découvertes.

Loin de nous l'idée d'être un tribunal ou une juridiction cherchant à identifier les auteurs qui doivent être poursuivis pour des faits commis dans le cadre de la débâcle du parc agro-industriel de Bukanga Lonzo.

Par contre, dans le cadre de ce chapitre, il s'agit de relever les principaux acteurs impliqués d'une quelconque manière dans l'effondrement du projet pilote et révolutionnaire de Bukanga Lonzo en tenant compte des raisons développées ci-haut et compte tenu d'une certaine chronologie des faits.

Cela étant dit, il faut distinguer les acteurs gouvernementaux (I) des acteurs privés ainsi que leurs implications dans la débâcle du parc agro-industriel de Bukanga Lonzo (II).

I. Les principaux acteurs du gouvernement et leurs implications dans la débâcle de l'agro-industriel de Bukanga Lonzo

D'après les termes de l'article 90 de la constitution du 18 février 2006, le Gouvernement est composé du Premier ministre, de ministres, de Vice-ministres et, le cas échéant, de Vice-premier ministres, de ministres d'Etat et de ministres délégués[93]. Il s'agit des acteurs qui composent un Gouvernement en République démocratique du congolais.

En effet, la lecture des quelques rapports sur la mise en œuvre du Parc Agro industriel de Bukanga Lonzo démontre l'implication de beaucoup d'acteurs pour la réalisation dudit projet depuis la conception, la création, la mobilisation des fonds ainsi que leur décaissement et l'accompagnement dans l'exécution de 2014 à 2019 (A).

Et c'est dans le lot de ces acteurs que l'on peut discuter des responsabilités dans la débâcle de l'agro-industrie de Bukanga Lonzo (B).

A. Cartographie des acteurs du gouvernement dans le projet du Parc Agro industriel de Bukanga Lonzo

Le projet de l'agro-industrie étant un projet du gouvernement exécutable de 2014 à 2020 dans le sillage du plan national d'investissement agricole était censé être continué même après le départ de son initiateur en vertu du principe de la continuité du service public et des engagements pris par l'Etat dans le cadre du partenariat signé.

A cet effet, la cartographie des acteurs dans le cadre du projet gouvernemental de Bukanga est à subdiviser à deux, d'un côté, la cartographie des acteurs sous la primature de Matata Ponyo et de l'autre côté, sous la primature après Matata ponyo.

93 Articles 90 de la Constitution de la République Démocratique du Congo telle que révisée par la Loi n° 11/002 du 20 janvier 2011 portant révision de la Constitution de la République Démocratique du Congo du 18 février 2006

1. La cartographie des acteurs du gouvernement sous la primature de Matata ponyo

Le gouvernement Matata ponyo est celui qui est à la base du projet révolutionnaire et pilote de l'agro-industrie de Bukanga Lonzo.

Ce gouvernement mis en place en 2012 a été réaménagé en 2015. Ainsi, l'on distingue le gouvernement Matata I et le Gouvernement Matata II.

a. Gouvernement Matata I (2012-2014)

Sur base de l'ordonnance n° 12/004 du 28 avril 2012 portant nomination des vice-premiers ministres, des ministres, d'un ministre délégué et des vice-ministres, le gouvernement Matata I était composé de 36 membres, à savoir :

N°	Noms	Fonctions
1	Daniel MUKOKO SAMBA	Vice-Premier Ministre, Ministre Budget
2	Alexandre LUBA NTAMBO	Vice-Premier Ministre, Ministre de la Défense Nationale et Anciens Combattants :
3	Raymond TSHIBANDA N'TUNGAMULONGO	Ministre des Affaires Etrangères, Coopération Internationale et Francophonie :
4	Richard MUYEJ MANGEZ	Ministre de l'Intérieur, Sécurité, Décentralisation et Affaires Coutumières : Monsieur
5	Wivine MUMBA MATIPA	Ministre de la Justice et Droits Humains
6	Lambert MENDE OMALANGA	Ministre des Médias, chargé des Relations avec le Parlement et de l'Initiation à la Nouvelle Citoyenneté: Monsieur
7	Célestin VUNABANDI	Ministre du Plan et Suivi de la Mise en œuvre de la Révolution de la Modernité
8	Louise MUNGA MESOZI	Ministre du Portefeuille

9	Maguy RWAKABUBA	Vice-Ministre de l'Enseignement Primaire, Secondaire et Professionnel
10	Jean Paul NEMOYATO BEGEPOLE	Ministre de l'Economie et Commerce
11	Fridolin KASWESHI	Ministre de l'Aménagement du Territoire, Urbanisme, Habitat, Infrastructures, Travaux Publics et Reconstruction
12	Justin KALUMBA MWANA NGONGO	Ministre des Transports et Voies de Communication
13	Bavon N'SA MPUTU ELIMA	Ministre de l'Environnement, Conservation de la Nature et Tourisme
14	Martin KABWELULU	Ministre des Mines
15	Bruno KAPANJI KALALA	Ministre des Ressources Hydrauliques et Electricité
16	Crispin ATAMA TABE	Ministre des Hydrocarbures
17	Remy MUSUNGAYI BAMPALE	Ministre de l'Industrie, Petites et Moyennes Entreprises
18	Triphon KIN KIEY MULUMBA	Ministre des Postes, Télécommunications et Nouvelles Technologies de l'Information et de la Communication :
19	Modeste BAHATI LUKWEBO	Ministre de l'Emploi, Travail et Prévoyance Sociale :
20	Félix KABANGE NUMBI MUKWAMPA	Ministre de la Santé Publique
21	CHELO LOTSIMA ;	Ministre de l'Enseignement Supérieur, Universitaire et Recherche Scientifique
22	Maker MWANGU FAMBA	Ministre de l'Enseignement Primaire, Secondaire et Professionnel
23	Jean Chrisostome VAHAMWITI MUKESYAYIRA	Ministre de l'Agriculture et Développement Rural

24	Robert MBWINGA BILA	Ministre des Affaires Foncières
25	Charles NAWEJ MUNDELE	Ministre des Affaires Sociales, Action Humanitaire et Solidarité Nationale
26	Geneviève INAGOSI	Ministre du Genre, Famille et Enfant
27	Jean Claude KIBALA	Ministre de la Fonction Publique
28	BANZA MUKALAYI NSUNGU	Ministre de la Jeunesse, Sports, Culture et Arts
29	Patrice KITEBI KIBOL MVUL	Ministre Délégué auprès du Premier Ministre, chargé des Finances
30	TUNDA YA KASENDE	Vice-Ministre des Affaires Etrangères
31	Dismas MAGBENGU SWANA EMIN	Vice-Ministre de la Coopération Internationale et Régionale
32	Egide NGOKOSO ;	Vice-Ministre de la Décentralisation et des Affaires Coutumières
33	SAKINA BINTI	Vice-Ministre des Droits Humains
34	SADOCK BIGANZA	Vice-Ministre du Plan
35	Roger SHULUNGU RUNIKA	Vice-Ministre des Finances
36	ABAYUWE LISKA	Vice-Ministre du Budget

b. Gouvernement Matata II (décembre 2014- novembre 2016)

Le gouvernement Matata II est le gouvernement du Congo-Kinshasa du 7 décembre 2014[1] au 14 novembre 2016.

Il s'agit d'un gouvernement issu des consultations nationales. En effet, le 7 septembre 2013, le président Kabila a ouvert des consultations nationales dans le but de promouvoir la cohésion nationale, minée par la crise électorale de 2011 et le conflit prolongé dans l'est du Congo. Cinq groupes de travail ont été créés dont les travaux étaient consacrés à la bonne gouvernance, l'économie, le désarmement et la démobilisation des groupes armés, la réconciliation, et la décentralisation. Contrairement à l'opposition UDPS et à l'Union pour la nation congolaise (UNC), le MLC a décidé de participer à ce forum. Le dirigeant du MLC, Jean-Pierre Bemba, alors détenu à La Haye, a demandé aux dirigeants du MLC de « dire toutes les vérités en face des responsables des institutions publiques », autorisant ainsi la participation du parti de loin. Le MLC s'est félicitée de l'introduction des réformes du secteur de la sécurité et du renseignement à l'ordre du jour. Cependant, l'UNC a considéré ces sessions comme un simple rassemblement de la coalition à la majorité présidentielle de Kabila et de ses sympathisants. Selon l'UNC, la communauté internationale devait s'impliquer non seulement pour mener un dialogue véritablement inclusif, mais également pour sensibiliser la population à toute tentative á réviser la constitution, en particulier l'article 220, qui régit le nombre et la durée des mandats présidentiels. Le 8 décembre 2014, de hauts responsables du MLC qui ont prétendu avoir agi sous les instructions de leur chef, Jean-Pierre Bemba, ont lu à haute voix une déclaration renvoyant trois membres du parti. Les trois, dont l'ancien secrétaire-général Thomas Luhaka, ont donc servi en tant que ministres du gouvernement de cohésion nationale sur une base individuelle, sans le soutien du parti du MLC (Le Centre Carter, 2018 : 15).

A la suite de ces consultations nationales, si Matata ponyo sera reconduit comme premier ministre, il convient de noter la nomination des nouveaux membres du gouvernement composé de 4 vice-Premiers ministres, 2 ministres d'État, 32 ministres et 10 vice-ministres, à savoir :

Vice-Premiers ministres

N°	Fonction	Nom
1	Intérieur et Sécurité	Évariste Boshab
2	Postes et télécommunications (PT) et Nouvelles technologies de l'information et de la communication (NTIC)	Thomas Luhaka
3	Emploi, Travail et Prévoyance sociale	Willy Makiashi

Ministres d'État

N°	Fonction	Nom
1	Décentralisation et Affaires coutumières	Michel Bongongo
2	Décentralisation et Affaires coutumières	Salomon Banamuhere Baliene

Ministres

N°	Fonction	Nom
1	Affaires foncières	Dieudonné Bolengetenge Balea
2	Affaires étrangères, Coopération internationale	Raymond Tshibanda
3	Affaires sociales et action humanitaire : aussi ministre *ad interim* du Genre, de la Famille et des Enfants	Bijou Mushitu Kat
4	Agriculture, Pêche et Élevage	Isidore Kabwe Mwehu
5	Aménagement du territoire, Urbanisme et Habitat	Omer Egwake
6	Commerce	Kudianga Bayokisa
7	Communication et Médias	Lambert Mende Omalanga
8	Culture et Arts	Banza Mukalay
9	Défense nationale et Anciens combattants	Aimé Ngoy Mukena

	Développement rural	Eugène Serufuli
	Économie nationale	Modeste Bahati Lukwebo
	Énergie et Ressources hydrauliques	Jeannot Matadi Nenga
	Enseignement primaire, secondaire et initiation à la nouvelle citoyenneté	Maker Mwangu
	Enseignement supérieur et universitaire	Théophile Mbemba Fundu
	Enseignement technique et professionnel	Jean Nengbaga Tshibanga
	Environnement et Développement durable	Bienvenu Liyota Ndjoli
	Finances	Henri Yav Mulang
	Fonction publique	Jean-Claude Kibala
	Genre, Famille et Enfants	Bijou Mushitu Kat
	Hydrocarbures	Crispin Atama Tabe
	Industrie	Germain Kambinga
	Infrastructures, Travaux publics et de la Reconstruction (ITPR)	Fridolin Kasweshi
	Jeunesse, Sports et Loisirs	Sama Lukonde Kyenge
	Justice, Garde des sceaux et Droits humains	Alexis Thambwe Mwamba
	Mines	Martin Kabwelulu
	Petites et moyennes entreprises (PME) et Classes moyennes	Bohongo Nkoyi
	Plan et Révolution de la modernité	Olivier Kamitatu
	Portefeuille	Louise Munga
	Recherche scientifique et Technologie	Daniel Madimba Kalonji
	Relations avec le Parlement	Tryphon Kin-Kiey Mulumba
	Santé publique	Dr Félix Kabange
	Tourisme	Elvis Mutiri wa Bashara
	Transport et Voies de communications	Justin Kalumba Mwana Ngongo

Vice-ministres

N°	Fonction	Nom
	Budget	Ernestine Nyoka
	Vice-ministre des congolais de l'étranger	Antoine Boyamba Okombo
	Coopération internationale et intégration régionale	Franck Mwe di Malila
	Défense nationale	René Sibu
	Énergie	Maguy Rwakabuba
	Finances	Albert Mpeti Biyombo
	Intérieur	Martine Ntumba Bukasa
	Justice et Droits humains	Mboso Nkodia Pwanga
	Plan	Lisette Bisangana Ngalamulume
	Postes et Télécommunications	Enoch Sebineza

Le gouvernement Matata II va subir un réaménagement technique le 25 septembre 2015, après que des partis ont été exclus de la majorité présidentielle.

Nouveaux ministres	Noms	Fonctions
01	Crispin Atama Tabe	Défense nationale, anciens combattants et réinsertion
02	Georges Wembi Loambo	Plan et suivi de la révolution de la modernité
03	Aimé Ngoy Mukena	Hydrocarbures
04	Robert Bokpolo Bogeza	Environnement, conservation de la nature et développement durable
05	Emile Mota Ndongo Kang	Agriculture, Pêche et Elevage
06	Gustave Boloko Nkeli	Affaires foncières
07	Isumbisho Mwapu	Fonction publique

08	Adèle Degbalase Kanda	Affaires sociales et action humanitaire
09	Lucie Kipele Aki Azwa	Femme, Famille et Enfant
10	Denis Kambayi Tshimbumbu	Jeunesse et Sports:
Nouveaux vices ministres		
11	Franklin Tshiamala Manyiku	Plan
12	Simplice Ilunga Monga	Transport et Voies de communications:

Tous les autres membres du gouvernement ont su garder leurs postes94.

Qui sont les acteurs du gouvernement après le départ de Matata Ponyo ?

2. Les acteurs du gouvernement après le départ de Matata ponyo

Après le départ de Matata ponyo, il sied de distinguer le gouvernement de Samy Badibanga de celui de Bruno Tshibala

a. Le gouvernement badibanga (décembre 2016 - mai 2017)

Le gouvernement Badibanga (samy) fut le gouvernement de la république démocratique du Congo en fonction du 19 décembre 2016 au 9 mai 2017. Sa durée a été de 4 mois et 20 jours.

94 Radio Okapi, RDC : « réaménagement technique » du gouvernement Matata II. Disponible sur https://www.radiookapi.net/2015/09/26/actualite/politique/rdc-reamenagement-technique-du-gouvernement-matata-ii , consulté le 05 juillet 2023.

Vice-Premier ministres

N°	Fonction	Nom
1	Affaires étrangères et Intégration régionale	Léonard She Okitundu
2	Intérieur	Emmanuel Ramazani Shadary
3	Transport et Voies de communication	José Makila Sumanda

Ministres d'État

N°	Fonction	Nom
1	Justice et Garde des sceaux	Alexis Thambwe Mwamba
2	Budget	Pierre Kangudia Mbayi
3	Économie nationale	Modeste Bahati Lukwebo
4	Plan	Jean-Lucien Bussa
5	Emploi, Travail et Prévoyance sociale	Lambert Matuku
6	Décentralisation et réforme institutionnelle	Azarias Ruberwa
7	Fonction publique	Michel Bongongo

Ministres

N°	Fonction	Nom
1	Défense nationale, anciens combattants et Réinsertion	Crispin Atama Tabe
2	Finances	Henri Yav Mulang
3	Communication et Médias	Lambert Mende
4	Postes, télécommunication et NTIC	Ami Ambatombe Nyongolo
5	Portefeuille	Wivine Mumba Matipa

6	Relation avec le Parlement	Justin Bitakwira
7	Affaires foncières	Félix Kabange
8	Infrastructures, Travaux publics et reconstruction	Thomas Luhaka
9	Urbanisme et Habitat	Joseph Kokonyangi
10	Mines	Martin Kabwelulu
11	Hydrocarbures	Aimé Ngoy Mukena
12	Industrie	Marcel Ilunga Leu
13	Énergie et ressources hydrauliques	Pierre Anatole Matusila
14	Tourisme	André Moke Sanza
15	Petites et moyennes entreprises	Eugène Serufuli Ngayabaseka
16	Coopération au développement	Clément Kanku Bukasa
17	Commerce extérieur	Aimé Boji
18	Agriculture	Patrick Mayombe Mumbioko
19	Enseignement primaire, secondaire et professionnel	Gaston Musemena
20	Genre, Enfant et Famille	Marie-Louise Mwange
21	Affaire sociales, solidarité et action humanitaires	Paluku Kisaka Yereyere
22	Sports	Willy Bakonga Wilima

23	Environnement et Développement durable	Atis Kabongo Kalonji
24	Enseignement Supérieur Universitaire	Steve Mbikayi Mabuluki
25	Formation professionnelle, métiers et Artisanats	Guy Mikulu Pombo
26	Recherche scientifique	Bamboka Lobendi
27	Développement rural	Martine Ntumba Bukasa
28	Droits humains	Marie-Ange Mushobekwa
29	Santé	Oly Ilunga Kalenga
30	Jeunesse et Initiation à la nouvelle citoyenneté	Maguy Kiala Bolenga
31	Pêche et Elevage	Jean-Marie Bulambo Kilosho
32	Affaires coutumières	Venant Tshipasa Vangi
33	Cultures et Arts	Sylvain Maurice Masheke
34	Ministre Délégué auprès du Premier ministre	Fidèle Ntingu Bayi

Vice-ministres

N°	Fonction	Nom
1	Affaires étrangères	Yves Kisombe
2	Congolais de l'étranger	Emmanuel Ilunga Ngoy Kasongo
3	Intérieur	Basile Olongo
4	Transports et Voies de communication	Samy Adubango
5	Justice	Edouard Kiove Kola
6	Budget	Willy Ngoposs Sunzel
7	Environnement	Agée Matembo
8	Plan	Franck Mwe di Malila
9	Travail et Prévoyance sociale	Arthur Sedea
10	Décentralisation et Réforme institutionnelle	Montana Mpuku Autaine
11	Défense nationale	Corneille Maswaswa
12	Finances	Tharcisse Loseke Nembalemba
13	Télécommunications et NTIC	Isidore Omari Kampene
14	Portefeuille	Omer Egbake Yangembe
15	Infrastructures	Papy Matenzolo
16	Urbanisme	Zachée Rugabisha
17	Énergie et ressources hydrauliques	Willy Mishiki
18	Coopération au développement	John Kwete
19	Commerce extérieur	Nathalie Bul'an'sung Sanata
20	Agriculture	Noël Botakile
21	Économie	Bishumu Akupendayi
22	Enseignement Supérieur et Universitaire	Christophe Mboso N'Kodia Pwanga
23	Santé	Maguy Rwakabuba

Que dire du gouvernement Tshibala ?

b. Le gouvernement Tshibala (2017-2019)

Le gouvernement Tshibala est le gouvernement de la République démocratique du Congo en fonction du 9 mai 2017 au 6 septembre 2019. Le chef du gouvernement est le Premier ministre Bruno Tshibala.

À la suite de la démission de Samy Badibanga le 6 avril 2017, le Président Joseph Kabila nomme dès le lendemain l'opposant Bruno Tshibala, ex-membre de l'UDPS, au poste de Premier ministre. Cette nomination respecte ainsi les termes de l'accord du 31 décembre 2016 (aussi appelé « accord de la Saint-Sylvestre ») passé entre l'opposition et la majorité, et forçant le Président à nommer un Premier ministre issu de l'opposition, dans le but de sortir la RDC de la crise provoquée par le maintien au pouvoir de Joseph Kabila.

Vice-Premier ministres

N°	Fonction	Nom
1	Vice-Premier ministre, Ministère des Affaires étrangères de la République démocratique du Congo	Léonard She Okitundu
2	Vice-Premier ministre, Ministère de l'Intérieur et Sécurité de la République démocratique du Congo	Emmanuel Ramazani Shadary
3	Vice-Premier ministre, Ministère du Transport et Voies de Communication	José Makila Sumanda

Ministres

N°	Fonction	Nom
1	Ministre d'État, Ministre de la Justice et Garde des Sceaux *Intérim* : Vice-Premier ministre, chargé des Affaires étrangères et de l'Intégration régionale	Alexis Thambwe Mwamba
2	Vice-Premier ministre, chargé de l'Intérieur et de la Sécurité	Basile Olongo

3	Ministre d'État, Ministre de la Décentralisation et des Réformes institutionnelles *Intérim* : Vice-Premier ministre, chargé des Transports et des Communications	Azarias Ruberwa
4	Ministre d'État du Plan *Intérim* : Ministre de l'Économie nationale	Modeste Bahati Lukwebo
5	Ministre du Budget	Pierre Kangudia
6	Ministre de la Décentralisation et des Réformes institutionnelles	Azarias Ruberwa
7	Ministre d'État, Ministre de l'Emploi, du Travail et de la Prévoyance sociale *Intérim* : Ministre du Commerce extérieur	Lambert Matuku Memas
8	Ministre de la Fonction publique *Intérim* : Ministre de la Défense nationale, des Anciens combattants et de la Réinsertion	Michel Bongongo
9	Ministre des Relations avec le Parlement *Intérim* : Ministre de la Jeunesse et de l'Initiation à la nouvelle citoyenneté	Jean-Pierre Lisanga Bonganga
10	Ministre des Finances *Intérim* : Ministre des Mines	Henri Yav Mulang
11	Ministre du Portefeuille *Intérim* : Ministre de l'Aménagement du territoire et de la Rénovation de la Ville	Wivine Mumba Matipa
12	Ministre des Postes, Télécommunications et NTIC *Intérim* : Ministre de l'Enseignement primaire, secondaire et professionnel	Emery Okundji
13	Ministre des Affaires foncières *Intérim* : Ministre de l'Énergie et des Ressources hydrauliques	Lumeya Dhu-Maleghi
14	Ministre des Infrastructures, des Travaux publics et de la Reconstruction *Intérim* : Ministre de l'Urbanisme et de l'Habitat	Thomas Luhaka
15	Ministre de l'Industrie *Intérim* : Ministre de l'Enseignement supérieur et universitaire	Marcel Ilunga Leu
16	Ministre du Tourisme *Intérim* : Ministre de l'Environnement et du Développement durable	Franck Mwe di Malila

17	Ministre de la Coopération au développement *Intérim* : Ministre des Hydrocarbures	John Kwet Mwan Kwet
18	Ministre du Genre, des Enfants et de la Famille *Intérim* : Ministre des Affaires sociales	Chantal Safu
19	Ministre de la Solidarité et de l'Action humanitaire *Intérim* : Ministre des Petites et moyennes entreprises	Bernard Biando Sango
20	Ministre de la Formation professionnelle, des métiers et de l'artisanat *Intérim* : Ministre de la Recherche scientifique	Pierrot Uweka Ukaba
21	Ministre du Développement rural *Intérim* : Ministre des Affaires coutumières	Justin Bitakwira
22	Ministre des Droits humains *Intérim* : Ministre de la Communication et des Médias, Porte-Parole du gouvernement	Marie-Ange Mushobekwa
23	Ministre de la Santé	Oly Ilunga Kalenga
24	Ministre de la Pêche et de l'élevage	Paluku Kisaka
25	Ministre de la Culture et des Arts *Intérim* : Ministre des Sports et des Loisirs	Astrid Madiya
26	Ministre délégué chargé des Congolais de l'étranger	Emmanuel Ilunga Ngoie
27	Ministre délégué auprès du Premier ministre *Intérim* : Ministre de l'Agriculture	Tshibangu Kalala
28	Ministre de la Défense nationale, des Anciens combattants et de la Réinsertion	Crispin Atama Tabe
29	Ministre des Finances	Henri Yav Mulang
30	Ministre de la Communication et des Médias	Lambert Mende Omalanga
31	Ministre des Mines	Martin Kabwelulu
32	Ministre des Affaires foncières	Lumeya Dhu-Maleghi
33	Ministre de l'Aménagement du territoire	Félix Kabange
34	Ministre de l'Urbanisme et de l'Habitat	Kokonyangi Witanene
35	Ministre des Hydrocarbures	Aimé Ngoy Mukena
36	Ministre de l'Énergie et des Ressources hydrauliques	Ingele Ifoto

37	Ministre de l'Environnement et du Développement durable	Amy Ambatobe Nyongolo
38	Ministre des Petites et moyennes entreprises	Bienvenu Liyota Ndjoli
39	Ministre de la Coopération au développement	John Kwet Mwan Kwet
40	Ministre de l'Agriculture	Georges Kazadi Kabongo
41	Ministre de l'Enseignement primaire, secondaire et professionnel	Gaston Musemena
42	Ministre des Affaires sociales	Eugène Serufuli Ngayabaseka
43	Ministre de la Solidarité et de l'Action humanitaire	Bernard Biando Sango
44	Ministre des Sports et des Loisirs	Papy Niango
45	Ministre de l'Enseignement supérieur et universitaire	Steve Mbakayi
46	Ministre de la Formation professionnelle, des métiers et de l'artisanat	Pierrot Uweka Ukaba
47	Ministre de la Recherche scientifique	Heva Muakasa
48	Ministre du Développement rural	Justin Bitakwira
49	Ministre de la Jeunesse et de l'Initiation à la nouvelle citoyenneté	Maguy Kiala
	Ministre de la Pêche et de l'élevage	Paluku Kisaka
50	Ministre des Affaires coutumières	Guy Mikulu
51	Ministre de la Culture et de l'Art	Astrid Madiya
52	Ministre délégué chargé des Congolais de l'étranger	Emmanuel Ilunga Ngoy Kasongo
53	Ministre délégué auprès du Premier ministre	Tshibangu Kalala

Vice-ministres

N°	Fonction	Nom
1	Vice-ministre des Affaires étrangères	Agée Matembo Toto
2	Vice-ministre de la Coopération internationale	Freddy Kita
3	Vice-ministre de l'Intérieur et de la Sécurité	Basile Olongo
4	Vice-ministre du Budget	Maguy Rwakabuba

5	Vice-ministre des Finances	Jean-François Mukuna
6	Vice-ministre des Postes, Télécommunications et NTIC	Omer Egwake
7	Vice-ministre des Infrastructures, des Travaux publics et de la Reconstruction	Papy Mantezolo
8	Vice-ministre du Travail et de la Prévoyance sociale	Athys Kabongo Kalonji
9	Vice-ministre de l'Agriculture	Noël Botakile Botanga
10	Vice-ministre de l'Urbanisme et de l'Habitat	Willy Bolio Emina
11	Vice-ministre du Plan	Jean-Pierre Zekpele-Mondombe
12	Vice-ministre des Affaires étrangères	Agée Matembo Toto
13	Vice-ministre de la Coopération internationale	Freddy Kita
14	Vice-ministre de l'Intérieur et de la Sécurité	Basile Olongo
15	Vice-ministre du Budget	Maguy Rwakabuba
16	Vice-ministre des Finances	Jean-François Mukuna
17	Vice-ministre des Postes, Télécommunications et NTIC	Omer Egwake
18	Vice-ministre des Infrastructures, des Travaux publics et de la Reconstruction	Papy Mantezolo
19	Vice-ministre du Travail et de la Prévoyance sociale	Athys Kabongo Kalonji
20	Vice-ministre de l'Agriculture	Noël Botakile Botanga
21	Vice-ministre de l'Urbanisme et de l'Habitat	Willy Bolio Emina
22	Vice-ministre du Plan	Jean-Pierre Zekpele-Mondombe

Il convient de rappeler les principaux acteurs gouvernementaux impliqués dans la débâcle de Bukanga Lonzo.

B. Les principaux acteurs gouvernementaux impliqués dans la débâcle du Parc Agro-industriel

L'effort de mettre sous forme des tableaux les différents gouvernements ainsi que leurs ministres respectifs existant pendant la période du projet du Parc agro-industriel n'est pas anodin.

Cet effort a pour buts de joindre les noms aux fonctions des acteurs gouvernementaux soit premier ministre, soit vice-premier ou encore ministres censés intervenir dans la réalisation du parc agro industriel de Bukanga lonzo. Un projet qui est initié en 2013, amorcé en 2014, ayant connu un premier sucé en 2015, suivie des arrêts progressifs de financement et des facilitations fiscales en 2016 après le départ de son initiateur Matata ponyo, entrainant le départ expulsif des partenaires sud-africains en 2017 et son effondrement en termes de débâcle en toute négligence des infrastructures financés par l'Etat congolais de 2018 à 2021.

Ce retraçage des noms, des fonctions ainsi que des dates des évènements qui concurrent à la débâcle a pour but de relever les acteurs gouvernementaux impliqués dans la débâcle du PAI agro-industrie de Bukanga Lonzo.

Bien avant, il sied de rappeler les différents secteurs gouvernementaux essentiels à la réalisation du projet de Parc agro industriel de Bukanga Lonzo.

1. Cartographie des acteurs gouvernementaux et leurs rôles dans la mise en œuvre de l'agro-industrie de Bukanga Lonzo

La cartographie que nous allons présenter, reprend les différents acteurs du gouvernement qui ont été impliqués de prêt dans la réalisation du projet du Parc Agro industriel de Bukanga Lonzo, chacun pour une matière concernant son domaine d'intervention.

Par acteurs du Gouvernement, il sied de rappeler qu'il s'agit des membres qui compose le Gouvernement au regard de l'article 90 de la constitution de la RDC, à savoir : Le Premier ministre, les ministres, les Vice-ministres et, le cas échéant, les Vice-premier ministres, les ministres d'Etat et les ministres délégués[95].

En effet, dans le cadre du PAI de Bukanga, ces acteurs du gouvernement en raison de leurs attributions étaient tenus de jouer des rôles importants et précis, Il s'agit entre autre : du premier ministre, du Ministre de l'Agriculture, du ministre de l'environnement, du ministre de l'industrie, du ministre des finances, du ministre de budget, du ministre de l'économie, ministre de l'énergie, du ministre du portefeuille, du ministre des affaires foncières, du ministre du commerce , du ministre des mines et du Ministre de l'Aménagement du Territoire, Urbanisme, Habitat, Infrastructures, Travaux Publics et Reconstruction .

a. La premier ministre

D'après l'article 90 de la constitution du 18 février 2006, en plus d'être composé par le premier ministre, le Gouvernement est dirigé par le Premier ministre, chef du Gouvernement.

Il est le gardien de l'application du programme gouvernemental en ce sens qu'il assure la direction ainsi que la coordination des ministères du gouvernement dans la mise en œuvre du programme gouvernemental dans le cadre de la politique nationale.96

95 Articles 90 de la Constitution de la République Démocratique du Congo telle que révisée par la Loi n° 11/002 du 20 janvier 2011 portant révision de la Constitution de la République Démocratique du Congo du 18 février 2006

96 Article 93 de la Constitution de la République Démocratique du Congo telle que révisée par la Loi n° 11/002 du 20 janvier 2011 portant révision de la Constitution de la République Démocratique du Congo du 18 février 2006

Dans le cadre du projet du parc agro industriel, cette autorité gouvernementale a été pour beaucoup dans l'initiative, la conception, le choix du prestataire ainsi que l'orientation du projet des parcs agro industriels.

Elle a eu besoin de l'apport des plusieurs autres ministres à l'instar du ministère ayant l'agriculture, la pèche et l'élevage dans ses attributions.

b. Le Ministre de l'Agriculture, pèche et élevage

D'après les ordonnances fixant les attributions des ministères, le ministère de l'agriculture a toujours eu comme attributions spécifiques : la Production agricole et autosuffisance alimentaire ; la Planification des objectifs nationaux de production dans les domaines de l'agriculture, de la pêche, de la pisciculture, de la sylviculture et de l'élevage ; l'Agrément et contrôle des dispensaires, cliniques et pharmacies vétérinaires ; l'Encadrement des Associations agricoles ; l'Exécution de la politique nationale en matière d'agriculture, de pêche et d'élevage ; la Conception, exécution, suivi et évaluation des programmes et projets de développement agricole ; la Promotion des coopératives agricoles ; la Promotion des produits de l'agriculture, de la pêche et de l'élevage destinés non seulement à l'alimentation intérieure et à l'industrie nationale mais aussi à l'exportation ; la Surveillance zoo-sanitaire et gestion de la quarantaine animale et végétale à l'intérieur du pays et aux postes frontaliers et mise à jour permanente des mesures réglementaires y relatives ; l'Orientation et appui des opérateurs économiques intéressés à investir dans les secteurs de l'agriculture, de la pêche et de l'élevage vers les sites à hautes potentialités de production, de manière à minimiser les coûts d'exploitation ; et pour finir, la Collecte, analyse et publication des données statistiques d'agriculture, de pêche et d'élevage, sous forme d'annuaire97.

---

97 Point 23 de l'Ordonnance n° 12/008 du 11 juin 2012 fixant les attributions des ministères

Au regard de ces différences attributions, le ministre de l'agriculture est rendu responsable dans la mesure où « Le ministre est responsable de son département. Il applique le programme gouvernemental dans son ministère, sous la direction et la coordination du Premier ministre »98.

Je signale en outre l'implication du Ministre de l'environnement.

c. Le Ministre de l'environnement

Le ministre responsable du Ministère de l'Environnement et du Développement Durable (MEDD) a la charge de préparer et de mettre en œuvre la politique du Gouvernement dans le domaine de la protection de l'environnement.

Son rôle dans le cadre du PAI est celui lié à la question du processus d'évaluation environnementale et sociale au travers son agence dénommée « l'Agence Congolaise de l'Environnement (ACE) » (Banque africaine de développement, 2018 : 6).

D'après l' ordonnance portant attributions ministérielles de 2015, le ministère de l'environnement a pour attributions spécifiques qui cadre avec son intervention au PAI de Bukanga Lonzo : l'Exécution des politiques nationales de gestion durable de l'environnement et de la préservation de la biodiversité et des écosystèmes ; l'Elaboration des plans de mise en œuvre desdites politiques, leur suivi et évaluation ; et la Gestion durable des forêts, des ressources en eau, des ressources fauniques et de l'environnement99.

Il y a aussi le Ministre de l'économie qui a une responsabilité non négligeable.

---

98 Article 93 de la Constitution de la République Démocratique du Congo telle que révisée par la Loi n° 11/002 du 20 janvier 2011 portant révision de la Constitution de la République Démocratique du Congo du 18 février 2006

99 Point 17 de l'Ordonnance n° 15/015 du 21 mars 2015 fixant les attributions des ministères

d. Le Ministre de l'économie nationale

Les attributions du Ministère de l'Economie Nationale sont multiples. Cependant, dans le cadre de son interventionnisme dans la réalisation du parc agro industriel, seules ces attributions ont été mis à profit, il s'agit des attributions relatives : à la Politique économique nationale sous ses divers aspects, notamment la politique générale de la production, ainsi que la politique et la réglementation du marché intérieur par le contrôle et le suivi a priori des prix des produits locaux de base et par le contrôle a posteriori pour les produits importés, et des tarifs de prestation des services ; à la Mise en valeur de l'ensemble de l'espace productif national en collaboration avec les Ministères ayant l'industrie et les petites et moyennes entreprises dans ses attributions ; à l'Evaluation des besoins de l'Economie nationale ; aux Avis sur les questions de politique économique et financière ayant un impact sur les approvisionnements, la production et les prix et à l' Encadrement des activités économiques 100.

J'évoque aussi la place du Ministre de l'industrie.

e. Le ministre de l'industrie

Les attributions misent à profit pour la mise en œuvre du parc agro industriel de Bukanga Lonzo sont celles relatives : à l'Industrialisation du pays et intégration industrielle ; à l'Encadrement de l'installation et de l'implantation des établissements industriels ; à la Promotion des zones industrielles, des zones économiques spéciales et des corridors de développement industriel ; et à la Coopération industrielle et du transfert de technologie des procédés industriels.

Le Ministre des finances a aussi sa part de responsabilité.

---

100 Point 12 de l'Ordonnance n° 15/015 du 21 mars 2015 fixant les attributions des ministères

f. Le ministre des finances,

Le ministre des finances est en charge des attributions spécifiques qui ont été essentielles dans la mise en œuvre du Parc, à savoir : la Politique monétaire, douanière, fiscale, parafiscale, comptable et des assurances de l'Etat ; la Mobilisation des ressources propres de l'Etat et des ressources extérieures ; la Gestion des ressources propres et extérieures de l'Etat et encadrement des dépenses publiques ; la Tenue, arrêt et consolidation des comptes de l'Etat et tenue de la Comptabilité publique ; l'Ordonnancement des dépenses de l'Etat ; le Contrôle, à travers les audits externes, de la gestion financière des entreprises du portefeuille de l'Etat en collaboration avec le Ministère ayant le portefeuille dans ses attributions et le Règlement définitif du budget, en collaboration avec le Ministère ayant le budget dans ses attributions101.

Il faut aussi parler du rôle du Ministre de budget.

g. Le Ministre de budget,

En rapport avec le Parc agro industriel de Bukanga Lonzo, le ministre de budget a eu à mettre en œuvre comme attributions spécifiques : l'Elaboration, le suivi et le contrôle de l'exécution du budget de l'Etat ; le Règlement définitif du budget de l'Etat, en collaboration avec le Ministère ayant les Finances dans ses attributions ; le Contrôle des marchés publics ; l'Approbation des marchés publics nationaux ; l'Encadrement de toutes les dépenses publiques ; la Liquidation de toutes dépenses sur ressources propres et ressources extérieures inscrites au budget de l'Etat ; le Suivi de l'exécution de recettes propres et extérieures inscrites au budget de l'Etat en collaboration avec le Ministère ayant les finances dans ses attributions.

Le Ministre de l'énergie a joué aussi son rôle.

---

101 Point 8 de l'Ordonnance n° 15/015 du 21 mars 2015 fixant les attributions des ministères

h. Le Ministre de l'énergie

Le Ministre de l'Energie, dans le cadre du Parc agro industriel de Bukanga lonzo a eu la charge de veiller à ce que la Société Nationale d'Electricité (SNEL) assure la fourniture du en courant électrique au site du parc agro industriel (Banque africaine de développement, 2018 : 6), d'une part. et la réalisation de l'engagement de l'électrification des communautés environnantes du parc agro industriel de Bukanga Lonzo.

Le Ministre du portefeuille n'est pas à épargner dans les responsabilités de Bukanga Lonzo.

i. Le Ministre du portefeuille

Les attributions spécifiques du ministère du portefeuille tournent autour de : la Création et la transformation des entreprises publiques ; l'Administration, la gestion et la rentabilisation du portefeuille de l'Etat ; l'Acquisition et la gestion des participations de l'Etat dans les entreprises d'économie mixte ; la création et participation à la création des entreprises à caractère industriel ou commercial ; la Gestion des mandataires publics dans les entreprises du portefeuille de l'Etat (entreprises publiques transformées en sociétés commerciales et sociétés d'économie mixte) ; le Contrôle, à travers les audits externes, de la gestion des entreprises du portefeuille de l'Etat, en collaboration avec le ministère en charge des finances102.

Dans la concession des terres, le Ministre des affaires foncières a joué un rôle déterminant.

j. Le Ministre des affaires foncières

Le Ministère des Affaires Foncières a essentiellement comme attributions spécifiques : l'Application et vulgarisation de la législation foncière et

---

102 Point 11 de l'Ordonnance n° 15/015 du 21 mars 2015 fixant les attributions des ministères

immobilière ; le Notariat en matière foncière et cadastrale ; la Gestion et l'octroi des titres immobiliers ; le Lotissement en collaboration avec le Ministère ayant en charge l'aménagement du territoire, l'urbanisme et l'habitat ; et l'Octroi des parcelles de terre en vue de la mise en valeur.

Le rôle du ministre ayant les affaires foncières dans ses attributions, a joué un rôle dans la mise à la disposition des terres pour l'exploitation agricole

Je rappelle le rôle du Ministre de commerce.

k. Le Ministre du commerce

Les questions de la commercialisation ont été au centre du parc agro industriel. En raison de cela, le ministre du commerce a été un acteur impliqué dans la réalisation du PAI de Bukanga lonzo. Les attributions spécifiques qui ont été essentielle pour l'engagement dans la mise en œuvre de l'agro-industrie tournent autour : de la Promotion du commerce extérieur et de l'étude des propositions sur les orientations générales et sectorielles de la politique du commerce extérieur ; des Mesures susceptibles de contribuer à la restauration de la compétitivité extérieure des produits congolais exportables notamment en identifiant toutes les entraves structurelles, administratives, financières, tarifaires ou humaines ; de la Recherche des voies et moyens susceptibles de procurer à l'industrie nationale des débouchés nouveaux à travers la rationalisation de la participation du pays à des foires et autres manifestations extérieures, l'exploitation des informations économiques relatives au commerce avec les pays étrangers, aux conventions et usages régissant les relations commerciales internationales ; du Contrôle de la qualité, de la quantité et de conformité aux normes des marchandises produites localement, ainsi que des marchandises à l'import, à l'export et au transit ; de la Politique générale des importations, des exportations et de réexportation, en collaboration avec le ministère en charge de l'économie nationale103.

Le Ministre de mines a aussi été mis à contribution.

l. Le Ministre de mines

L'intervention du ministre de mine a été dans la délivrance de l'autorisation préalable sur analyse de dossier de tout projet de création, d'aménagement et/ou d'exploitation d'une zone d'emprunt ou d'une carrière de moellons et caillasses pour les travaux (Banque africaine de développement, 2018 : 5).

Il y a eu aussi la responsabilité du Ministre de l'Aménagement du Territoire, Urbanisme, Habitat et celui des Infrastructures et Travaux Publics.

m. Le Ministre de l'Aménagement du Territoire, Urbanisme, Habitat et celui des Infrastructures et Travaux Publics

L'aménagement du parc est une matière qui rentre dans le cadre des attributions spécifiques au ministère de l'aménagement du territoire, à savoir : la Conception, la construction, la modernisation, le développement, l'aménagement et l'entretien des infrastructures routières, portuaires, aéroportuaires, ferroviaires, hydroélectriques non concédées, scolaires, sanitaires, sociales, touristiques et sportives, des bâtiments et des édifices publics en collaboration, le cas échéant, avec les ministères sectoriels concerné par les projets d'infrastructures ; le Contrôle de l'application des normes légales, réglementaires ou techniques relatives à la construction104 ; pour ne citer que ceux-là en ce qui concerne le PAI de Bukanga Lonzo.

Tout au plus, il faut ajouter que le ministère de l'aménagement du Territoire associé à l'Urbanisme et à l'Habitat a pour attributions spécifiques : la

103 Point 13 de l'Ordonnance n° 15/015 du 21 mars 2015 fixant les attributions des ministères
104 Point 15 de l'Ordonnance n° 15/015 du 21 mars 2015 fixant les attributions des ministères

Conception et l'élaboration des plans d'aménagement du Territoire et suivi de leur exécution ; l'Evaluation des potentialités du Territoire en ce qui concerne les ressources naturelles renouvelables et non renouvelables du sol et du sous-sol national ; le Contrôle et surveillance de manière permanente de l'utilisation de l'espace physique du pays ; et l'Exécution des politiques et des stratégies opérationnelles et d'orientation visant la meilleure répartition dans l'espace des activités humaines105.

Cependant, quant aux infrastructures et travaux publics les compétences sont telles que :

- « Conception, construction, modernisation, développement, aménagement et entretien des infrastructures routières, portuaires, aéroportuaires, ferroviaires, hydroélectriques non concédées, scolaires, sanitaires, sociales, touristiques et sportives, des bâtiments et des édifices publics en collaboration, le cas échéant, avec les ministères sectoriels concerné par les projets d'infrastructures ;

- Conception, construction, aménagement et entretien des ouvrages à caractère national de drainage, d'assainissement et lutte antiérosive ; Préparation, passation, contrôle et surveillance des marchés publics relatifs aux études et aux travaux de génie civil financés par le Gouvernement et les partenaires extérieurs en collaboration avec les Ministères ayant les finances, le budget et le plan dans leurs attributions ;

- Surveillance et contrôle technique et financier des études et des travaux en régie et à l'entreprise ;

105 Point 14 de l'Ordonnance n° 15/015 du 21 mars 2015 fixant les attributions des ministères

- Expertise et contre-expertise des études, des travaux, et des biens mobiliers ;
- Promotion des matériaux et des techniques de construction ;
- Enregistrement et agrément des entreprises, bureaux d'études et des indépendants du secteur de la construction ;
- Inventaire, analyse et interprétation des données sur les infrastructures et les équipements ;
- Elaboration des normes en matière de construction ;
- Contrôle de l'application des normes légales, réglementaires ou techniques relatives à la construction ;
- Conception de la politique de reconstruction en collaboration avec les Ministères concernés ;
- Gestion du parc automobile de l'Etat ;
- Gestion des stocks et suivi de la consommation des hydrocarbures de l'Etat ;
- Gestion du patrimoine immobilier du domaine public de l'Etat ainsi que de tous les équipements y relatifs »106.

Avec cette gymnastique de rappel des attributions règlementaires de chaque ministère, l'on peut se rendre compte de certaines défaillances de la part des acteurs gouvernementaux qui traduisent leurs implications dans la débâcle de Bukanga Lonzo qu'il convient d'aborder.

106 Point 15 de l'Ordonnance n° 15/015 du 21 mars 2015 fixant les attributions des ministères

2. Les acteurs du gouvernement impliqués dans la débâcle du Parc agro industriel de Bukanga Lonzo

A la lumière de la gymnastique scientifique opérée ci-haut, si nous partons du fait que les raisons de la vraie débâcle se situe au moment de l'arrêt du financement intervenue en 2016, la responsabilité de la débâcle incombe à l'autorité ayant choisi cet arrêt de financement comme mode de régulation des problèmes constatés sous la bénédiction de son autorité de direction et de coordination en la personne du premier ministre.

Par ailleurs, en ce qui concerne les failles liées à la gouvernance et à la gouvernabilité d'*africom commodities* par une absence du contrôle relève et du ministre des finances en collaboration avec le ministre du portefeuille, car relevant de ses attributions en tant que responsable des entreprises publiques et mixtes.

Concernant, certaines absences d'exécution des travaux publics, la responsabilité incombe au ministre en charge des infrastructures et travaux Publics qui disposait de la charge d'assurer le suivi de l'exécution parfaite de ces tâches.

Et il n'est pas à dédouaner la responsabilité du ministre de l'agriculture, pèche et élevage, qui à chaque niveau d'exécution des travaux devrait faire son rapport à qui de droit.

a. La responsabilité du premier ministre dans l'acceptation de l'arrêt du financement du Parc agro industriel de Bukanga Lonzo

Comme le révèle la constitution, le ministre applique la politique du gouvernement dans leur secteur respectif mais sous la direction et la coordination du premier ministre.

Au niveau gouvernemental, le ministre des finances ne pouvait prendre la décision de stopper avec le financement du projet de Parc agro industriel de

Bukanga Lonzo sans avoir le quitus de son chef direct, à savoir : le premier ministre, chef du gouvernement.

Ainsi, si l'effondrement du parc agro industriel puise ces racines de ce moment, il y a de déduire la responsabilité du premier ministre en ce moment, à savoir :

Cependant, cette responsabilité du premier ministre en 2017 n'exclut pas celle du ministre des finances concerné, à savoir : Monsieur Yav Mulang.

b. La responsabilité de Henry Yav Mulang, ministre des finances

Il est à faire remarquer que l'arrêt de financement ayant entrainé l'écroulement du bon fonctionnement du projet de parc agro industriel est intervenu en 2016, et en ce moment la personne qui était ministre des finances porte le nom de henry Yav. Sans sa décision d'arrêt de financement, le PAI qui connaissait déjà une bonne marche avec la production des plusieurs tonnes de maïs ainsi que plusieurs autres plantations n'allait pas connaitre sa débâcle.

Les failles de gouvernance et de gouvernabilité devaient non pas conduire à un arrêt de financement mais plutôt à une mise en place des mécanismes de leurs corrections dans un processus de dialogue entre partenaires dans le but de consolider les acquis de ce parc agro industriel de Bukanga Lonzo.

Par ailleurs, à propos des dépenses posant problèmes et entrainant de soupçons de détournement des deniers publics, il sied de relever que ces dépenses l'ont été par Monsieur henry Yav en qualité de ministre des finances et a participé à la signature de la convention d'actionnaires.

D'ailleurs, il a été ministre des finances depuis le gouvernement Matata II jusqu'au gouvernement Tshibala en passant par le gouvernement Samy badibanga du 7 décembre 2014 au 2019.

C'est à ce titre que le rapport Ernst et Young, relevant les suspicions de détournement avait fait remarquer au ministre des finances « l'existence des paiements effectués directement à des tiers pour lesquels les évidences probantes et appropriées ne sont pas encore produites par le Ministère des Finances. Ils ont identifié des paiements en faveur d'*Africom commodities Ltd* de 4 800 000 000 Fc et 29 295 000 Fc équivalent respectivement à USD 5 172 688 et USD 31 662. Les auditeurs ont obtenu le swift de la transaction de 4,8 milliards de FC soit 4 800 000 USD. Le second montant en CDF a été enregistré dans les livres du partenaire *Africom commodities* Ltd pour 30 000 USD, soit une différence non significative de 1 652 USD» (Ernst & Young. 2015).

Alors que les réponses devaient être données, la précipitation du ministre des finances a été d'arrêter avec le financement du projet et occasionné quant à ce sa débâcle.

Par ailleurs, il convient de se questionner sur la part de la responsabilité du ministre du portefeuille qui dans ses attributions réglementaires dispose d'un certain nombre des compétences en ce qui est de la gestion des sociétés crées où l'Etat se trouve être actionnaire.

c. La responsabilité du ministre de portefeuille

D'après les attributions fixées par l'ordonnance présidentielle à charge d'un ministre de portefeuille, l'on a pu relever que le ministre de portefeuille a la charge de : « la Création ainsi que la transformation des entreprises publiques ; l'Administration, la gestion et la rentabilisation du portefeuille de l'Etat ; l'Acquisition et la gestion des participations de l'Etat dans les entreprises d'économie mixte ; la création et participation à la création des entreprises à caractère industriel ou commercial ; la Gestion des mandataires publics dans les entreprises du portefeuille de l'Etat (entreprises publiques transformées en sociétés commerciales et sociétés d'économie mixte) ; le Contrôle, à travers les audits externes, de la gestion des entreprises du portefeuille de l'Etat, en collaboration avec le ministère en charge des finances[107] ».

Ainsi, la défaillance dans l'une de ces attributions doit engager la responsabilité du ministre du portefeuille défaillant.

Un tel raisonnement ne peut être qu'un raisonnement logique dans la mesure où les compétences sont d'attribution en droit public et entrainent la responsabilité des personnes investies de ces compétences.

d. La responsabilité du Ministre ayant les infrastructures et travaux publics dans ses attributions

Ici, la question de la responsabilité du ministre ayant la charge des infrastructures ainsi que des travaux publics dans ses attributions se pose avec acuité.

A titre de rappel, les compétences de ce ministre tournent autour : « de la Conception, de la construction, de la modernisation, du développement, de l'aménagement et de l'entretien des infrastructures routières, portuaires, aéroportuaires, ferroviaires, hydroélectriques non concédées, scolaires, sanitaires, sociales, touristiques et sportives, des bâtiments et des édifices publics en collaboration, le cas échéant, avec les ministères sectoriels concerné par les projets d'infrastructures ; de la Conception, de la construction, de l'aménagement et de l'entretien des ouvrages à caractère national de drainage, d'assainissement et lutte antiérosive ; de la Préparation, passation, contrôle et surveillance des marchés publics relatifs aux études et aux travaux de génie civil financés par le Gouvernement et les partenaires extérieurs en collaboration avec les Ministères ayant les finances, le budget et le plan dans leurs attributions ; de la surveillance et contrôle technique et

107 Point 11 de l'Ordonnance n° 15/015 du 21 mars 2015 fixant les attributions des ministères

financier des études et des travaux en régie et à l'entreprise.. »[108].; pour ne citer que ceux-là en ce qui concerne le PAI de Bukanga Lonzo.

En contexte de la débâcle du parc agro industriel de Bukanga lonzo il s'est observé la non réalisation de certains travaux publics et infrastructures pour lesquels les finances ont été décaissées.

Si sur cette question, si le ministre des finances ayant décaissé les fonds doit être questionné, celui du des infrastructures et travaux publics devra être entendu également et engager sa responsabilité du simple

e. La responsabilité du ministre de l'agriculture, pèche et élevage

La nature « agricole » du projet de parc agro industriel de Bukanga Lonzo place le ministère de l'agriculture au centre des charges dans la mesure où comme relevés ci-haut : « le ministère de l'agriculture a toujours eu comme attributions spécifiques : la Production agricole et autosuffisance alimentaire ; la Planification des objectifs nationaux de production dans les domaines de l'agriculture, de la pêche, de la pisciculture, de la sylviculture et de l'élevage ; l'Agrément et contrôle des dispensaires, cliniques et pharmacies vétérinaires ; l'Encadrement des Associations agricoles ; l'Exécution de la politique nationale en matière d'agriculture, de pêche et d'élevage ; la Conception, exécution, suivi et évaluation des programmes et projets de développement agricole ; la Promotion des coopératives agricoles ; la Promotion des produits de l'agriculture, de la pêche et de l'élevage destinés non seulement à l'alimentation intérieure et à l'industrie nationale mais aussi à l'exportation ; la Surveillance zoo-sanitaire et gestion de la quarantaine animale et végétale à l'intérieur du pays et aux postes frontaliers et mise à jour permanente des mesures réglementaires y relatives ; l'Orientation et appui des opérateurs économiques intéressés à investir dans les secteurs de l'agriculture, de la pêche

108 Point 15 de l'Ordonnance n° 15/015 du 21 mars 2015 fixant les attributions des ministères

et de l'élevage vers les sites à hautes potentialités de production, de manière à minimiser les coûts d'exploitation ; et pour finir, la Collecte, analyse et publication des données statistiques d'agriculture, de pêche et d'élevage, sous forme d'annuaire »[109].

Au regard de ces différences attributions, les défaillances du ministre de l'agriculture peuvent entrainer sa responsabilité dans la mesure où « Le ministre est responsable de son département. Il applique le programme gouvernemental dans son ministère, sous la direction et la coordination du Premier ministre »[110].

De ce fait, dans la quête vers la responsabilisation des acteurs gouvernementaux en ce qui concerne la débâcle du parc agro industriel , la question de la responsabilisation du ministre de l'agriculture ne peut qu'être posée en vertu des compétences qui lui sont d'attribution en droit public.

En dehors des acteurs gouvernementaux, il y a lieu de préciser aussi la responsabilité des acteurs privés, la vision politique et des profits qui ont été pour beaucoup dans la débâcle de Bukanga Lonzo.

II. Les acteurs privés, la vision politique et des profits ainsi que leurs diatribes dans la débâcle de l'agro-industriel de Bukanga Lonzo

Comme relevés dans la partie relative aux raisons de la débâcle du parc agro industriel, le projet du parc agro-industriel a été une menace à deux niveaux, à savoir : une menace au niveau politique et une menace au niveau économique pour les importateurs des produits agricoles.

109 Point 23 de l'Ordonnance n° 12/008 du 11 juin 2012 fixant les attributions des ministères
110 Article 93 de la Constitution de la République Démocratique du Congo telle que révisée par la Loi n° 11/002 du 20 janvier 2011 portant révision de la Constitution de la République Démocratique du Congo du 18 février 2006

Ces deux enjeux rangent en deux catégories, les acteurs privés impliqués dans la débâcle, à savoir : les acteurs politiques non gouvernementaux (A) et les importateurs des produits alimentaires (B).

Au demeurant, *Africom* comme prestataire et les dirigeants sociaux de la société SEPAGRI se pointent également comme acteurs privés impliqués dans la diatribe de l'agro-industrie de Bukanga Lonzo concernant les questions de surfacturation et de mauvaises conditions de travail et licenciements des travailleurs issus des communautés locales du site de Bukanga Lonzo (C).

Par ailleurs, il faut relever, une autre catégorie des acteurs privés impliqués indirectement dans la débâcle de Bukanga Lonzo, à savoir : les acteurs de la société civile ainsi que ceux des médias (D).

A. Les acteurs politiques non gouvernementaux et la menace politique de la réussite du PAI de Bukanga Lonzo

La menace au niveau politique s'explique par l'enjeu du pouvoir à quelques années des élections où le président joseph Kabila est arrivé en fin deuxième mandat et qui ne peut pas au regard de la constitution briquer un troisième mandat et donc, il devait soit convaincre la population avec une grosse réalisation pour voter oui en faveur du changement de la constitution y compris du nombre limité des mandats par voie référendaire, d'une part, et en cas d'échec de cette stratégie, choisir un dauphin, d'autre part.

De ce fait, l'enjeu de l'opposition politique était de voir le projet du parc agro-industriel échoué, ce qui est vraiment curieux dans la politique congolaise où on souhaite l'échec d'un projet qui peut bénéficier à toute la population, pour réclamer d'avantage le départ de Joseph Kabila au pouvoir et l'enjeu de certains membres de la même famille politique de joseph kabila étaient de voir le projet connaitre son effondrement pour ne pas espérer d'un Matata ponyo comme dauphin du président sortant (joseph Kabila).

Ces différentes considérations politiques ne permettant pas une cohésion nationale autour du projet des parcs agro-industriels ont été essentielles au processus de la débâcle de Bukanga au travers des querelles conduisant à des audits commandés pour justifier l'arrêt de financement, une mauvaise solution à des vrais problèmes de failles comme démontrés au point relatif aux raisons raisonnantes de la débâcle de Bukanga Lonzo.

A cet effet, les acteurs politiques ont été acteurs à la débâcle du parc agro-industriel d'un point de vue socio-politique.

Il en est de même des importateurs économiques qui ont vu leur intérêt être menacé par la réussite en 2015 du PAI de Bukanga Lonzo avec la récolte de 20.000 tonnes d'entrainant la baisse des prix.

B. Les importateurs des produits agricoles en RDC et la menace de la réussite du PAI en termes de réduction des importations

Les importateurs des produits agricoles jouent un très grand rôle dans l'approvisionnement de notre pays et constituent des grands lobbyings dans ce secteur.

A l'annonce de la mise en place du projet d'industrialisation de la RDC, principalement dans le secteur agricole, était un grand coup pour eux et voyaient leurs activités en danger, dans la mesure où, la consommation locale allait avoir une grande influence sur leurs importations.

C'est pourquoi, selon les informations recueillies dans le milieu de ceux-ci, ce projet-là, devrait être combattu afin d'occasionner sa chute ou diminuer son influence sur les marchés des produits agricoles.

C'est pourquoi, au regard de cette situation, ces opérateurs avaient influencé l'échec du projet et il se peut qu'ils constituent aussi l'un des acteurs de la débâcle du Parc Agro industriel de Bukanga Lonzo.

Je mentionne en outre *Africom commodities* et les dirigeants sociaux comme responsables de la débâcle de Bukanga Lonzo.

C. *Africom commodities* et les dirigeants sociaux dans l'écroulement de l'agro-industrie de Bukanga Lonzo

Le prestataire *Africom commodities* n'est pas à écarter totalement lorsqu'on parle des actes ayant entrainé la débâcle du parc agro industriel, il a une certaine implication dans la diatribe de l'agro-industrie de Bukanga Lonzo surtout à propos de la question de surfacturation des prix qui ont fait perdre à l'Etat congolais de l'argent en plus.

Si pour son administrateur Grobler, à la question de savoir si le projet a été surfacturé, selon ce que dit le rapport d'Ernst & Young, Christo se dit « *étonné de voir dans le rapport des auditeurs d'Ernst & Young qui ont comparé les prix sans jamais prendre en considération la logistique, le transport des matériaux jusqu'à Bukanga Lonzo, l'assemblage des tracteurs, l'entretien, le plan d'entretien, le pétrole, diesel, pneus, assurance, etc.* »111.

Comme relevé déjà dans le cadre de cet ouvrage, cet argumentaire ne tient pas la route faute d'un document qui l'atteste. Et également, en matière des contrats, le consentement éclairé et non vicieux c'est -à- dire caractérisé par l'absence des vices est important pour la formation ainsi que la validité.

Ce qu'*africom commodities* était censé faire, était de séparer les prix dans la facturation des équipements, de leur assurance, de leur transport, de leur entretien, du pétrole, du diesel, des pneus.

Facturer les équipements à acheter à un prix et après prétendre qu'on a intégré les autres éléments dedans n'est pas concevable dans la gestion d'un projet

111 https://geopolismagazine.net/projet-bukanga-lonzo-la-verite-selon-africom/

comme le parc agro industriel de Bukanga Lonzo qui exige beaucoup de transparence.

Par ailleurs, les problèmes relevés dans la mauvaise gestion des travailleurs ainsi que des conditions macabres de travail influant sur la détérioration des relations avec les communautés locales d'où étaient censés provenir cette main d'œuvre est l'œuvre d'*africom commodities* comme partenaire privé ainsi que des dirigeants sociaux des sociétés chargées soit de l'aménagement et soit de l'exploitation du parc agro industriel.

Comme nous le verrons, la responsabilité possible face à cette situation est celle de l'application des normes du travail et de sécurité sociale en RDC devant le tribunal du travail après échec de la procédure de conciliation.

Je signale aussi les autres acteurs privés dans la débâcle de Bukanga Lonzo.

D. Les autres acteurs privés dans la débâcle du parc agro-industriel de Bukanga Lonzo

Il s'agit des différents acteurs et de la société civile et des médias qui ont participés à la propagation des fausses informations et des doutes sur le projet du parc agro-industriel dans l'optique de ne pas favoriser la cohésion nationale tout autour, gage d'une réussite infernale de ce projet. Je parle des acteurs de la société civile et des médias.

1. Les acteurs de la société civile

Ici les acteurs de la société civile dans le cadre du projet du parc agro-industriel sont composés des interprofessions des producteurs bénéficiaires comprenant les agriculteurs locaux, les entrepreneurs ruraux et les transformateurs au niveau des zones d'intervention ciblées, impliquées dans les filières sélectionnées, en l'occurrence le manioc, les céréales (maïs, sorgho) et les légumineuses (soya , niébé) ; les organisations d'encadrement, les ONG et les autres associations locales communautaires.

En lisant une déclaration commune sur la toile publiée au nom de CONAPAC/ CNONG et autres, l'on peut se rendre compte d'une volonté farouche de acteurs de ces différentes associations de la société civile à vouloir démontrer que les parcs agro-industriels ne sont pas la solution pour lutter contre la faim et la pauvreté des populations rurales en RDC. Par cette déclaration ainsi que le combat mené par ces structures l'on peut arriver à déduire indirectement leur implication dans l'absence de la cohésion sociale autour du projet de parc agro industriel de Bukanga Lonzo. Cet état des choses ai-je relevé, était facilitateur à la débâcle du parc agro industriel de Bukanga lonzo.

Ce qu'il faut bien voir et à tort, on néglige la responsabilité des acteurs des médias. C'est l'objet des pages suivantes.

2. Les acteurs des médias

Quant aux médias, l'analyse à faire est celui de voir un rapport provisoire d'Ernest Young censé être exclusif au ministère des finances être fuité au niveau des médias et entrainé toute une série d'intoxication affirmant que le projet du parc agro industriel était au rouge.

Quelque peu, en République démocratique du Congo l'on déplore le fait de l'utilisation des médias au profit de celui qui paie. Cette considération a été traduite en adage suivant « avant de croire ce que dit la presse cherchez à savoir qui paie l'encre ».

Pour Daniel Bougnoux dans son article intitulé « une presse trop pressée », « La dépêche, la presse, des nouvelles toujours plus « fraîches », ces mots nous disent à quel point le grand jeu de l'information est aiguillonné par un impératif de vitesse ; à l'aune de cette valeur cardinale, le différé devient un défaut ou un regrettable archaïsme, le direct se trouve paré du mérite suprême, l'assurance de rafler la mise dans la course à l'audience ou dans la concurrence entre médias »112.

L'on peut relever une certaine dénaturation du travail de la presse à la suite de la dimension économique et de la concurrence.

En application de ces propos, l'on peut lire que l'objectif de fuiter ce rapport provisoire renseignant quelques failles en attendant la production de certains documents était de nourrir beaucoup des spéculations et des mouvements contre la suite du projet de Bukanga Lonzo en vue de justifier la décision de l'arrêt de financement qu'on a qualifiée de mauvaise décision face à des inquiétudes.

Le chapitre suivant évoque les types de responsabilisation possible des auteurs des situations-problèmes socio-économiques *Bukanga-lonzoniennes.*

---

112 BOUGNOUX, Daniel. « 6. Une presse trop pressée », *La crise de la représentation.* Sous la direction de BOUGNOUX Daniel. La Découverte, 2019, pp. 91-117.

Chapitre III

Les types de responsabilisation possible des auteurs des situations-problèmes socio-économiques *Bukanga-lonzoniennes*

Dans le domaine des pratiques psychosociales, le mot « responsabilisation » est sur bien des lèvres. Sous réserve d'un examen empirique approfondi, il semble revêtir une acception pragmatique et méthodologique au sens de responsabiliser les justiciables dans les démarches de leur vie quotidienne dont ils sont pleinement tenus responsables. Ainsi, la responsabilisation apparaît-elle unilatérale. Il s'agit pour les justiciables de se montrer responsables de chaque démarche envisagée, témoignant qu'ils s'impliquent activement dans les mesures dont ils font l'objet (C. Adam, 2012 : 263).

Par ailleurs, le concept de « situation-problème » on le doit à Alvaro Pires qui le définit comme « le fait que pour au moins un acteur quelconque une situation donnée est vécu ou perçu comme 'créant un problème' ou comme étant négative, inacceptable, indésirable » (A. Pires, 1995 : 62-63).

Pris comme objet de la criminologie, la notion des situations-problèmes regorge en son sein d'une part, les situations-problèmes criminalisées et d'autre part, des situations-problèmes non criminalisées ; ce qui renvoi au code institutionnel pour le premier cas et au code descriptif pour le second cas.

Nous préférons cette approche des situations-problèmes dans le cadre des modes opératoires liés à la débâcle de Bukanga Lonzo comme concept large englobant des pratiques diverses qui peuvent être responsabilisé non seulement par le pénal (II), mais aussi au niveau civil (II), et également, au niveau politique et administratif (I).

I. La responsabilisation politique et administrative comme mécanismes de réaction sociale

Si le droit administratif n'est pas tout à fait le droit de l'administration, la responsabilité administrative est juridiquement la responsabilité appliquée aux administrations, même s'il faut prendre l'acception au sens large et y voir aussi l'action des personnes privées chargées d'une mission de service public et dotées de prérogatives de puissance publique (P. Durant, 2013 : 589).

Cependant, cette notion est clairement politique dans la mesure où d'une part, « l'importance accordée aujourd'hui à la performance, tout comme historiquement le développement d'un interventionnisme accru de l'État ne doit pas faire oublier cependant que ce qui est en jeu dans la responsabilité administrative a quelque chose à voir avec l'arbitraire du pouvoir politique…» (P. Durant, 2013 : 590). Et d'autre part, elle touche le pouvoir politique dans ses fondements comme dans son exercice. La question de la responsabilité hante d'autant plus le pouvoir politique que ce dernier se veut « dirigeant », c'est-à-dire engageant l'avenir par ses politiques. Si le lien peut être établi entre les choix effectués et leurs conséquences, la responsabilité des hommes politiques se trouve engagée, car ils deviennent « comptables de » dans une démocratie qui n'est plus seulement de « confrontation », mais aussi d' « imputation ». Ce n'est pas un hasard si l'analyse des politiques publiques a fonctionné comme la théorie moderne du pouvoir politique en mettant l'accent sur la détermination des résultats de l'action publique tout comme sur la manière d'y parvenir (implémentation) (P. Durant, 2013 : 590).

Quoique parfois proche, il n'est pas à confondre la notion de la responsabilisation politique (A) à la responsabilisation administrative (B) surtout en ce qui concerne les situations problèmes liées à la débâcle de Bukanga Lonzo.

A. La responsabilisation politique face aux situations-problèmes liées à la débâcle de Bukanga Lonzo

La responsabilité politique du gouvernement concerne en principe tout acte accompli par un ministre113, de ce fait, elle est l'obligation, pour les membres d'un gouvernement, de quitter leurs fonctions lorsqu'ils n'ont plus la confiance de l'autorité politique devant laquelle ils sont « responsables ».

A ce sujet, la constitution de la RDC, dans le libellé de son article 100 alinéa 2, confère au parlement le pouvoir de responsabilisation du gouvernement, des entreprises publiques, des établissements et services publics en ces termes : « Sans préjudice des autres dispositions de la présente Constitution, le Parlement vote les lois. Il contrôle le Gouvernement, les entreprises publiques ainsi que les établissements et les services publics ».

Le principe de la responsabilité politique du gouvernement devant le Parlement constitue l'essence même du régime parlementaire114 et dans les

113 Commission Européenne pour la Démocratie par le Droit, *rapport sur la relation entre responsabilité politique et responsabilité pénale des ministres*, Strasbourg, le 11 mars 2013 Etude n° 682 / 2012, conseil de l'Europe, p. 4.

114 BAGHESTANI Laurence, « Fiche 28. La responsabilité politique du gouvernement sous la Ve République », dans : , *Fiches de droit constitutionnel. Rappels de cours et exercices corrigés*, sous la direction de BAGHESTANI Laurence. Paris, Ellipses, « Fiches », 2020, p. 138. URL : https://www.cairn.info/fiches-de-droit-constitutionnel--9782340039872-page-138.htm (consulté le 02 aout 2023)

systèmes parlementaires, la responsabilité politique des ministres poussée à l'extrême peut aboutir à un vote de défiance, qui contraint le ministre concerné (et parfois tout le gouvernement) à remettre sa démission115. L'article 138 de la constitution de la RDC dispose à ce sujet, « Sans préjudice des autres dispositions de la présente Constitution, les moyens d'information et de contrôle de l'Assemblée nationale ou du Sénat, sur le Gouvernement, les entreprises publiques, les établissements et services publics sont : la question orale ou écrite avec ou sans débat non suivie de vote ; la question d'actualité ; l'interpellation ; la commission d'enquête ; l'audition par les Commissions. Ces moyens de contrôle s'exercent dans les conditions déterminées par le Règlement intérieur de chacune des Chambres et donnent lieu, le cas échéant, à la motion de défiance ou de censure conformément aux articles 146 et 147 de la présente Constitution ».

D'après les articles 146 et 147, « l'Assemblée nationale met en cause la responsabilité du Gouvernement ou d'un membre du Gouvernement par le vote d'une motion de censure ou de défiance. La motion de censure contre le Gouvernement n'est recevable que si elle est signée par un quart des membres de l'Assemblée nationale. La motion de défiance contre un membre du Gouvernement n'est recevable que si elle est signée par un dixième des membres de l'Assemblée nationale » et « Lorsque l'Assemblée nationale adopte une motion de censure, le Gouvernement est réputé démissionnaire. Dans ce cas, le Premier ministre remet la démission du Gouvernement au Président de la République dans les vingt-quatre heures. Lorsqu'une motion de défiance contre un membre du Gouvernement est adoptée, celui-ci est réputé démissionnaire »116.

---

115 Commission Européenne Pour la Démocratie par le Droit, *rapport sur la relation entre responsabilité politique et responsabilité pénale des ministres*, Strasbourg, le 11 mars 2013 Etude n° 682 / 2012, conseil de l'Europe, p. 4.

116 Article 147 de la constitution du 18 février 2006

En effet, il y a lieu de relever que cette responsabilisation politique n'a pas été mobilisée au moment de la débâcle du parc agro industriel, et pourtant certains membres du gouvernement à l'époque où la mise en œuvre du parc agro industriel se faisait étaient bel et bien restés au pouvoir quoique le départ de Matata ponyo en 2016, à l'exemple de monsieur Yav.

A ce constat, Michel Bisa Kibul et Nadia Kapinga Kayembe (2019 : 247-264), analysant le cas du Parc Industriel de Bukanga Lonzo font état des « législateurs nationaux qui ont refusé de contrôler la gestion de ce Parc agro-industriel malgré les sonnettes et cris d'alarmes de la société civile et des scientifiques ».

Ainsi, s'il faut parler de la responsabilisation politique à propos des protagonistes des situations-problèmes liées à la débâcle de Bukanga Lonzo qui remonte de 2017, l'on ne va pas beaucoup correspondre ici à propos de la responsabilité politique en termes des démissions, ni de contrôle politique par les motions de défiance ou de censure (nous réservons cette perspective lorsqu'on parlera de la relance du parc agro industriel), l'on abordera le sens de la responsabilisation politique en termes des sanctions politiques qui visent à retirer certains droits politiques aux citoyens tels que le droit d'être élu ou le droit de ne plus exercer les fonctions politiques pendant un temps.

Cependant, pour y arriver, il faut la mobilisation de la responsabilité juridique au travers l'application des textes juridiques qui prévoient des sanctions politiques en termes des sanctions complémentaires aux sanctions juridiques.

Généralement, ces sanctions de la responsabilisation juridique sont d'ordre constitutionnel, administratif et pénal.

B. La responsabilisation administrative face aux situations problèmes liées à la débâcle de Bukanga Lonzo

Ici, l'on parlera de la responsabilisation administrative consécutivement au régime juridique de l'ordre administratif auquel est soumis le contrat de gestion signé de gré à gré entre le gouvernement congolais et le consortium sud-africain *africom commodities* ltd.

En effet, à la différence des contrats de droit privé où règne l'égalité des parties, le contrat administratif confère des pouvoirs exorbitants à l'administration contractante.

Ces pouvoirs sont au nombre de quatre, à savoir : le pouvoir de contrôle, le pouvoir de modification unilatérale, le pouvoir de résiliation unilatérale et le pouvoir de sanction.

A ces quatre pouvoirs correspondent quatre types de responsabilisation en droit administratif congolais applicable aux comportements problématiques liés à l'écroulement de Bukanga Lonzo. Il s'agit de la responsabilisation par le pouvoir de contrôle, la responsabilisation par le pouvoir de modification unilatérale, le pouvoir par la résiliation unilatérale et le pouvoir de sanction.

1. La responsabilisation par le pouvoir de contrôle

Contrairement au droit privé où la partie qui bénéficie de l'exécution du contrat ne doit pas s'ingérer dans son exécution, elle doit se contenter du résultat à la fin de l'exécution, dans le contrat administratif, l'administration désigne toujours un fonctionnaire dirigeant qui a pour mission de contrôler de manière permanente l'exécution du marché ; il relève les malfaçons et peut même exiger des corrections. Ce fonctionnaire dirige donc les différentes phases de l'exécution du contrat et fait régulièrement rapport à la Cellule de gestion des marchés publics et à l'autorité contractante. Le fonctionnaire dirigeant intervient également dans la Commission instituée pour la réception partielle ou définitive du marché. En droit congolais, il a été créé à cet effet, une direction de contrôle des marchés publics. (Louis Yuma Biabi, 2009 : 168).

En vertu de ce pouvoir de contrôle, l'administration contractante peut se rendre compte des malversations ainsi que des déficits dans la bonne exécution, et exiger des corrections.

2. La responsabilisation par le pouvoir de modification unilatérale

Nous l'avons épinglé, contrairement au droit privé basé sur la volonté des parties, le droit administratif admet que l'Administration contractante puisse modifier l'exécution du marché dès lors que les impératifs d'intérêt général le justifieraient. Ainsi, lorsque la modification unilatérale entraîne des charges nouvelles, l'Administration est appelée à indemniser le cocontractant; il s'agit ici d'une responsabilité non pas pour faute mais pour risque (L. Yuma Biaba, 2012 : 168-169).

Il convient de rappeler la responsabilisation par le pouvoir de résiliation unilatérale.

3. La responsabilisation par le pouvoir de résiliation unilatérale

Pour ce qui est du pouvoir de résiliation unilatérale, il est également prévu que la suppression du besoin d'intérêt général peut également entraîner la résiliation unilatérale du contrat sans que la partie lésée puisse demander réparation pour manque à gagner. Cependant, la résiliation unilatérale ne dispense pas l'administration contractante de l'obligation de payer la partie du marché déjà exécutée par le cocontractant avant la résiliation (L. Yuma Biaba, 2012 : 169).

J'évoque à présent la responsabilisation par le pouvoir de sanction.

4. La responsabilisation par le pouvoir de sanction

L'administration peut sanctionner le cocontractant défaillant soit par des pénalités de retard prévues dans le cahier des charges et reprises dans le contrat, soit par l'exécution forcée obligeant le cocontractant à exécuter le contrat par la force, soit par le retrait du marché au cocontractant (résiliation-sanction) sans qu'il soit besoin de recourir au juge. Les articles 67 à 69 de la loi de 2010 prévoient que Le dépassement des délais contractuels donne lieu à des pénalités telles que fixées dans le cahier des charges; que l'autorité contractante peut ordonner l'ajournement des travaux, fournitures ou prestations, objet du marché, avant leur achèvement, dans les" conditions et aux conséquences prévues dans le contrat et que les marchés publics peuvent faire l'objet d'une résiliation dans les conditions stipulées au cahier des charges (L. Yuma Biaba, 2012 : 169).

Des articles 80 à 82 le législateur organise les sanctions administratives en ces termes : L'entrepreneur, le fournisseur ou le prestataire de services qui aura commis un acte d'improbité dans la passation ou dans l'exécution des marchés publics sera passible de l'une ou des sanctions prévues à l'article 81 ci-dessous, sans préjudice des peines définies pour les infractions à la loi pénale.

Aux termes de la loi, constitue notamment un acte d'improbité, le fait, pour l'entrepreneur, le fournisseur, le prestataire de services ou le délégataire de service public : de se rendre coupable de collusion avec des tiers aux fins d'établir des offres de prix à des niveaux artificiels et non-concurrentiels, au préjudice de l'autorité contractante; de procéder à la surfacturation et/ou à la fausse facturation ; de tenter d'influencer l'évaluation des offres ou les décisions d'attributions, notamment en proposant un paiement ou tout autre avantage indu; d'être reconnu, par un jugement coulé en force de chose jugée, responsable d'un manquement à ses obligations contractuelles lors de l'exécution des marchés antérieurs; de fournir des informations fausses, de faire des déclarations mensongères ou de faire usage d'informations privilégiées et/ou confidentielles dans le cadre de la procédure d'appel d'offres; de se livrer à des actes de corruption et aux manœuvres frauduleuses.

Les sanctions ci-après seront prononcées, de façon séparée ou cumulative, par l'institution chargée de la régulation des marchés publics, à l'endroit de l'entrepreneur, du fournisseur ou du prestataire de services qui se sera rendu coupable d'un des actes d'improbité énumérés à l'article précédent ; l'exclusion temporaire de la commande publique; le retrait de l'agrément et/ou du certificat de qualification.

L'exclusion temporaire ne peut dépasser la durée de cinq années. Toutefois, en cas de récidive, la déchéance définitive peut être prononcée par la juridiction compétente, à la demande de l'établissement public chargé de la régulation des marchés publics.

L'institution dresse périodiquement la liste des personnes physiques ou morales déchues du droit de concourir au marché public. Celle liste est régulièrement à jour, communiquée aux autorités contractantes et publiée au journal des marchés publics.

En ce qui concerne, les questions relatives aux dommages que peut subir l'autorité contractante ainsi que les travailleurs gérés par le consortium, il y a lieu de faire mention de l'intervention des mécanismes de droit privé et de droit social comme types de responsabilisation.

II. Les mécanismes de responsabilisation en droit privé et en droit social

Dans une approche juridique des situations-problèmes Bukanga lonzoniennes, il n'y a pas qu'à relever des possibles faits criminalisés, outre les faits qui relèvent du droit social (A), il existe aussi des faits qui ne sont rien d'autres que des faits de droit privé (civils et commerciaux), pour lesquels si réellement l'objectif de l'Etat est de récupérer les fonds, les mécanismes de droit privé devaient être mobilisés dans la mesure où à ce niveau , il ne s'agit pas de punir les personnes mais plutôt de réparer les dommages causés à la suite des actes posés (B).

A. La responsabilisation sociale pour les situations-problèmes liées au droit travail et au droit de la protection sociale

Il s'agit d'une responsabilisation issue du droit social composé du droit du travail et de protection sociale qui selon Dominique Grandguillot (2016 : 1) « occupe une part importante de notre vie ».

En effet, de manière définitionnelle, si le droit du travail est une branche du droit social qui « traite des différents acteurs de la vie sociale, de la formation, de l'embauche, des différents contrats de travail, des modes de rupture du contrat de travail, des conditions de travail (durée du travail, congé), des institutions représentatives des salariés et des conflits individuels et collectifs (Dominique Grandguillot, 2016 : 1) » ; le droit de la protection sociale est cette branche qui « traite de la Sécurité sociale, des différentes prestations existantes (maladie, maternité, invalidité, vieillesse, accident du travail ...), de la prévoyance dans l'entreprise, des régimes complémentaires et de l'indemnisation des salariés sans emploi (Dominique Grandguillot, 2016 : 1) ».

Le droit congolais au travers et la loi n° 015-2002 portant code du travail modifiée et complétée par loi n° 16/010 du 15 juillet 2016 et la loi n° 16/009 du 15 juillet 2016 fixant les règles relatives au régime général de la sécurité sociale organisent la protection des travailleurs, non seulement, dans leur rapport avec les employeurs économiquement en supériorité, mais aussi dans la prévention ainsi que la prise en charge (lors de la survenance) des risques sociaux.

Ainsi, les situations-problèmes relevées en termes des mauvaises conditions de travail, de licenciement suspecté d'abusif, des décès au lieu du travail et d'absence des mécanismes institutionnels de protection sociale tels que relevés dans le point relatif au vécu désobligeant des travailleurs peuvent faire l'objet d'un traitement au niveau des tribunaux de travail qui, d'après la loi n° 016/2002 du16/10/2002 portant création, organisation et fonctionnement des tribunaux du travail, « sont des juridictions spécifiques chargées de connaître des litiges individuels de travail et des conflits collectifs survenus entre employeurs et un groupe de travailleurs au sujet des conditions de travail lorsqu'ils sont de nature à compromettre la bonne marche de l'entreprise »117.

Outre, la responsabilisation en droit social, certains faits problématiques en appellent à la responsabilisation en droit privé.

B. La responsabilisation en droit privé

L'on peut relever à propos des questions de surfacturation l'application soit de la notion d'enrichissement sans cause ; soit de la notion du paiement de l'indu donnant lieu à l'action in rem verso et en répétition. Les deux notions relevant des quasis contrats en droit des obligations. Pour les autres faits civils, il convient de relever l'application des règles de responsabilité civile qui entrainent les actions aux fins de réparation des dommages contractuels et délictuels.

Je parle des surfacturations des prix au cœur des notions d'enrichissement sans cause et de paiement de l'indu, les mécanismes de responsabilité civile : entre responsabilité contractuelle et délictuelle applicable à la débâcle de Bukanga Lonzo

117 Exposé des motifs de la loi n° 016/2002 du16/10/2002 portant création, organisation et fonctionnement des tribunaux du travail

1. Les surfacturations des prix au cœur des notions d'enrichissement sans cause et de paiement de l'indu

Face aux situations-problèmes des surfacturations des prix, le droit congolais des obligations organise deux notions qui peuvent en prendre en charge devant une juridiction du commerce118 en raison de la qualité de commerçant détenue par *africom commodities*, notamment la notion d'enrichissement sans cause susceptible d'entrainer une action appelée « in rem verso » et la notion du paiement de l'indu susceptible d'occasionner une action en restitution qu'il convient d'aborder en détails.

Je souligne l'enrichissement sans cause et l'action in rem verso et le paiement de l'indu et l'action en répétition.

a. L'enrichissement sans cause et l'action in rem verso

Le feu professeur Kalongo Mbikayi (2007 : 258-261) d'heureuse mémoire relevait qu'en droit congolais, l'enrichissement sans cause n'est pas réglementé par le Code civil. Il s'agit d'une source d'obligation consacrée par la jurisprudence, fondé sur ce principe général d'équité qui vient du droit romain et dont l'existence n'a pas été mise en doute par notre droit : « Nul ne peut s'enrichir sans juste cause aux dépens d'autrui ». La jurisprudence accorde à la tierce personne aux dépens de laquelle on s'est enrichi, une action, l'action dite de *in rem verso* tendant à obtenir une indemnité relative à l'enrichissement procuré.

Par ailleurs, pour éviter que cette théorie ne soit trop générale, la jurisprudence s'est efforcée d'en limiter les conditions.

Selon elle, l'exercice de l'action de *in rem verso* suppose : l'enrichissement d'un patrimoine et l'appauvrissement corrélatif d'un autre : c'est-à-dire

118 D'après l'article 17 de la loi n° 002/2001 du 03 juillet 2001 portant création, organisation et fonctionnement des tribunaux de commerce

l'élément matériel, l'élément d'ordre économique; l'absence de cause à ce déplacement de valeur. L'enrichissement doit donc être injuste, c'est l'élément juridique; le caractère subsidiaire de l'action, c'est-à-dire qu'il faut que l'appauvri n'ait aucun autre moyen d'obtenir satisfaction, c'est-à-dire de compenser l'appauvrissement; certains auteurs ajoutent l'absence d'intérêt chez l'appauvri.

L'enrichissement et l'appauvrissement constituent des conditions d'ordre économique liées à la constatation qu'une valeur est passée d'un patrimoine dans un autre qui s'en est trouvé diminué.

L'enrichissement d'un patrimoine est l'élément essentiel. Il peut consister soit dans un accroissement direct du patrimoine du défendeur (somme d'argent, plus-value du bien), soit encore, dans le fait de lui avoir évité une diminution de son patrimoine (engager des frais pour éviter la diminution de la valeur du patrimoine).

Par ailleurs, l'absence de cause tant pour l'enrichissement que pour l'appauvrissement est aussi une condition d'ordre économique qui tient au fait que rien ne vient légitimer la transmission de valeur d'un patrimoine à l'autre.

L'étendue de la restitution est limitée par une double mesure : elle ne peut dépasser les montants de l'enrichissement effectif, c'est-à-dire de la plus-value procurée au patrimoine du défendeur; elle ne peut dépasser non plus l'appauvrissement du demandeur, c'est-à-dire la somme dont son patrimoine s'est trouvé diminué.

L'intérêt étant la mesure de l'action, l'appauvri ne peut réclamer plus que la perte subie. D'autre part, le remboursement au-delà de la somme déboursée conduirait à faire de l'appauvri un enrichi sans cause.

La date d'évaluation n'est donc pas celle de la restitution, c'est-à-dire du jugement, comme semblerait le faire un moment la jurisprudence en se fondant sur l'équité. La Cour évolue dans ce sens. C'est l'équité qui aurait justifié cette solution.

Que dire du paiement de l'indu et de l'action en répétition ?

b. Le paiement de l'indu et l'action en répétition

Il y a paiement de l'indu, d'une façon générale, lorsqu'une personne (l'accipiens) reçoit à titre de paiement d'une autre personne (le solvens), ce qui ne lui est pas dû. Dans ces conditions, la loi accordera au solvens un droit de répéter ce qu'il a payé indûment, et grâce à l'action en répétition119.

Le principe est posé dans les articles 252 et 253 du Code civil, livre III. Suivant ces articles, celui qui a payé l'indu dispose d'une action en répétition.

L'article 255 du Code civil, livre III condamne l'accipiens à une restitution plus complète lorsqu'il est de mauvaise foi, ce qui peut signifier que la restitution peut être légère en cas de bonne foi de l'accipiens.

C'est l'idée de l'enrichissement sans cause aux dépens d'autrui qui exige cette action. Si l'accipiens ne restitue pas l'indu, il s'enrichirait sans cause aux dépens du solvens.

De plus, la loi elle-même consacre ce fondement dans l'article 133 en disposant : « tout payement suppose une dette, ce qui a été payé sans être dû est sujet à répétition ». Ainsi, l'idée de cause explique cette action en répétition, le paiement a été sans cause puisqu'il n'y avait pas de dette (Kalongo Mbikayi 2007 : 255-256).

---

119 Article 252 du Code civile Livre III

L'étendue de la restitution on varie suivant que l'accipiens a été de bonne foi ou de mauvaise foi. Lorsqu'il est de bonne foi, l'accipiens ne doit pas être préjudicié. Il ne restitue, suivant l'article 254 du Code civil, livre III, *a contrario*, que ce dont il s'est enrichi, c'est-à-dire seulement le capital ou la chose reçue, mais non les intérêts ou les fruits qu'il a perçus et consommés parce qu'il les a consommés dans la pensée qu'il en était propriétaire. Il ne devra des intérêts qu'à partir du jour où il a été mis en demeure de restituer par une assignation, ce qui est le droit commun (Kalongo Mbikayi 2007 : 256-257).

La loi est plus sévère à l'endroit de l' *Accipiens* de mauvaise foi car se sachant non créancier, il est censé prendre des précautions particulières, puisqu'il pouvait s'attendre à être un jour obligé de restituer . Il a commis une faute et doit réparer tout le préjudice subi par le *solvens*. De la sorte, la situation de l'accipiens de mauvaise foi est sévèrement sanctionnée (Kalongo Mbikayi 2007 : 257).

Celui-ci devra restituer non seulement le capital ou la chose, mais tous les fruits ou intérêts qu'il a perçus à dater du jour du paiement120. S'il a vendu la chose, il devra non seulement le prix, mais l'excédent de valeur qu'elle peut représenter au jour où l'action est intentée contre lui (Kalongo Mbikayi 2007 : 256-257).

Il faut signaler les mécanismes de responsabilité civile : entre responsabilité contractuelle et délictuelle applicable à la débâcle de Bukanga Lonzo.

120 art. 254 du Code civile Livre III

2. Les mécanismes de responsabilité civile : entre responsabilité contractuelle et délictuelle applicable à la débâcle de Bukanga Lonzo

Il convient de relever d'une part, l'application de la responsabilité aquilienne ou délictuelle, sans oublier de relever la responsabilité civile des dirigeants sociaux des sociétés anonymes crée dans le cadre du parc agro industriel de Bukanga Lonzo.

a. La responsabilité délictuelle ou aquilienne à appliquer

La responsabilité civile est toute entière fondée sur la justice corrective, celle qui permet de dédommager celui qui a subi une perte. La réparation du dommage doit remettre la victime dans la situation où elle se serait trouvée si l'acte dommageable ne s'était pas produit.

Le principe de la responsabilité civile (ou délictuelle ou encore aquilienne) est consacré en droit civil congolais, par l'article 258 (code civil livre III). « La responsabilité est liée à l'idée de la réparation. Et une réparation imposée par la loi : sans faute, pas de responsabilité civile » (Kalongo Mbikayi, 2007: 98).

Ce qui nous pousse à dire que la responsabilité civile est engagée en raison d'un acte volontaire ou non, entraînant pour la personne qui est fautive ou qui est légalement présumée fautive, l'obligation de réparer le dommage qui a été subi par une ou plusieurs autres.

Telle que consacrée par l'article 258, la responsabilité civile a un caractère individualiste et un caractère subjectif. L'article 258 du CCLIII dispose: « Tout fait quelconque de l'homme, qui cause à autrui un dommage, oblige celui par la faute duquel il est arrivé à le réparer ». Le caractère individualiste s'explique par l'obligation de réparation qui pèse sur le seul individu auteur du délit ; Le caractère subjectif quant à lui trouve sa signification en ce que ce qui est sanctionné, c'est le comportement fautif de l'auteur du dommage.

La responsabilité de droit commun est, comme on l'a dit, la responsabilité pour fait personnel. Les autres constituent des exceptions.

Ce sont les articles 258 et 259 du Code civil, livre III, qui constituent le siège de cette matière. Aux termes de l'article 258, « tout fait quelconque de l'homme qui cause à autrui un dommage, oblige celui par la faute duquel il est arrivé, à le réparer ». De son côté, l'article 259 édicte que « chacun est responsable du dommage qu'il a causé, non seulement par son fait, mais encore par sa négligence ou par son imprudence ».

Il ressort de ces deux articles que trois conditions doivent être remplies pour que soit établie cette responsabilité civile de droit commun : l'existence d'un dommage ou préjudice ; la preuve que ce dommage a été engendré par la faute de son auteur ; enfin l'établissement d'un lien causal entre le dommage subi et la faute invoquée.

Dès que ces trois conditions sont établies par la victime, il naît au bénéfice de celle-ci une créance en réparation contre l'auteur de la faute. Pour faire valoir cette créance et la préciser, la victime dispose d'une action en justice, l'action en responsabilité.

Je souligne la responsabilité civile des dirigeants sociaux des sociétés commerciales du Bukanga Lonzo.

b. La responsabilité civile des dirigeants sociaux des sociétés commerciales du parc agro industriel de Bukanga Lonzo

Quelle que soit sa forme, la gestion de la société incombe normalement à des dirigeants de droit. Et les dirigeants de droit sont les personnes (physiques ou morales) ou les organes régulièrement désignés pour gérer la société et qui, à ce titre, assument légalement des fonctions de direction ou d'administration en son sein et l'engagent normalement à l'extérieur (V. P. Le Cannu, 2002 : 252).

Ont la qualité de dirigeants de droit dans une société anonyme : le président du conseil d'administration, le directeur général dans la société anonyme à conseil d'administration ; l'administrateur général dans la société anonyme sans conseil d'administration121

En effet, de sa constitution à sa liquidation, en passant par son fonctionnement, la société « mène » une vie qui peut être ponctuée tantôt de périodes normales ou fastes, tantôt de moments de difficultés ou de crise. Ces différentes situations sont, pour beaucoup, tributaires des qualités et des actes de gestion des dirigeants qui se trouvent à la tête de la société. Le rôle des organes sociaux est donc particulièrement déterminant dans le cours « heureux » ou « malheureux » de la société et, par conséquent, leur propre sort en dépend évidemment (A. Akam, 2007 : 212).

Les dirigeants sociaux d'une société commerciale en droit ohada ne sont pas exclus de la responsabilité à tous les stades de la vie sociale, c'est-à-dire que la société soit *in bonis* ou qu'elle soit en difficulté (A. Akam, 2007 : 212).

Car, dans l'exercice de leurs fonctions, les dirigeants doivent agir dans le strict respect des dispositions législatives ou réglementaires applicables à la société ainsi que de celles de ses statuts. En outre, ils doivent faire preuve bien évidemment de compétence, de diligence et de loyauté pour assurer la bonne marche des affaires sociales et préserver le nécessaire équilibre entre les différents intérêts qui s'entrechoquent au sein et autour de la société (A. Akam, 2007 : 212).

En effet, cette responsabilité éventuelle des dirigeants est susceptible d'être mise en œuvre dès lors qu'il peut être établi qu'ils ont commis des fautes dans

---

121 d'après les articles 414 et s. de l'Acte uniforme relatif au droit des Sociétés Commerciales et du Groupement d'Intérêt Economique, Acte adopté le 17 avril 1997 et paru au JO OHADA n°2 du 1er octobre 1997, il est prévu deux modes d'administration et de direction de la SA : la SA avec conseil d'administration et la SA sans conseil d'administration..

l'exercice de leurs fonctions et que celles-ci ont eu des conséquences dommageables pour la société, les associés ou les tiers(A. Akam, 2007 : 212). C'est alors qu'il convient d'évoquer la responsabilité pénale des situations problèmes criminalisées de la débâcle de Bukanga Lonzo.

III. La responsabilisation pénale des situations problèmes criminalisées de la débâcle de Bukanga lonzo

Le Professeur Nyabirungu Mwene Songa (2007 : 280) explique que « *pour qu'un fait soit punissable, il ne suffit pas de déterminer la loi violée ni d'établir sa matérialité. Contrairement aux droits anciens, le droit pénal moderne ne frappe pas automatiquement l'auteur ou le complice d'une infraction. Celui-ci doit d'abord être reconnu pénalement responsable. Dire de quelqu'un, c'est dire qu'il est en mesure de répondre de ses actes* ».

Dans cet ordre d'idées, la responsabilité s'appréhende, au sens large, comme la nécessité morale, intellectuelle ou juridique de remplir un devoir, de satisfaire un engagement ou de réparer une faute. Bien qu'imprécise, cette définition permet de comprendre pourquoi la responsabilité est si souvent mobilisée : elle constitue un des moteurs essentiels des actions humaines, individuelles ou collectives, qu'elles se déroulent dans la sphère privée ou publique. Elle permet enfin de connecter différents registres normatifs, d'ordre philosophique, religieux, moral ou encore juridique. La multitude de ses usages interdit finalement d'en préciser la définition, sauf à en limiter la signification à un système normatif spécifique (P. Raimbault, 2018).

Encore faut-il nuancer ce propos puisque, même circonscrite au champ juridique, elle se décline en diverses formules. L'éclatement n'est certes pas total puisque ces registres se structurent autour d'une dichotomie essentielle : la fonction de réparation assignée à la responsabilité civile ou administrative se distingue de la fonction punitive des responsabilités disciplinaire, pénale, voire politique.[122] Les deux actions, relevant cependant d'une même démarche d'imputation, sont souvent menées en parallèle et disposent d'une vocation normative similaire. Néanmoins, l'équilibre entre ces deux fonctions est susceptible de varier, comme l'illustre l'objectivation progressive de la responsabilité au cours du XXème siècle, laquelle témoigne de la volonté de privilégier les victimes. Plus récemment, un autre phénomène est venu bouleverser cet équilibre : le développement d'un réel engouement pour le juge pénal (P. Raimbault, 2018).

L'incendie du « Cinq-Sept » en 1970 et la condamnation du maire qui s'ensuivit marque le début du mouvement de pénalisation de la vie publique. Les années 1990 verront ensuite le recours au juge pénal se systématiser comme l'illustrent entre autres les affaires de Furiani ou du sang contaminé. Loin de se limiter aux décideurs publics, la pénalisation du contentieux vise également les chefs d'entreprise, responsables de multiples infractions à la législation du travail[123]. Ainsi, même si le phénomène est a priori plus discret en droit privé (Varinard, 1981)[124], un « risque pénal » émerge pour l'ensemble des « décideurs », régulièrement sommés de répondre de leurs actes sur le plan pénal. L'utilité d'une telle catégorie peut être établie. Publics ou privés, les « décideurs » disposent d'abord d'une même capacité à exercer un pouvoir, à

122 Cette dernière relève d'une logique « répressive » dont atteste la fréquente référence au « vote-sanction », mais elle mérite d'être distinguée car elle est établie dans le cadre de procédures spécifiques, ne donnant pas lieu à un procès.

123 La Cour de cassation considère que les chefs d'entreprise sont responsables des infractions constatées dans leur établissement, sauf à rapporter la preuve d'une délégation de pouvoir expresse et effective : Cass. Crim. 23 nov. 1950, *Bull. Crim.* N° 267. Une loi de 1976 a cherché à limiter les effets de cette jurisprudence mais les possibilités d'exonération restent restreintes.

124 Quantitativement, les condamnations pénales de chefs d'entreprises sont beaucoup plus nombreuses. Mais les entrepreneurs contestent moins la pénalisation, car l'habitude leur en fait admettre le principe et parce que les poursuites sont relativement rares au regard du nombre d'infractions constatées.

prendre des décisions ayant des effets collectifs, susceptibles d'engager leur responsabilité à grande échelle.

Par ailleurs, la question de la responsabilité pénale obéit au principe de la légalité (*Nullum criminem, nulla poena, nullum juidicium sine lege*) qui conditionne toute action pénale à la définition pénale du comportement, mais aussi de la procédure à suivre pour mettre en œuvre cette responsabilité par la condamnation de la personne concernée.

La responsabilité pénale, correspond alors à la formule selon laquelle, il faut l'assemblage de la culpabilité (faute) et de l'imputabilité (capacité à répondre d'un fait infractionnel), pour que celle-ci soit effectivement mobilisée.

En ce sens, en droit congolais, il est organisé un régime répressif ordinaire mais aussi spécial de tel enseigne que l'appliquer aux différentes situations-problèmes criminalisés observées dans le cadre de la débâcle, il faut en distinguer selon qu'en est en droit commun, en droit administratif et en droit constitutionnel.

A. La responsabilité pénale en droit commun

Lorsqu'on parle de la responsabilité pénale en droit commun, l'on fait référence à la protection pénale générale qui s'entend comme « l'intervention des dispositions pénales contenant non seulement des incriminations mais également des sanctions pénales voire des circonstances aggravantes contre un certain nombre d'atteintes aux droits reconnus aux personnes humaines »[125]. Elle incarne, à cet effet, l'idée de la fonction axiologique du

125 Le droit pénal matériel comporte toutes les règles de fond (substantielles) qui déterminent les infractions et les peines qui leur sont applicables. Le droit pénal procédural (ou droit pénal formel) réunit l'ensemble des règles qui régissent l'organisation judiciaire, la compétence en matière répressive et les règles relatives au déroulement du procès pénal, tant dans sa phase préliminaire que dans celle du jugement (H. D. BOSLY, D. VANDERMEERSCH et M.-A. BEERNAERT, *Droit de la procédure pénale*, 6èmeédition, Bruges, La Charte, 2010, p. 9.).

droit pénal qui s'identifie comme étant celle du gardien des droits fondamentaux des personnes humaines[126].

Au demeurant, on parle du droit pénal commun aussi d'après Nyabirungu Mwene songa (2007 : 17), lorsque le droit pénal agit de manière autonome, en son sein, en définissant les infractions et les peines qui leur sont applicables. Telle est la nature du code pénal (essentiellement pris en charge par le décret du 30 janvier 1940 tel que modifié et complété à ce jour) lorsqu'il prévoit les infractions et les peines. En ce moment, tous les articles du code pénal, livre II ainsi que de code pénal militaire voire du code de la route sont illustratifs du caractère autonome du droit pénal.

Mais comme on le verra en ce qui concerne la responsabilité administrative tout comme celle constitutionnelle, le droit pénal intervient comme sanctionnateur des règles relevant d'autres disciplines (Nyabirungu Mwene songa, 2007, 17) et apparait comme le « gardien de tous les autres droits (Francois Ost, 1999 : 295)».

En effet, le régime de responsabilité pénale de droit commun permet de prendre en charge les infractions de droit commun telles que le détournement des deniers publics, la corruption, les rémunérations illicites, les abstentions coupables des fonctionnaires, le faux commis en écritures et son usage, des entraves apportées à l'exécution des travaux publics ainsi que les autres atteintes infractionnelles qui peuvent cadre avec les situations-problèmes observées dans le cade de l'agro-industrie de Bukanga Lonzo.

Cependant, pour les infractions commises dans le cadre de la passation ainsi que l'exécution des marchés publics, elles relèvent du régime de la responsabilité pénale administrative.

126 Lire P. AKELE ADAU et al, *Droit pénal spécial,* UPC, Faculté de Droit, 2003-2004, p.11.

B. La responsabilité pénale administrative

Parler de la responsabilité pénale administrative c'est parler de l'interventionnisme du droit pénal dans le domaine administratif. Il s'agit de l'intervention du droit pénal avec sa gamme de sanctions pénales contraignantes ou coercitives[127] dans une dimension de « gardien des autres disciplines juridiques » comme di ci haut.

A ce titre, il sied relever que l'une des innovations de la loi du 27 avril 2010 sur les marchés publics se trouve dans le fait que cette loi organise des sanctions pénales spécialement applicables aux marchés publics.

En effet, d'après l'article 77 de la loi du 27 avril 2010 sur les marchés publics : « toute infraction commise à l'occasion de la passation des marchés publics ou de délégations de service public sera punie du double de la servitude pénale prévue pour cette infraction. L'amende sera portée à un montant ne dépassant pas 50.000.000 de francs congolais ».

Par ailleurs, l'article 78 de la même loi réprime le conflit d'intérêts, le délit d'initié et la prise illégale d'intérêts commis dans le cadre d'un marché public et d'une délégation de service public d'une amende de 25.000.000 à 50.000.000 de francs congolais.

En effet, d'après la même disposition légale, l'on parle de conflit d'intérêts lorsqu'un membre de l'autorité contractante ou délégante prend part à la prise de décision concernant le candidat ou le titulaire du marché public auquel il est lié par des intérêts incompatibles avec ceux de l'État. Par contre, il y a délit d'initié lorsqu'un membre de l'autorité contractante ou délégante, une personne chargée d'un service public ou investie d'un mandat électif fournit ou fait usage des informations privilégiées détenues en raison de ses fonctions

---

127 Lire B. WANE BAMEME, *Droit pénal général*, UPC, faculté de Droit, 2013, p.35

ou de son mandat, dans le but d'influencer l'attribution d'un marché public ou d'une délégation de service public. Et au final, il y a prise illégale d'intérêts lorsqu'un fonctionnaire, un agent public ou un élu prend, reçoit ou conserve un intérêt dans une entreprise ou une opération dont il a, au moment de l'acte, la charge d'assurer la surveillance, l'administration ou la liquidation.

Comme implications subséquentes, l'article 79 de la loi sur le marchés publics dispose qu' « En condamnant les personnes chargées de la direction d'une entreprise de travaux, fournitures ou prestations de services publics ou les délégataires d'un service public pour une infraction commise à l'occasion de la passation d'un marché public, le tribunal prononcera, en outre, la confiscation des garanties constituées par l'entreprise et l'exclusion de celle-ci de la commande publique pour une durée ne dépassant pas cinq années. L'exclusion de la commande publique sera définitive en cas de récidive ».

En dehors, de cette intervention du droit pénal dans le domaine administratif des marchés publics, le droit pénal intervient aussi dans le domaine constitutionnel congolais à propos du président de la république et du premier ministre, chef de gouvernement.

C. La responsabilité pénale constitutionnelle

Depuis quelques décennies seulement, les constitutionnalistes et pénalistes ne s'ignorent plus128.

C'est dans ce contexte que le constituant congolais de 2006 s'est inscrit dans l'invention de la responsabilité pénale devant la cour constitutionnelle essentiellement de deux grandes autorités du pays, à savoir : l'une chef de

128 Lire à ce sujet Marie-France VERDIER, « Dossier constitutionnel : Droit constitutionnel et droit pénal », *in POLITEIA* , N° 5 , 2004, p. 99

l'exécutif, le président de la république, l'autre, chef du gouvernement, le premier ministre .

Par ailleurs, prés cette juridiction, le constituant129 ainsi que loi organique130e a attaché un parquet général qui a la tâche d'exercer les poursuites pénales de ces deux grandes personnalités du pays. L'article 14 de la loi organique portant organisation et fonctionnement de la Cour Constitutionnelle dispose qu' *« En matière pénale, il recherche et constate les infractions relevant de la compétence de la Cour, soutient l'accusation et requiert les peines. Dans les autres matières de la compétence de la Cour, il émet des avis motivés. Il assiste à toutes les audiences de la Cour. Il peut y présenter des observations ».*

Le parquet près la cour constitutionnelle est composée d'un procureur général auquel sont adjoints un ou plusieurs premiers avocats généraux et un ou plusieurs avocats généraux, qui exercent leurs attributions sous sa surveillance et sa direction. Les membres du parquet général près la Cour constitutionnelle sont au départ magistrats de carrière servant au sein de l'ordre judiciaire ou de l'ordre administratif et ayant au moins quinze ans d'expérience131.

A propos de la compétence de la cour constitutionnelle en matière pénale, on peut lire aux termes d'une part, de l'article 163 de la constitution du 18 février 2006, la Cour constitutionnelle est la juridiction pénale du Chef de l'Etat et du Premier ministre dans les cas et conditions prévus par la Constitution. Et

---

129 L'article 152 de la constitution de la RDC cite le procureur général près la cour de constitutionnelle comme membre du conseil supérieur de la magistrature.

130 Aux termes de l'article 12 de la loi organique n° 13/026 du 15 octobre 2013 portant organisation et fonctionnement de la Cour Constitutionnelle : Il est institué un Parquet Général près la Cour Constitutionnelle. Le Parquet Général exerce les attributions qui lui sont dévolues par la présente Loi organique. Il est placé sous l'autorité du Procureur Général près la Cour Constitutionnelle.

131 Article 13 de la loi organique n° 13/026 du 15 octobre 2013 portant organisation et fonctionnement de la Cour Constitutionnelle

d’autre part, aux termes de l’article 164 de la même constitution de la RDC que « la Cour constitutionnelle est le juge pénal du Président de la République et du Premier ministre pour des infractions politiques de haute trahison, d'outrage au Parlement, d'atteinte à l'honneur ou à la probité ainsi que pour les délits d'initié et pour les autres infractions de droit commun commises dans l'exercice ou à l'occasion de l'exercice de leurs fonctions. Elle est également compétente pour juger leurs co-auteurs et complices ».

C’est sur base de cette disposition que le choix de faire intervenir la justice constitutionnelle va être effectué. Cependant, ce choix va connaitre un balbutiement en ce que la cour constitutionnelle, à la suite des failles de la constitution du 18 février 2006 autour de la question de la responsabilité pénale de l’ancien premier, va décliner sa compétence par un arrêt au profit de la cour de cassation en raison du statut de sénateur détenu par Matata ponyo au moment des poursuites.

Conclusion

Après l’effondrement du parc agro-industriel de Bukanga-Lonzo en 2017, plusieurs acteurs scientifiques, des médias tout comme politiques se sont lancés dans la logique de la compréhension des raisons ainsi que de la responsabilisation des acteurs.

Dans la pluralité des raisons avancées, certaines raisons qui ne tiennent pas, ont été qualifiées des déraisons dans le cadre de cette partie, dans la mesure où ces raisons n’établissaient pas un lien sérieux et pertinent avec l’explication de la débâcle du parc agro-industriel de Bukanga Lonzo.

Parmi ces raisons qualifiées de déraison par nous, l’on peut citer notamment la non construction des infrastructures au profit des communautés locales, la thèse de la conception d’un échec congénitale suivant laquelle on penserait que le projet du parc agro-industriel a été conçue pour échouer, la création de

Lonzo Natural ressources SARL pour l'exploitation des ressources naturelles et le non-respect des règles de passation des marchés publics.

Si ces raisons sont des déraisons, cela revient à dire que les vraies raisons sont ailleurs. Ainsi, il a été démontré dans le cadre de cette partie que la débâcle du parc agro-industriel de Bukanga Lonzo a été rendue possible à la suite, d'une part, des guéguerres politiques, de la démission commandée de son initiateur et de l'arrêt du financement du gouvernement congolais et d'autre part, le lobbying des importateurs alimentaires accompagné de la mobilisation de la corruption pour saboter le projet du parc de Bukanga-Lonzo qui était une menace à la réalisation de leur profit annuel de l'ordre de plusieurs millions de dollars, à l'absence de la cohésion nationale autour du projet, sans oublier les failles dans la gouvernance, et dans la gouvernabilité d'*Africom commodities* comme prestataire (absence de contrôle sérieux : *a priori*, concomitant et *a posteriori*).

Ces raisons pertinentes ont donné une lueur des pistes pour identifier les vrais acteurs de la débâcle partant de leurs responsabilités prévues soit dans la loi soit dans les actes règlementaires ou encore dans le contrat.

Cette démarche a débouché à plusieurs types de responsabilisation eu égard aux situations problèmes relevées à charge des acteurs de la débâcle de Bukanga Lonzo, parmi lesquelles se trouve la responsabilité aux niveaux politique, administrative, sociale, civile et pénale.

Cependant, le choix a été porté sur l'intervention de la justice pénale, qui du reste a connu un balbutiement.

Troisième partie

L'interventionnisme de la justice pénale dans la gestion de la débâcle du Parc Agro-industriel de Bukanga Lonzo :

Un choix en balbutiements

Cette partie porte sur l'interventionnisme de la justice pénale constitutionnelle et de la cour de cassation dans la gestion de la débâcle du Parc Agro-industriel de Bukanga Lonzo.

La question de la justice est une préoccupation quotidienne de tous les Etats modernes. La République démocratique du Congo n'est pas en reste. En instituant un « Pouvoir judiciaire » auquel elle reconnaît des prérogatives propres, assorties de la garantie de l'indépendance vis-à-vis des autres Pouvoirs classiques de l'Etat, la Constitution du 18 février 2006 a inscrit, au cœur même de la théorie de la séparation des pouvoirs, l'existence de la fonction de juger (José-Marie Tasoki Manzele, 2016 : 11).

Cette fonction de juger est précédée de la phase prejuridictionnelle où l'on retrouve le parquet disposant de la police judiciaire comme ses yeux et ses oreilles. C'est dire que la justice répressive remplit trois fonctions : à savoir : l'enquête (qui consiste en une activité judiciaire de recherche des preuves, activité qui permet de dégager la responsabilité pénale de l'auteur de l'infraction[132]) ; les poursuites (qui relèvent de l'apanage du Ministère public ayant le pouvoir de déclencher, d'exercer l'action publique et de veiller à l'exécution des jugements[133]) ; et le jugement (à l'occasion duquel, le tribunal compétent examine le bien fondé des accusations portées contre la personne coupable et se prononce sur sa responsabilité pénale ou non par une décision au fond[134]).

A ces trois fonctions correspondent trois organes, qui concourent à une même fin ; à savoir : la police judiciaire, le parquet et les cours et tribunaux.

A cet effet, dans le cadre de cette partie, il est question d'analyser le choix de l'interventionnisme de la justice constitutionnelle et de la cour de cassation dans le cadre de la première prise en charge judiciaire des situations-problèmes remarquées dans le cadre du projet de l'agro-industrie de Bukanga Lonzo alarmées par les médias, dénoncé par le rapport d'enquête de l'inspection générale des finances et entrainant la saisine du parquet près la cour constitutionnelle (chapitre I).

Un choix en balbutiements car l'on assistera à des tâtonnements en termes des procédures à suivre depuis l'instruction prejuridictionnelle au niveau du parquet près la cour constitutionnelle (chapitre II) et des juridictions compétentes en raison de la qualité actuelle de l'ancien premier ministre devenu sénateur d'où la saisine en amont de la cour constitutionnelle et de sa desaisine au profit de la cour de cassation, juge naturel d'un sénateur qui dans ce que nous appelons « jeu de ping pong judiciaire » va saisir à nouveau la

---

132 Lire R. MERLE et A. VITU, *Traité de droit criminel*, vol. 2, Procédure pénale, Paris, 2ème éd., Cujas, 1973, p. 132

133 Lire J. M. TASOKI MANZELE, *Cours de Procédure Pénale*, Fac. de Droit, UNIKIN, 2015-2016, p.10

134 Lire J. PRADEL, *Procédure pénale*, Paris, 14 ème éd., Cujas, 2008, p. 23.

cour constitutionnelle en interprétation de la constitution d'où le revirement jurisprudentiel ambigu qui mérite des commentaires (chapitre III).

Chapitre I

La mise en mouvement de l'action publique et le choix de la justice pénale constitutionnelle

C'est ici l'occasion avant tout pour nous de faire comprendre que la justice pénale est selon Philippe robert (1977 : 11) un système représenté comme un entonnoir muni d'étiages successifs qui sont la police, le ministère public, les juridictions de jugement et les organes d'exécution des peines. Cet ensemble institutionnel ne retient pas toute la matière première potentielle constituée des affaires qui sont suffisamment visibles et/ou renvoyées par quelqu'un aux agences répressives. Il s'opère des tris et, parmi ce qui est retenu, tout n'est pas traité de manière identique : des faits, des renseignements, des personnes s'effacent, d'autres sont mis en exergue.

En effet, chaque étiage accomplit une double fonction : de sélection et d'orientation.

La sélection est manifestée par les cas que la police renonce purement et simplement à enregistrer (et sur lesquels on n'a donc souvent aucune donnée chiffrée) ; par les cas que le ministère public ne poursuit pas, enfin par les affaires pour lesquelles intervient un acquittement. Cette fonction de sélection est surtout importante aux premiers étiages : police et ministère public.

La fonction d'orientation consiste à ventiler les cas que l'on retient selon les différents cheminements possibles pour atteindre l'étape suivante. Pour la police, par exemple, l'orientation d'une affaire consiste à choisir entre la transmission de l'affaire à la police judiciaire aux fins de poursuites et le traitement officieux que peut représenter la simple administration policière. La fonction de ventilation existe au niveau du Ministère Public quand il peut opter entre l'instruction préparatoire, le classement sans suite et la citation en jugement.

C'est comme ça que le mouvement de l'action publique ayant entrainé la saisine du parquet près la cour constitutionnelle uniquement sur trois personnes suspectes (III) commence avec les bruits des médias autour de la débâcle de Bukanga Lonzo et de ses responsables (I) obligeant l'inspection générale des finances disposant des inspecteurs à statut des officiers de la police judiciaire à enquêter sur les infractions économiques et financiers entachant la débâcle du parc agro industriel de Bukanga Lonzo et identifier ses auteurs, co-auteurs et complices. Cependant, le rapport produit par l'inspection générale des finances inculpant plus de 10 personnes comporte des points forts ainsi que des failles en termes d'incohérences et des accusations sans fondements comme nous le verrons en détails (II).

I. Les bruits des médias comme point de départ de l'alerte à la justice

Lors de son audition par la commission des lois de l'Assemblée nationale le 20 juillet 2020, le ministre de la Justice, Éric Dupond-Moretti, a affirmé que « la justice ne se rend pas dans la rue, ni sur les réseaux sociaux et ni sur les médias »135. Cette affirmation témoigne de la complexité des rapports qui

135 KOSSI Dedry *La relation entre les médias et la justice au regard du droit régional des droits de l'Homme Publié le 26/10/2020* https://www.actu-juridique.fr/administratif/la-relation-entre-les-medias-et-la-justice-au-regard-du-droit-regional-des-droits-de-lhomme/

existent entre la justice et les médias mais également de toute l'actualité du sujet.

Par ailleurs, favorisée par le développement des technologies de l'information et de la communication, l'influence des médias est aujourd'hui une réalité dans nos sociétés. Cette influence impacte divers secteurs d'activité et la justice n'échappe point à ce phénomène136. Antoine Garapon (2001 : 267) soulignait que « la presse n'a de cesse de percer les derniers secrets de la démocratie, à commencer par ceux de la justice : ce qui lui est dissimulé éveille sa curiosité et ce qui lui résiste provoque sa puissance ».

Il en va sans dire que les médias exercent un rôle au côté de la justice parmi lesquels l'on trouve celui d'alarmer la justice des faits problématiques dans la société, quant à la justice de se saisir et d'enquêter, de poursuivre, de reconstituer les faits, d'identifier les coupables et de le juger.

Il en est ainsi, du dossier du parc agro-industriel qui a été alarmé par les médias entrainant ainsi la saisine d'office de l'inspection générale des finances exerçant la mission de police judiciaire.

II. L'enquête de l'inspection générale des finances et ses failles

Etant donné que peu des chercheurs ont dissertés sur l'inspection générale des finances, il est important de traiter de son statut, de ses missions et de son encadrement juridique en contexte congolais (A) avant d'analyser son interventionnisme dans le cadre de l'enquête du PAI de Bukanga Lonzo (B). Sans oublier les critiques à relever du travail bâclé abattu ayant conduit à la saisine du parquet près la cour constitutionnelle (C)

---

136 KOSSI Dedry *La relation entre les médias et la justice au regard du droit régional des droits de l'Homme Publié le 26/10/2020* https://www.actu-juridique.fr/administratif/la-relation-entre-les-medias-et-la-justice-au-regard-du-droit-regional-des-droits-de-lhomme/

A. L'inspection générale des finances en RDC : statut, missions et encadrement juridique

En République Démocratique du Congo, les structures chargées d'effectuer le contrôle externe des Finances Publiques sont entre autres le Parlement qui effectue le contrôle politique, la cour des comptes pour le contrôle juridictionnel ainsi que le contrôle administratif exercé par l'Inspection Générale des Finances (Guy-Sylvain Mukenge Katumba, 2022 : 21.).

On peut lire que d'après la loi n° 11/011 du 13 juillet 2011 relative aux finances publiques, d'une part, aux termes de l'article 121, l'inspection générales des finances dispose d'une compétence générale en matière de contrôle des finances et des biens publics du pouvoir central.et d'autre part, aux termes de l'article 210, elle dispose de la compétence en matière de contrôle administratif des finances des provinces et des entités territoriales décentralisées.

De ce fait, elle peut accomplir toute enquête ou mission de contrôle, de vérification, de contre-vérification et de surveillance de toutes les opérations financières, en recettes et en dépenses, du pouvoir central ainsi que des organismes ou entreprises de toute nature bénéficiant de son concours financier sous forme de participation en capital, de subvention, de prêt, d'avance ou de garantie137.

Au demeurant, d'après les termes de l'article 122 , les missions de l'Inspection générale des finances sont ordonnées, selon un programme d'action annuel ou ponctuel approuvé par le ministre ayant les finances dans ses attributions, par l'inspecteur général des finances-chef de service, soit sur instruction du

137 L'article 121 la loi n° 11/011 du 13 juillet 2011 relative aux finances publiques

Premier ministre, soit sur réquisition des autorités politiques, administratives et judiciaires ou sur dénonciation des tiers.

Tout au plus, l'Inspection générale des finances a pour mission de veiller à l'application des lois et règlements qui régissent les finances publiques et à l'uniformisation des méthodes de travail. Elle est encadrée de manière spécifique par l'ordonnance n° 87-323 du 15 septembre 1987 portant création de l'Inspection Générale des Finances, en abrégé « IGF » telle que modifiée et complétée par l'ordonnance n° 20/137-b du 24 septembre 2020 modifiant et complétant en vertu duquel elle dispose d'une compétence générale et supérieure en matière d'audit et de contrôle des finances et des biens publics sur base de son article 2.

A ce titre, elle accomplit toute enquête ou mission d'audit, d'inspection, de vérification, de contrevérification et de surveillance de toutes les opérations financières, tant en recettes qu'en dépenses, du pouvoir central, des provinces et entités territoriales décentralisées ainsi que des organismes ou entreprises de toute nature, bénéficiant d'un concours financier, sous forme de participation en capital, de subvention, de prêt, d'avance ou de garantie de la part des pouvoirs publics.

Il convient de remarquer que le législateur a doté les Inspecteurs des Finances de la qualité d'Officier de Police Judiciaire à compétence spéciale, laquelle qualité permet de gérer adéquatement les infractions constatées lors des missions de contrôle. C'est dans ce cadre juridique des compétences que les inspecteurs de l'IGF ont exécuté la mission de contrôle dans la gestion de PAI de Bukanga Lonzo.

B. Le travail de l'IGF dans l'affaire de Bukanga Lonzo

Après les bruits des médias à propos de la débâcle de Bukanga Lonzo en se fondant sur le rapport Ernest Young relevant les failles conduisant aux suspicions de corruption et de détournements des deniers publics, le travail de l'IGF a consisté en l'espace de 20 jours à contrôler la gestion des finances publiques dans le cadre de l'exécution du projet de Bukanga Lonzo

Et C'est en exécution de l'ordre de mission N°50/PR/IGF/IG-CS/JAK/BOP/2020 que trois inspecteurs généraux des finances, à savoir : Thierry Mutombo, désiré Wangi Bokolonge et Dieudonné Tutondele Ntima, ont exécutés la mission auprès des ministères de l'agriculture, du portefeuille, de l'industrie, des finances, de la société africom commodities ainsi qu'auprès du parc agro industriel de Bukanga lonzo, dans la ville de Kinshasa et dans la province de Kwango.

L'objet de la mission tourne autour de : s'assurer de l'existence des études de faisabilité du projet du parc agro-industriel et examiner les conclusions ; contrôler les procédures de décaissements des fonds relatifs au projet ; s'assurer de l'effectivité de l'encaissement, par *africom commodities*, des fonds décaissés en sa faveur ; vérifier la régularité du processus de désignation du partenaire *africom commodities*, au regard des dispositions légales et règlementaires relatives aux marchés publics ; analyser le montage juridique mis en place pour la réalisation de ce projet ainsi que les obligations des parties prenantes, au regard des contreparties obtenues ; faire le rapprochement entre la hauteur des fonds décaissés et les réalisations effectives sur terrain ; contrôler la gestion des biens déjà installés sur le site ; contrôler la comptabilité d'*Africom commodities* et s'assurer du paiement des impôts dus par cette dernière à l'Etat.

Le champ temporel du contrôle a été la période de 2014 à 2020 et la méthodologie utilisée a été : de commercer à cerner la situation de sortie des fonds par le trésor public et autres institutions publiques au titre d'interventions financières pour la préparation et la mise en œuvre du projet ; de faire une descente sur le site du Parc agro industriel pour s'imprégner de l'état de lieu du projet ; de faire l'entretien pour collecter certaines informations auprès de Premier ministre honoraire, le sénateur augustin Matata ponyo, du ministre du portefeuille, du ministre de l'agriculture, de l'industrie ainsi qu'auprès des personnes trouvées sur le site ; au final, d'écrire au partenaire *africom commodities* et obtenir de lui certaines informations en rapport avec la mise en œuvre du Parc agro industriel de Bukanga lonzo.

Après analyse des données obtenues par l'IGF, les inspecteurs généraux des finances sont arrivés aux constations qui sont à catégoriser selon qu'on est au moment de la conception du projet ; le choix du partenaire et la mise en œuvre du projet.

1. Les constatations au niveau de la conception du projet du parc agro industriel de Bukanga Lonzo

Au niveau de la conception, l'équipe du contrôle de l'inspection générale arrive à constater le manque d'une étude sur la viabilité du projet ainsi que le non-respect des procédures relative à la passation des marchés publics ont été à la base de la programmation et la réalisation du projet. Pour l'équipe de contrôle, cette étude aurais permis d'avoir des données fiables sur base desquelles les plans d'affaires pouvaient être mieux élaborés en fonction des différentes phases de réalisation du projet, et ce en tenant compte des ressources disponibles.

J'évoque les constatations au niveau du choix du partenaire dans les lignes qui suivent.

2. Les constatations au niveau du choix du partenaire

Les inspecteurs notent, dans ce rapport bouclé en 2020, que parmi les causes de la débâcle, il y a le choix des partenaires qui seraient, d'après leur analyse, non expérimentés. Pour eux, au moment de la signature du contrat de gestion avec l'Etat congolais, la holding sud-africaine *Africom commodities*, chargée de la gestion du projet, n'avait que trois ans d'existence.

Bien plus, selon les enquêteurs, ce recrutement d'*Africom commodities* s'est déroulé en violation de la procédure de passation des marchés publics. Il s'est opéré de gré à gré et sans l'autorisation de la direction générale de contrôle des marchés publics.

Il y a aussi les constatations au niveau de la mise en œuvre du projet de Bukanga Lonzo.

3. Les constatations au niveau de la mise en œuvre du projet du parc agro industriel de Bukanga Lonzo

Selon l'IGF, avec le décaissement de l'Etat, ce projet aurait pu s'autofinancer à partir de la deuxième année mais il a été plombé notamment, ajoutent-ils, par des cas de détournements et de surfacturation ainsi que par l'opacité dans la gestion.

Pour l'IGF, l'auteur intellectuel de cet échec, c'est l'ancien Premier ministre

Ce qu'il faut bien voir, il y a des points acceptables ainsi que des faibles du rapport de l'IGF sur la débâcle de Bukanga Lonzo quant à la responsabilité des acteurs.

C. Les points acceptables et faibles du rapport de l'IGF à propos de la débâcle de Bukanga Lonzo, ses acteurs et leurs responsabilités

En analysant le rapport de l'inspection générale des finances sur le projet de Bukanga Lonzo, il y a lieu de relever qu'il y a des points acceptables, mais aussi des points contenant des faiblesses à relever.

1. Les points acceptables du rapport de l'Inspection générale des finances

Le rapport de l'inspection générale des finances quoique teinté des failles comme nous le verrons, comporte néanmoins des points acceptables qui peuvent être épinglés.

Par ailleurs, il convient de relever que ces points qui sont acceptables, ont été épinglés par le rapport Ernst et Young. Il s'agit de la constatation des irrégularités à propos des marchés publics ainsi que de certaines surfacturations des prix voire des failles dans la gouvernance d'*africom commodities*, pour ne citer que ceux-là.

Pour d'autres points, l'impression qu'on a du travail de l'IGF réalisé en l'espace de 20 jours c'est celui d'un travail bâclé et dans la précipitation ce qui empêche l'analyse ainsi que la découverte de certaines autres pistes. Au demeurant, là où le bât blesse encore avec le rapport de l'IGF se trouve au niveau de certaines affirmations et conclusions nos cohérentes. Il convient de relever les failles.

2. Les failles du rapport de l'Inspection générale des finances

Sans remettre en question totalement le rapport de l'inspection générale des finances sur la débâcle de Bukanga lonzo réalisé après une mission de 20 jours de ces inspecteurs qui du reste a été loué ci-haut par rapport à ces points forts, les failles qu'on peut relever du rapport de l'IGF tourne autour des incohérences pour ne pas dire des propos mensongers ainsi que la non prise en compte de la gestion d'après Matata ponyo tout en relevant l'implication du ministre honoraire Henri Yav dans la réalisation du parc agroindustriel de Bukanga, cet état des choses fait en sorte que le rapport de l'IGF soit vu d'un œil orienté et politisé.

a. Les failles en termes des incohérences ou des accusations sans fondements

De manière liminaire, la première incohérence concerne l'affirmation taxant le bureau du premier ministre d'avoir détourné 7,9 millions de dollars américains destiné à l'achat d'une machine (Ultimate Building Machine, UBM) alors qu'une note du Ministre du ministre de l'industrie, datant du 27 mars 2019 et adressée au président de la République confirme pourtant que la machine « Ultimate Building Machine » (UBM) a été bel et bien achetée. Une mission réalisée par le ministère de l'Industrie, le lundi 23 octobre 2017, a certifié que l'équipement acquis auprès de MIC Industries Inc était bien conservé dans les conteneurs à Bukanga Lonzo.

La deuxième incohérence concerne l'affirmation de l'IGF suivant laquelle, elle pense qu'il n'existe pas d'étude de faisabilité proprement dite sur le Parc Agro-Industriel de Bukanga Lonzo, hormis le master plan d'une part, et que le premier ministre honoraire était le concepteur et le planificateur du projet. Cependant, dans la vérité des faits, c'est plutôt un cabinet composé des experts internationaux qui est intervenu dans le processus de conception ainsi que de planification produisant ainsi en plus du plan d'affaires pour les 2 premières phases du projet , des études pour garantir le succès de ce projet, dont : Le Master plan du site de Bukanga Lonzo138 : l'analyse topographique, agronomique, architecturale et du marché ; l'Analyse détaillée du sol; le Plan d'affaires ; l'Analyse financière par KPMG ; l'Étude de réalisation de la sous-station électrique et l'étude environnementale associée ; l'Étude d'impacts environnemental et social pour la partie de production agricole et l'Étude socio-économique de la population établie sur les sites.

138 Le master plan était soumis à KPMG pour évaluation et raffinement. Le rapport de KPMG est aussi disponible

D'ailleurs, comme relevé au second chapitre de la deuxième partie de cet ouvrage, les résultats des études faites que l'IGF qualifie de non proprement dite, ont produit les mêmes résultats que l'étude réalisée en 2018 pour la relance du parc agro industriel de Bukanga Lonzo sous le financement de la BAD par la Cellule de Coordination de l'Etude de Faisabilité pour le Développement des Parcs Agro-Industriels, un organe technique du ministère de l'agriculture, pèche et élevage.

Au final, comme relevé dans le point relatif à l'initiative ainsi que la mise en corps du projet, seule l'initiative du projet des parcs agro-industriels a été l'œuvre de la primature de Matata ponyo. Cependant, sa conception ainsi que sa planification, des matières techniques et financières, ont été l'œuvre d'un cabinet composé des experts internationaux.

La troisième incohérence concerne l'affirmation de l'IGF suivant laquelle « tout au long du cycle de vie du projet, le premier ministre honoraire Matata Ponyo au moins à travers soit son « Bureau » qui était le centre de gestion et d'engagement de toutes les dépenses du projet de Bukanga Lonzo, soit directement, ou indirectement à travers le Ministre-Délégué auprès du Premier Ministre, chargé des Finances, qui dépendait totalement de ce dernier ».

Cette accusation est incohérente dans la mesure où le 70 pour cent des paiements effectués en faveur du projet de Bukanga Lonzo ont été réalisés après novembre 2014, c'est-à-dire au moment où Mr. Patrice Kitebi Kibol Mvul n'était plus Ministre-délégué auprès du Premier Ministre Honoraire, chargé des Finances. En réalité, le projet du PAI BL était lancé en juillet 2014. Et 5 mois plus tard, en décembre 2014, avec le remaniement du gouvernement, il n'y avait plus de Ministre-Délégué auprès du Premier Ministre, chargé des Finances. Monsieur Kitebi n'était pas membre du gouvernement Matata II.

Par ailleurs, l'engagement en finances publiques dénote l'opération par laquelle une personne morale soumise aux règles de la comptabilité publique crée ou constate à son encontre une obligation de laquelle il résultera une dépense. De ce fait, considérer « le Bureau du Premier Ministre honoraire » comme « le centre de gestion et d'engagement de toutes les dépenses du projet » n'est pas malhonnête. En outre, les lettres d'autorisations des paiements qui émanent de la Primature, dont la nature des dépenses est fondamentalement liée à certains paiements spécifiques n'ayant pas trait à des dépenses courantes, représentent moins de 5 pour cent. De ce fait, se baser sur ces correspondances pour conclure que la Primature était un centre de gestion et d'engagement de toutes les dépenses du projet est une démarche fondamentalement biaisée.

Outre ces incohérences, la lecture du rapport de l'IGF nous laisse croire qu'il s'agit d'un rapport orienté à cause du simple faite que les inspecteurs ne se penchent pas sur la question de la gestion après Matata ponyo comme premier ministre et d'après Kitebi comme ministre délégué aux finances.

b. Les failles dans la non prise en compte des actes de gestion d'après Matata

Ici, lorsqu'on parle de ne pas prendre ne compte des actes de gestion d'après Matata ponyo, l'on fait référence à la double casquette jouée c'est-à-dire celle d'être premier ministre et d'avoir un ministre délégué aux finances et celle d'être premier ministre sans ministre délégué aux finances.

En effet, par rapport à la première casquette, cette situation est tombée avec l'avènement d'un ministre des finances Yav Mulang du mois de décembre 2014 au mois de novembre 2016. Tandis que la seconde casquette est tombée avec sa démission commandée au profit d'un autre premier ministre issu du dialogue organisé par Eden Kodgo, à savoir : samy badibanga nommée en décembre 2016.

En lisant minutieusement le rapport de l'IGF, nulle part, les inspecteurs prennent en compte ces aspects pour mener une enquête holistique. L'impression que laisse le rapport est celui de vouloir fermer les yeux à certaines pistes en ce qui concerne la découverte des possibles détournements des deniers publics et de l'identification de leur coupable et de n'ai voir que la personne du premier ministre honoraire, raison pour laquelle ce dernier s'est plaint publiquement de cette enquête comme une enquête visant sa tête quoique dans cette enquête l'on fait mention d'autres personnes pointées du doigt , à savoir : la sénatrice Ida kamonji, directrice générale du PARCAGRI S.A et conseillère du premier ministre honoraire Matata ponyo ; la députée louise munga, ministre du portefeuille honoraire ; Mr. Matondo Mbungu, directeur général du Bureau de coordination (Bceco) et la société AEE power S.A. ; Mr Patrice Kitebi, ancien ministre délégué honoraire des finances auprès du Premier Ministre honoraire Matata Ponyo, *Africom commodities* représenté par son administrateur Mr. Christo Grobler ; Desticlox, représenté par Mr. Christo Grobler et Peter Vinter ; Mr. Mbienga Kayengi, comptable public principal ; la députée Lumbu Kiala, comptable public principal honoraire ; Mr. Vital Kamerhe propriétaire d'une ferme ; Mr. Mayele prétendu chef de terre de Tskundi ; Alias Tigre, ex chef de sécurité du Parc agro industriel de Bukanga Lonzo ; le colonel Ramazani, commandant district Kwango et le commandant joli s/ciat de Baringa-lukuba

Au final, ce rapport conduira à la saisine du parquet près la cour constitutionnelle qui à son tour va procéder à une instruction.

III. La saisine du parquet général près la cour constitutionnelle

Comme relevé ci-haut, le parquet général près la Cour constitutionnelle remplit, auprès de cette juridiction, les fonctions du Ministère public139. Il est placé sous l'autorité du Procureur général près la Cour, assisté d'un ou

139 Article 12 de la Loi organique sur la Cour constitutionnelle.

plusieurs premiers avocats généraux ou avocats généraux. Le Procureur général assiste à toutes les audiences de la Cour. Il est principalement chargé, en matière pénale, de mettre en mouvement l'action publique contre le président de la République et le Premier ministre, qui, aux termes des articles 163 à 167de la Constitution, sont pénalement justiciables de la Cour constitutionnelle pour des infractions politiques de haute trahison, d'outrage au parlement, d'atteinte à l'honneur ou à la probité ainsi que pour les délits d'initié et pour les autres infractions de droit commun commises dans l'exercice ou à l'occasion de l'exercice de leurs fonctions. De même, cette même haute juridiction est compétente à l'égard des complices et co-auteurs du président de la République et du Premier ministre.

Conclusion

Sur cette base et étant donné que l'inspection générale des finances n'a de statut que comme celui de la police judiciaire, le travail abattu par elle n'a été qu'un travail d'enquête préliminaire qui devait être complété par l'autorité ayant la charge des poursuites, en l'occurrence le parquet.

Cependant, le choix de saisir le parquet général près la cour constitutionnelle a été opérée par l'IGF dans la mesure où cette institution part du fait que l'auteur intellectuel et principal des possibles détournements des deniers publics est le sénateur Matata ponyo qui avait au moment des faits la qualité de premier ministre.

Et l'on verra le parquet général près la cour constitutionnelle faire la sélection des acteurs et ne poursuivre que le sénateur matata ponyo, premier ministre honoraire ; Monsieur Kitebi, ancien ministre délégué auprès du premier ministre chargé des finances et monsieur Christo Grobler, administrateur d'*africom commodities* ltd.

Chapitre II

L'instruction au parquet près la cour constitutionnelle et les obstacles à l'exercice de l'action publique : une tâche rude conduisant à la triche

Bien avant d'amorcer la phase pré-juridictionnelle au sujet de l'affaire de Bukanga lonzo, l'entame au niveau du parquet près la cour constitutionnelle a été l'affaire de l'OGEDEP où l'ancien premier ministre Matata ponyo est accusé au sujet des biens zaïrianisés (I). Cependant, le procureur prés cette cour constitutionnelle a été buté à des obstacles à l'exercice de l'action publique qui sont de deux ordres selon nous : à savoir : l'injusticiabilité d'un Ancien Premier Ministre consacrée à la suite des failles de la constitution d'une part, et de la qualité de sénateur, d'autre part (II) qui du reste ont été contournés en violation de la loi au profit d'une fixation de l'affaire devant la cour constitutionnelle (III).

I. Le parquet près la cour constitutionnelle et l'affaire dite de « Zaïrianisation » dénoncée par la direction générale des dépenses publiques

Devant le parquet près la cour constitutionnelle, le premier ministre honoraire Matata ponyo n'a pas fait l'objet des poursuites judiciaires uniquement dans le cadre du dossier de Bukanga Lonzo, mais aussi dans le cadre d'un autre dossier distinct celui dit « de la Zairianisation ».

En effet, il s'agit d'une affaire liée au dédommagement des victimes de la "zaïrianisation". L'affaire remonte aux années 1970 sous le maréchal Mobutu Sese Seko. Le gouvernement de ce qui s'appelait à l'époque le Zaïre prend une série de mesures économiques qui conduisent à l'expropriation de certains immigrés.

Plus de 300 personnes étaient concernées par cette affaire. A l'époque, Augustin Matata Ponyo était à la tête du ministère des Finances.

Et la justice reproche à l'ancien Premier ministre d'avoir *"payé plus de 110 millions de dollars à des créanciers fictifs, victimes de la zaïrianisation des entreprises étrangères"* lorsqu'il était au gouvernement.

Compte tenu de la qualité de sénateur qui protège Matata ponyo, le procureur général près la cour constitutionnelle avait sollicité du bureau du sénat, l'autorisation d'instruction en précisant qu'au cas où les faits s'avéraient établis, il reviendrait pour solliciter l'autorisation de lever les immunités en même temps que celle de poursuites en vue de le déférer devant son juge naturel.

D'après le réquisitoire du Procureur Général près la cour constitutionnel Mukoko, l'ancien premier Ministre aurait activé des paiements irréguliers sur de dossiers remontant à l'époque de la zaïrianisation.

Les ordres de paiement informatisés (OPI) détenus par le parquet général près la Cour constitutionnelle sont de l'ordre de 110 907 681,88 USD et 27 894 707,92 euros, soit 143,9 millions $ effectués sous le mode de paiement « ordre de virement », sur ordre de Matata Ponyo entre 2012 et septembre 2013, alors que la Direction générale de la dette publique (DGDP) ne retrace aucun dossier de ces présumées victimes de la zaïrianisation.

« Ceci est probablement une partie, étant donné que nous n'avons pas eu accès à tous les dossiers de remboursement. Certains mandataires interrogés n'ont pas avoué connaître les créanciers qu'il représentait dans cette opération », souligne le procureur.

Ancien Ministre des finances de joseph Kabila, avant de devenir premier Ministre, Matata Ponyo aurait signé plusieurs protocoles d'accord avec des créanciers fictifs.

En 2011 par exemple, révèle le procureur, l'ancien Ministre des Finances de Joseph Kabila aurait signé plusieurs protocoles d'accords avec ceux qu'il va appeler les anciens propriétaires Italiens, portugais, juifs, Grec, et autres des biens zaïrianisés, représentés par Monsieur Victor Manuel Alves pour les uns et Anne Christine Kaufman pour les autres, les sieurs Bredorode, Gabriel Madua, le Cabinet de Wolf, Shipyard, SA Cooper, Atenor et ONDD DUCROIRE, qui représentaient les intérêts des 300 créanciers.

Y faisant suite, le sénat a, non seulement accordé l'autorisation des poursuites, mais aussi levé les immunités de l'honorable sénateur augustin Matata Ponyo Mapon.

Après audition, le sénateur Augustin Matata ponyo a été placé sous résidence surveillée.

Un jour après s'être rendu compte de l'évidence que les faits lui reprochés n'étaient pas établis, le Parquet général a levé cette détention purement et simplement et aucune suite n'a été réservée à ce dossier.

C'est ainsi que le procureur s'est tourné vers un autre dossier celui des soupçons de détournements des deniers publics dans le cadre du PAI de Bukanga lonzo reproché principalement à Matata ponyo à l'époque où il était premier ministre, malgré le refus de la plénière du Sénat d'autoriser les poursuites contre l'ancien Premier Ministre.

Cependant, là encore la tâche est rude à cause de l'injusticiabilité consacrée d'un ancien premier ministre pour les faits commis à l'occasion de ses fonctions ainsi que l'obstacle lié à la qualité de sénateur.

II. L'injusticiabilité et la qualité de sénateur comme obstacles à l'exercice de l'action publique

La tâche n'a pas été facile au procureur près la cour constitutionnelle face à l'ancien premier ministre Matata ponyo devenu sénateur dans la mesure où il a été confronté à deux obstacles, à savoir : l'injusticiabilité découlant des failles de la constitution (A) et la qualité de sénateur (B).

A. L'injusticiabilité des anciens premiers ministres découlant des lacunes dans la constitution du 18 février 2006

Ici, il y a lieu de discuter des failles dans la constitution congolaise à propos de la répression des anciens présidents de la république et premiers ministres.

La compétence des juridictions congolaises pour juger un Président de la République et un Premier Ministre, est prévue par les dispositions des articles 164 de la Constitution du 18 février 2006, 72 et 108 de la loi organique n° 13/026 du 15 octobre 2013 portant organisation et fonctionnement de la Cour Constitutionnelle.

En effet, la constitution en son article 164 susvisé, proclame que : « la Cour Constitutionnelle est le juge pénal du Président de la République et du Premier Ministre pour des infractions politiques de haute trahison, d'outrage au Parlement, d'atteinte à l'honneur ou à la probité ainsi que pour les délits d'initié et pour les autres infractions de droit commun commises dans l'exercice ou à l'occasion de l'exercice de leurs fonctions. Elle est également compétente pour juger leurs co-auteurs et complices ».

En commentaire à cet article, jacques Mbokani (2023 : 54) relève que « L'une des particularités de la Constitution de la République démocratique du Congo (RDC) promulguée le 18 février 2006 2 est d'avoir aligné le statut pénal du Premier ministre (PM), non pas sur celui des membres du gouvernement dont il est le chef, mais sur celui du président de la République (ci-après, le « président ») qui le nomme ».

Cependant, l'article 108 de la loi organique ci-haut référencé dispose par contre que « pour des infractions commises en dehors de l'exercice de leurs fonctions, les poursuites contre le Président de la République et le Premier Ministre sont suspendues jusqu'à l'expiration de leur mandat.

La prescription de l'action publique est suspendue. La juridiction compétente est celle de droit commun ».

Par ailleurs, la Cour de Cassation a arrêté que : « bénéficie du privilège de juridiction et est justiciable de la Cour d'Appel, le prévenu ancien magistrat auteur des infractions commises dans l'exercice ou à l'occasion de l'exercice de cette fonction 140».

Il ressort de la lecture intelligible de ces deux dispositions, la logique suivante : Primo : pour des actes posés dans l'exercice ou à l'occasion de l'exercice de leurs fonctions, le Président de la République et le Premier Ministre sont justiciables de la Cour Constitutionnelle141 pour autant qu'ils soient en fonction.

Secundo : Pour des actes posés en dehors de l'exercice de leurs fonctions (par exemple, il peut arriver au chef de l'Etat de commettre un viol sur mineur dans

140 CSJ. RPA 67. 28/CR, 2 mars 1987, MP/Ngo, s'he, Gba, Rjz, n° 1.2.3 1988, pp.15-19, in bulletin des arrêts CSJ, 1980-1984.

141 Article 164 de la constitution du 18 février 2006

sa résidence privée), les poursuites seront suspendues jusqu'à l'expiration de leur mandat.

La prescription est dans ce cas, suspendue et les poursuites ne seront entamées qu'après cessation de leur mandat et cette fois-là, devant les juridictions de droit commun.

Il va sans dire que pour toutes les infractions commises dans l'exercice ou à l'occasion de l'exercice de leurs fonctions par Messieurs Joseph KABILA, MUZITO, MATATA, BADIBANGA, TSHIBALA et ILUNKAMBA, et qui n'ont pas fait l'objet des poursuites pendant qu'ils étaient en fonction, sont à ce jour, éteintes des poursuites pénales et prescrites.

Au demeurant, cette extinction est expresse pour un ancien Président de la République en vertu de l'article 7 de la loi n° 18/021 du 26/07/2018 portant statut des anciens Présidents de la République élus et fixant les avantages accordés aux anciens chefs des corps constitués qui dispose : « Tout ancien Président de la République élu jouit de l'immunité des poursuites pénales pour les actes posés dans l'exercice de ses fonctions ».

Mais, néanmoins, s'il existe des faits infractionnels perpétrés en dehors de l'exercice de leur fonction, la juridiction compétente sera le Tribunal matériellement compétent et ce, tenant compte du taux de la peine.

Il en est des cas d'abus de confiance ou d'escroquerie qui peuvent être retenus à charge de ces autorités et elles peuvent être jugées devant le Tribunal de Paix.

Nous sommes tentés de conclure humblement qu'à ce jour, aucune juridiction congolaise de Droit Commun n'est compétente pour juger Messieurs Joseph KABILA, MUZITO, MATATA, BADIBANGA, TSHIBALA et ILUNKAMBA pour des faits infractionnels commis dans l'exercice ou à l'occasion de l'exercice de leurs fonctions de Président de la République et Premier Ministre.

Il en ressort que le dossier de Bukanga lonzo révèle les failles de la constitution relative à la répression des anciens chefs d'Etat et premiers ministres et notre vœu le plus pieux est celui de la correction de cette situation au niveau constitutionnel par le détenteur du pouvoir constituant dérivé, à savoir : le parlement.

Outre cet obstacle, se trouve un autre applicable directement au cas de l'avant procès de Bukanga Lonzo, à savoir : la qualité du sénateur au moment des poursuites de MP.

B. La qualité du sénateur comme obstacle à l'exercice de l'action publique

Si la démarche est d'instruire un dossier responsabilisant un ancien premier ministre, la donne semble moins facile dès lors que cet ancien premier ministre est au moment des poursuites une personne revêtue de la qualité de sénateur.

Cette situation fait appel à plusieurs interrogations à propos de la procédure à suivre et du juge à saisir.

En effet, au moment des poursuites, M. Matata est sénateur. En cette qualité, il est justiciable de la Cour de cassation142. Par ailleurs, lorsque le Sénat est en session, il bénéficie d'une immunité des poursuites qui ne peut être levée que par l'assemblée plénière du Sénat 143(jacques Mbokani, 2023 : 55).

En revanche, au moment des faits allégués, M. Matata était PM. Cette qualité le rendait justiciable de Cour constitutionnelle144 et lui faisait bénéficier d'un

---

142 Art. 153, al. 3, de la Constitution congolaise.
143 Art. 107, al. 2, de la Constitution congolaise.
144 Art. 163 de la Constitution congolaise.

régime spécial des poursuites puisque celles-ci devaient être décidées par un vote des deux tiers des membres du Parlement réunis en Congrès (Assemblée nationale et Sénat)145. Il se posait alors la question de savoir quelle était la juridiction compétente pour poursuivre un ancien PM devenu sénateur pour des infractions qu'il aurait commises en tant que PM. La détermination de la juridiction compétente soulevait à son tour la question de savoir quel organe était habilité à décider de telles poursuites : était-ce le ministère public sur autorisation du Sénat ou le Parlement réuni en congrès ? (jacques Mbokani, 2023 : 55)

La fixation de l'affaire devant la cour constitutionnelle comporte de l'ambiguïté à l'ambivalence que je signale au point suivant.

III. La fixation de l'affaire devant la cour constitutionnelle : de l'ambiguïté à l'ambivalence

La cour constitutionnelle, instituée par la Constitution congolaise du 18 février 2006, est une juridiction de haut rang avec un ordre constitutionnel unique qui, pour sa saisine, nécessite l'observance d'un certain nombre des règles procédurales. Avant de relever la manière dont l'affaire de Bukanga Lonzo a été fixée devant la cour constitutionnelle, qu'il nous soit permis de relever le particularisme de la saine de la cour constitutionnelle en RDC.

A. La cour constitutionnelle et le particularisme de sa saisine en R.D.C.

De par son essence conceptuelle, la Cour constitutionnelle est « une juridiction en charge du respect de la constitution, qui contrôle en particulier la constitutionnalité des lois et *veille ainsi au respect des droits fondamentaux* » (S. Guinchard et T. Debard, 2018 : 561).

145 Art. 166, al. 1er, de la Constitution congolaise.

A cette définition, il faut ajouter la dimension spéciale qu'on a conféré à la cour constitutionnelle congolaise, celle d'être un juge pénal du Président de la République et du Premier Ministre. Hormis, cela, en RDC, la cour constitutionnelle a reçu de la part de la constitution deux autres compétences de tel enseigne qu'elle peut être saisie pour exercer soit la compétence comme une autorité constitutionnelle, soit la compétence comme véritable juge constitutionnel (P. Pactet et F. Melin-Soucramanien, 2006 : 505-507.).

A ces trois catégories des compétences, existent trois catégories des règles de saisine qu'il convient d'étayer : en tant qu'une autorité constitutionnelle, comme juge constitutionnel et juge pénal.

1. La saisine de la cour constitutionnelle en tant qu'une autorité constitutionnelle

En tant qu'autorité constitutionnelle, la Cour ne vient pas organiser un procès constitutionnel visant à vider un litige d'application ou d'interprétation d'une disposition contenue dans la Constitution (Balingene Kahombo, 2011 : 10). Le professeur Jean-Louis Esambo Kangashe (2010 : 257), ancien juge à cour constitutionnelle, parle de « la cour constitutionnelle comme autorité constitutionnelle en termes de l'intervention de la cour constitutionnelle en matière non contentieuse où elle ne tranche pas un conflit porté ou susceptible de lui être soumis, mais plutôt, se limite à constater si le fait ou la situation juridique est ou non conforme à la Constitution ».

Simplement, elle accomplit un certain nombre d'activités nécessaires au bon fonctionnement d'un Etat de droit démocratique (Balingene Kahombo, 2011 : 10), à savoir : la prorogation du délai électoral en cas de force majeure146; la proclamation des résultats des élections présidentielles et législatives

146 Article 76, alinéa 4 de la Constitution de la RDC

nationales[147]; la réception du serment du Président de la République[148] et des membres du Bureau de la Commission électorale nationale indépendante (CENI)[149]; la réception de la déclaration écrite du patrimoine familiale du Président de la République, des membres du Gouvernement [150] et des membres du Bureau de la CENI, et sa communication à l'Administration fiscale; la déclaration de vacance à la Présidence de la République pour cause d'empêchement définitif du Président de la République[151]; la proclamation, en cas de condamnation pénale, de la déchéance du Président de la République ou du Premier ministre[152].

La cour constitutionnelle est aussi juge constitutionnel comme je le rappelle.

2. La saine de la cour constitutionnelle en tant que juge constitutionnel

En sa qualité de véritable juge constitutionnel, la Cour statue d'abord sur le contentieux électoral[153]. Compte tenu de la variabilité de ce contentieux, la Cour constitutionnelle agit es qualité en tant que juge électoral. Elle ne détient pas le monopole de compétence dans ce domaine, car d'autres juges électoraux se situent à différents degrés du pouvoir judicaire. Cinq types de contentieux électoraux doivent être distingués : le contentieux référendaire, celui de l'inscription sur les listes électorales, le contentieux des candidatures, celui des résultats et le contentieux répressif. Ce dernier a précisément pour objet la répression des infractions pénales commises en relation avec la tenue du processus électoral. En tant qu'il est soumis aux règles et principes de droit pénal, il échappe normalement à la compétence de la Cour constitutionnelle.

---

147 Article 72 de la Loi électorale du 09 mars 2006

148 Article 74 de la Constitution de la RDC

149 Article 20 de la Loi organique n°10/013 du 28 juillet 2010 portant organisation et fonctionnement de la Commission électorale nationale indépendante.

150 Article 99 de la Constitution de la RDC

151 Article 76, alinéa 1 de la Constitution de la RDC

152 Article 167, alinéa 1 de la Constitution de la RDC

153 Article 161, alinéa 2 de la Constitution de la RDC

Il en est de même du contentieux de l'inscription sur les listes électorales, qui relève des attributions du Président du Tribunal de paix ou du Tribunal coutumier du ressort (Balingene Kahombo, 2011 : 11). Cependant, la Cour constitutionnelle peut statuer sur les autres types de contentieux. Elle a même le monopole du contentieux référendaire154; en revanche, elle statue en partie sur les contentieux des candidatures et des résultats, sa compétence étant limitée à l'examen des litiges liés à la déclaration de candidature et à la contestation des résultats pour les élections présidentielles et législatives (députation nationale et sénat).

La Cour statue ensuite sur les conflits de compétences entre le pouvoir législatif et le pouvoir législatif ainsi qu'entre l'Etat et les provinces155. Peut se rattacher à ce type de conflits, le conflit d'attribution entre les juridictions de l'ordre judiciaire et celles de l'ordre administratif. En ce cas, le rôle de la Cour constitutionnelle est comparable à celui du Tribunal des conflits en France. Elle connaît dès lors des recours contre les arrêts rendus par la Cour de cassation et le Conseil d'Etat en tant qu'ils se prononcent sur l'attribution du litige aux juridictions de l'ordre judiciaire ou administratif (Balingene Kahombo, 2011 : 11).

La Cour constitutionnelle est également juge de l'interprétation de la Constitution156. A cette compétence générale se rattachent deux pouvoirs spécifiques. En effet, il appartient à la Cour de déclarer, d'une part, si une matière est ou non de caractère réglementaire157 ou du domaine de la loi158, et, d'autre part, si l'ordonnance du Président de la République prise en période

154 Article 161, alinéa 2 in fine de la Constitution de la RDC
155 Article 161, alinéa 3 de la Constitution de la RDC
156 Article 161, alinéa 1 de la Constitution de la RDC
157 Article 128, alinéa 2 de la Constitution de la RDC
158 Articles 122 et 123 de la Constitution de la RDC

exceptionnelle (état d'urgence ou état de siège) déroge ou non à la Constitution159.

Enfin, la Cour statue sur le conflit des normes. Sur ce point, la Constitution distingue : le contrôle de constitutionnalité des traités internationaux160, des lois nationales et actes ayant force de loi161, des règlements intérieurs des chambres parlementaires, du Congrès, de la Commission électorale nationale indépendante (CENI) ainsi que du Conseil supérieur de l'audiovisuel et de la communication (CONSAC)162. Il convient d'ajouter à ces actes les édits provinciaux, conformément à l'article 73 de la Loi n°08/012 du 31 juillet 2008 portant principes fondamentaux relatifs à la libre administration des provinces (Balingene Kahombo, 2011 : 21).

La cour constitutionnelle dispose aussi d'une compétence en tant que juge pénal. A cet effet, il existe des règles de saisine.

3. La saisine de la cour constitutionnelle en tant que juge pénal

Comme juge pénal, la Cour constitutionnelle organise un véritable procès au sens privatiste du terme, réglé essentiellement par le droit privé judiciaire. Elle juge ainsi, en premier et dernier ressort, le Président de la République et le Premier ministre, ainsi que leurs co-auteurs et complices (Balingene Kahombo, 2011 : 11).

A côté de cette cour, pour l'exercice de l'action pénale, l'on a institué un parquet général qui dispose seul du monopole de la saisine de la cour constitutionnelle en matière pénale. Cependant, cette instruction est appelée à respecter les règles procédurales en la matière ; à savoir : adresser au Président de l'Assemblée Nationale et au Président du Sénat une requête aux fins

159 Article 145 *in fine* de la Constitution de la RDC
160 Article 216 de la constitution de la RDC
161 Articles 124, 139 et 160, alinéa 1, 2 et 3 de la constitution de la RDC
162 Article 160, alinéa 2 de la constitution de la RDC

d'autorisation des poursuites si le Procureur Général estime devoir poursuivre le Président de la République ou le Premier Ministre163 ; À la clôture de l'instruction pré juridictionnelle, le Procureur Général adresse un rapport au Président de l'Assemblée Nationale et au Président du Sénat, éventuellement accompagné d'une requête aux fins de solliciter du Congrès la mise en accusation du Président de la République ou du Premier Ministre164 ; Dans le cas où le Congrès adopte la résolution de mise en accusation, le Procureur Général transmet le dossier au Président de la Cour par une requête aux fins de fixation d'audience165.

Cependant, dans le cas de l'affaire de Bukanga Lonzo, le parquet général buté aux obstacles issus du vide en ce qui concerne la question des anciens premiers ministres, voulant poursuivre Matata ponyo en cristallisant les faits au moment où il était premier ministre en fonction n'a pas su réussir à respecter ces conditions, on le verra , cet état des choses va lui rattraper et donnera à la défense des moyens de solliciter l'irrecevabilité de son action.

La fixation du cas de Bukanga Lonzo devant la cour constitutionnelle est une ambiguïté qui mène à l'ambivalence comme je le signale dans les lignes suivantes.

B. La fixation de l'affaire de Bukanga Lonzo devant la cour constitutionnelle : une ambigüité conduisant à une ambivalence

Face au double obstacle à l'exercice de l'action publique à savoir : d'une part, l'injusticiabilité et d'autre part, la qualité de sénateur ; le procureur général près la cour constitutionnelle l'unique autorité à saisir la cour constitutionnelle

163 Article 101 de la loi organique n° 13/026 du 15 octobre 2013 portant organisation et fonctionnement de la Cour Constitutionnelle

164 Article 103 alinéa 1er de la loi organique n° 13/026 du 15 octobre 2013 portant organisation et fonctionnement de la Cour Constitutionnelle

165 Article 103 alinéa 2eme de la loi organique n° 13/026 du 15 octobre 2013 portant organisation et fonctionnement de la Cour Constitutionnelle

pour poursuivre soit le président de la république soit le premier ministre, a adopté une approche teintée d'une certaine ambiguïté, à savoir : il a retenu le critère de la qualité de l'accusé au moment des faits (PM) pour déterminer la juridiction compétente (Cour constitutionnelle). Tandis que, concernant le régime des poursuites, il a retenu la qualité de l'accusé au moment des poursuites et s'est adressé, en conséquence, au Sénat pour en obtenir l'autorisation (jacques Mbokani, 2023 : 55).

Conclusion

Comme nous le verrons dans le chapitre qui suit, cette ambigüité conduira à une ambivalence de procédure d'instruction juridictionnelle aux allures métaphoriques de Ping pong judicaire, premièrement devant la cour constitutionnelle, ensuite devant la cour de cassation et pour revenir encore devant la cour constitutionnelle avec comme conséquence, un revirement de jurisprudence ayant pour cause les failles de la constitution qui consacre une certaine forme d'impunité institutionnelle.

Déjà à ce niveau, il y a un sérieux problème qui se pose car en droit pénal, tout ce qui doit être appliqué à un prévenu doit préalablement être prévu, et il ne peut pas se voir être appliqué deux règles distinctes, car cette procédure violerait les droits de la défense reconnue à celui-ci.

A présent, abordons la question relative à cette instruction juridictionnelle devant la cour constitutionnelle et la cour de cassation qui apparaît comme un jeu de Ping pong au prisme des failles de la constitution : c'est la matrice du chapitre suivant.

Chapitre III

L'instruction juridictionnelle devant la cour constitutionnelle et la cour de cassation : Un jeu de Ping pong au prisme des failles de la constitution

Arrivé devant la cour constitutionnelle, l'affaire de Bukanga s'inscrit dans les annales de la justice pénale constitutionnelle en RDC, une première depuis que se sont succédé les différentes cours constitutionnelles en RDC (I), ce qui est encore plus historique, c'est la décision que va rendre la cour constitutionnelle devant les exceptions soulevées au sujet de sa compétence révélant les failles de la constitution à propos des poursuites des anciens premiers ministres pour des faits commis durant l'exécution de leur fonction (II), une occasion en or pour la cour de cassation d'assurer l'instruction juridictionnelle en raison du statut de sénateur au moment des poursuites mais rattrapé par les failles constitutionnelles l'obligeant à saisir la cour constitutionnelle cette fois si en interprétation des articles 165 et 166 de la constitution (III), au final, l'on assistera à un revirement jurisprudentiel qu'il convient de commenter avec les lunettes juridiques (IV).

I. Une première affaire inculpant un ancien premier ministre devenu sénateur dans l'histoire de la justice congolaise

L'histoire de la justice pénale constitutionnelle en R.D.C a été marquée par une première affaire ou un premier procès inculpant un ancien premier ministre pour les actes accomplis dans le cadre de ces fonctions.

En effet, depuis l'existence de la RDC ainsi que des cours constitutionnelles, aucune affaire n'a été traitée par elle dans le cadre de l'exercice de ces compétences répressives. L'affaire Bukanga Lonzo quoique assemblée dans la « débrouille juridique » marque néanmoins l'histoire du droit congolais des poursuites pénales devant une juridiction de haut rang aussi bien dans ses « bricolages juridiques » que dans la première mise en mouvement de l'action publique à charge d'un ancien premier ministre.

Cela a été vu par certains comme une volonté de vouloir mettre fin au règne de l'impunité galopante des autorités en RDC qui d'après le rapport de la Commission des droits de l'Homme des Nations Unies constitue d'un côté, « *un manquement aux obligations qu'ont les Etats d'enquêter sur les violations, de prendre des mesures adéquates à l'égard de leurs auteurs notamment dans le domaine de la justice, pour qu'ils soient poursuivis et jugés et condamnés à des peines appropriées , d'assurer aux victimes des voies de recours efficaces et la réparation du préjudice subi, et de prendre des mesures destinées à éviter le renouvellement de telles violations* »[166] et de l'autre côté, « *l'absence, en droit ou en fait, de la mise en cause de la responsabilité pénale des auteurs de violations des droits de l'Homme, ainsi que de leur responsabilité civile, administrative ou disciplinaire, en ce qu'ils échappent à toute enquête tendant à permettre leur mise en accusation, leur arrestation,*

166 Commission des droits de l'Homme des Nations Unies, ensemble de principes pour la protection et la promotion des droits de l'Homme par la lutte contre l'impunité, annexe II du rapport final, E/CN 4/sub.2,1997/rév.1.

leur jugement et, s'ils sont reconnus coupables, leur condamnation à des peines appropriées, y compris à réparer le préjudice subi par leurs victimes »[167]. D'ailleurs, la conséquence de cette impunité est «*d'entrainer la prescription de l'action publique et cette dernière constitue sous l'angle de la dimension culturelle un encouragement à persévérer dans la délinquance* » d'après Luzolo Bambi Lessa (2011 : 180).

Par contre, dans la manière dont elle a été conduite, elle a encore été vue par d'autres personnes comme un acharnement politique dans l'objectif d'écarter un potentiel candidat aux élections présidentielles.

Cependant, dans tous les cas, l'affaire demeure historique.

En termes de son histoire, c'est par la requête en fixation d'audience du 27 août 2021, que l'affaire a atterri devant la Cour constitutionnelle après un long parcours remplie d'embuche tel que relevé ci-haut où le procureur général près la cour constitutionnelle s'est amenée à faire beaucoup des bras de fer en violations de certaines règles d'ordre procédural en matière des poursuites pénales d'après la procédure pénale congolaise.

Malheureusement, ces diverses violations l'ont rattrapé devant la cour constitutionnelle lors des premières audiences consacrées aux préalables ou aux exceptions soulevées par les parties prévenues pour lesquelles il devait rencontrer les moyens.

Ces exceptions ont tourné vers les points suivants : l'incompétence de la cour et/ou l'irrecevabilité de l'action du procureur général près la cour constitutionnelle soldées par la décision de la cour constitutionnelle déclarant

167 L. JOINET, *Question de l'impunité des auteurs des violations des droits de l'Homme*, rapport final pour la commission des droits de l'Homme des Nations Unies/CN.4/sub2/1997, p.72.

son incompétence à juger un ancien premier ministre actuellement sénateur. Ces deux points me permettent en mieux d'aborder le point suivant.

II. La cour constitutionnelle, une juridiction non compétente à juger un ancien premier ministre devenu sénateur

En gros, dans le cadre du procès devant la cour constitutionnelle opposant le Ministère public contre Monsieur Matata Ponyo Mapon Augustin, Monsieur Kitebi Kibol Mvul Patrice et Monsieur Grobler Christo ; Deux exceptions majeures ont été soulevées, à savoir : les exceptions d'incompétence (A) et les exceptions d'irrecevabilité168 (B) conduisant la cour constitutionnelle à se déclarer incompétente à cause d'un cadre juridique ambigu autour de la question de la répression des anciens premiers devenus sénateurs (C).

A. Les exceptions d'incompétences soulevées et la difficulté pour le procureur près la cour constitutionnelle de le contredire

Les exceptions d'incompétences de la cour constitutionnelle à connaitre l'affaire mettant en poursuites un ancien premier ministre devenu sénateur ont tournées au tour de la démonstration du caractère insoutenable des réquisitoires du ministère public ; des violations des articles 163, 164 ; de l'incompétence déduite de la loi portant statut des anciens Présidents de la République élus et fixant les avantages accordés aux anciens chefs de corps constitués ; et l'incompétence liée au caractère d'ordre public. Face à ces exceptions, le procureur général près la cour constitutionnelle a eu du mal à le contredire.

---

168 Il y a lieu de relever que cette approche des exceptions a été aussi la nôtre en tant que collectif de la défense de notre client, Patrice Kitebi dans la mesure où intervenant dans ce procès comme partie accessoire, le sort du principal allait impliquer celui de l'accessoire car l'accessoire suit le principal en droit.

1. L'exception d'incompétence en raison des réquisitoires insoutenables du ministère public

Le collectif de la défense de Matata ponyo dirigé par maitre Nyabirungu, dès l'entrée de jeu a fait remarquer que seulement à partir des intitulés des réquisitoires de l'officier du ministère public, n'importe quel juge raisonnable aurait pu constater leur caractère juridiquement insoutenable.

Avec le Réquisitoire du 28 avril 2021 adressée aux Présidents de l'Assemblée nationale et du Sénat, il y a lieu de se poser la question de savoir : Sur quelle base juridique, sur quelle disposition de la constitution ou de la loi, un procureur général près la cour constitutionnelle, dont la compétence pénale est strictement limitée au président de la république et au premier ministre en fonction, peut-il oser requérir contre des parlementaires ? En vue de leurs poursuites ou de leur mise en accusation ?

Par ailleurs, avec le réquisitoire du 12 mai 2021, l'officier du ministère public récidive et reprend les mêmes termes et le même intitulé et les mêmes destinataires. Dans ce réquisitoire, il est à remarquer que l'officier du ministère public, dans un moment très court de lucidité juridique, écrit ce qui suit : « *En effet, le Sénateur MATATA PONYO MAPON n'est plus Premier Ministre pour jouir des avantages prévus aux articles 166, al. 1 de la Constitution et 80 de la Loi organique du 15 octobre 2013 portant organisation et fonctionnement de la Cour Constitutionnelle* ».

Il en ressort que le procureur général près la cour constitutionnelle reconnait qu'il ne poursuit pas un premier ministre, mais plutôt un sénateur. Tout au plus, le réquisitoire du 18 mai 2021 se cohorte encore dans la mesure où l'officier du ministère public près la Cour Constitutionnelle lance un réquisitoire tendant à obtenir l'autorisation de poursuivre des Sénateurs

Augustin MATATA PONYO MAPON et IDA KAMONDJI NASERWA. Deux Sénateurs cités, un seul au prétoire. A cet effet, la question qui se pose est celle de savoir : En poursuivant un Sénateur, peut-il l'attraire à la Cour Constitutionnelle alors que celle-ci n'a des compétences qu'à l'égard du Président et du Premier ministre en fonction ?

Ainsi, il se dégage plusieurs incohérences, contradictions et confusions indéfendables sur le plan juridique. J'évoque dans les lignes qui suivent les exceptions d'incompétences de la cour tirée de la violation des articles 163 et 164 de la constitution congolaise.

2. Exceptions d'incompétences de la cour tirée de la violation de l'article 163 et 164 de la Constitution

D'après la défense de Matata ponyo, l'action publique engagée par l'officier du ministère public, l'a été en violation de l'article 163 de la Constitution, pourtant si clair et si explicite qui dispose : « *La Cour constitutionnelle est la juridiction pénale du Chef de l'Etat et du Premier ministre dans les cas et conditions prévus par la Constitution* ». Cependant, au moment des poursuites, la personne poursuivie ne dispose ni de la qualité du président de la république ni celle du premier ministre, mais plutôt un ancien premier ministre. A cela, il faut ajouter l'article 164 de la constitution qui dispose que « *La Cour constitutionnelle est le juge pénal du Président de la République et du Premier ministre pour des infractions politiques de haute trahison, d'outrage au Parlement, d'atteinte à l'honneur ou à la probité ainsi que pour les délits d'initié et pour les autres infractions de droit commun commises dans l'exercice ou à l'occasion de l'exercice de leurs fonctions. Elle est également compétente pour juger leurs co-auteurs et complices* ».

Et c'est parce qu'il s'agit d'un Président ou d'un Premier ministre en fonction que le Constituant, à l'article 167, al. 1er, a prévu qu'en cas de condamnation, le Président de la République et le Premier ministre sont déchus de leur charge, déchéance prononcée par la Cour constitutionnelle.

C'est encore parce qu'il s'agit du Président de la République et du Premier ministre en fonction que, d'après l'article 167, al. 1er de la Constitution, pour les infractions commises en dehors de l'exercice de leurs fonctions ns, mais pendant qu'ils sont en fonction, les poursuites contre eux sont suspendues jusqu'à l'expiration de leurs mandats, de même qu'est suspendue la prescription.

Au regard de ces considérations juridiques au niveau constitutionnel, les difficultés de poursuivre Matata ponyo devant la cour constitutionnelle sont telles qu'en cas de condamnation, la constitution oblige la cour à prononcer la déchéance contre le premier ministre. De ce fait, comment déchoir quelqu'un qui n'a pas qualité de l'être ? En d'autres termes, l'ancien Premier Ministre MATATA n'étant pas en fonction de Premier ministre, ne saurait, en aucun cas et en aucun moment, être déchu.

Il convient de renchérir que le droit pénal (constitutionnel soit-il) obéit à un certain nombre des règles et logiques, notamment le principe de la légalité des délits et des peines et son corollaire l'interprétation stricte qui prohibe l'interprétation par analogie, excepté « l'analogie *intra legem* ou légale qui peut être admise si elle va dans le sens de l'intérêt du prévenu c'est-à-dire qui agirait en faveur de l'infracteur (R. Merle et M. Vitu, 1984 : 250-251) ». Il ne s'agit pas ici de modifier l'incrimination ou la peine, mais de justifier une infraction légalement décrite (A. Sita Muila, 2020 : 248).

En effet, en vertu de ce principe de la légalité des délits et des peines ; les règles du droit pénal sont exprimées dans la loi pénale de tel enseigne que d'une part, seuls peuvent faire l'objet d'une condamnation pénale les faits déjà définis et sanctionnés par le législateur pénal (légalité des infractions) et d'autre part, seules peuvent leur être appliquées les peines édictées à ce moment déjà par le législateur (légalité des sanctions pénales (Nyabirungu Mwene songa, 2007 : 51).

Au niveau des peines, la conséquence au niveau du juge est la suivante : « il ne peut prononcer des peines si le texte n'en prévoit pas. Il n'appartient pas au juge, en raisonnant, par voie d'analogie, de suppléer au silence de la loi et de prononcer des peines en dehors des cas limitativement prévus par le législateur. Il ne peut prononcer des peines par induction ou présomption, ni même sur des motifs d'intérêt général ; il n'a d'attribution que pour appliquer les condamnations déterminées par la loi »169.

Il me faut signaler l'exception d'incompétence déduite de la loi portant statut des anciens Présidents de la République élus et fixant les avantages accordés aux anciens chefs de corps constitués.

3. Exception d'incompétence déduite de la loi portant statut des anciens Présidents de la République élus et fixant les avantages accordés aux anciens chefs de corps constitués

L'exception d'incompétence ici soulevée par la défense de Matata ponyo est à déduire des analyses scientifiques de la loi n° 18/021 du 26 juillet 2018

169 Crim. 11 mai 1949, *D.* 261, rapport PEPY, 22 mars 1955, *D.* 418 ; 30 mai 1962, *Bull.* n° 214 ; *Gaz. Pal.,* 1993. 1. 151, Note MARCHI. Cité par Nyabirungu Mwene Songa, *op.cit.*, p. 58

portant Statut des anciens Présidents de la République élus et fixant les avantages accordés aux anciens chefs de corps constitués.

En effet, d'après l'article 1er de cette loi : « *La présente loi fixe le statut des anciens Présidents de la République élus. Elle détermine les règles spécifiques concernant leurs droits et devoirs, le régime de leurs responsabilités, leur statut pénal ainsi que les avantages leur reconnus. Elle détermine également les avantages et devoirs accordés aux anciens Chefs de Corps constitués* ». Bien plus, l'article 7 de la même loi concerne le statut pénal d'un ancien Président de la République : « *Tout ancien Président de la République élu jouit de l'immunité des poursuites pénales pour les actes posés dans l'exercice de ses fonctions* ».

Si la Constitution avait réglé les questions du statut pénal des anciens Chefs d'Etat et Premier ministre, et de la compétence de la Cour constitutionnelle à leur égard en vertu de l'article 164 alinéa 1er, non seulement elle l'aurait prévu expressément, mais aussi la loi du 26 juillet 2018 n'aurait pas vu le jour. Elle est venue combler un vide juridique, un cas qui, jusque-là, n'avait pas été prévu.

Il faut constater, d'abord, que tant en incriminant, en sanctionnant qu'en édictant les règles de procédure, notamment aux articles 163 à 167, le constituant n'a jamais distingué le statut Pénal de Président de la République et celui de Premier Ministre.

On peut regretter que le législateur, ayant constaté la nécessité de préciser le statut d'un ancien Président de la République élu, n'ait pas pensé à préciser celui d'un ancien Premier Ministre, en vue de sauvegarder la cohérence juridique et l'équité.

Cependant, cette situation d'omission peut être comblée par la cour en dépit d'une législation nouvelle en application de l'interprétation analogique favorable à l'accusé. Déjà que c'est en vertu de cette forme d'interprétation que le droit pénal a évolué au fil des temps avec des notions telles que la légitime défense, l'état de nécessité et la contrainte irrésistible ont été, sans texte, bien accueillies, et pour toujours, dans le droit positif congolais.

Et le droit comparé, en tant que source auxiliaire de la détermination de la règle de droit applicable, nous renseigne sur le même phénomène de l'analogie *in favorem* : « *Il est un cas où l'interprétation analogique est ouvertement admise par la Cour de cassation : c'est celui où elle s'exerce en faveur du prévenu et n'aggrave pas son sort. Ainsi, la chambre criminelle a généralisé les faits justificatifs, les immunités ou les causes de non-culpabilité que les textes avaient édictés dans des cas particuliers. Elle a étendu très tôt à l'abus de confiance, à l'escroquerie des signatures, l'immunité entre parents et alliés, édictée pour le vol par l'ancien article 380 du Code pénal. Elle a généralisé à toutes les infractions la justification par la légitime défense, et sous la pression des juges du fond, elle a généralisé la justification par l'état de* nécessité. (Jacques Bore et Louis Bore, 2018/2019 : 311 ».

Il y a aussi l'exception d'incompétence tirée de son caractère d'ordre public.

4. Exception d'incompétence tirée de son caractère d'ordre public.

Il s'agit d'un moyen basé sur le caractère d'ordre public des règles de compétence dont la violation entraine la nullité de la procédure comme sanction et oblige le juge à le soulever d'office.

En effet, la doctrine avec les écrits de S. Guinchard et J. Buisson (2013 : 1288) s'accorde sur le fait que l'exception d'incompétence comme le moyen dont le caractère d'ordre public est le plus nettement affirmé[170]. A cet effet, les règles relatives à la compétence des juridictions répressives, qu'elle soit matérielle, territoriale ou personnelle, sont toujours d'ordre public[171]. Il en est de même des règles de compétence qui sont posées par la constitution dont la violation ne peut qu'être sanctionnée par la nullité.

Bien plus, en tant que moyen d'ordre public et impératif, tout autre juge y compris la cour constitutionnelle, a l'obligation de le soulever d'office, c'est-à-dire de sa propre initiative, sans qu'il soit besoin de statuer sur d'autres moyens, et d'annuler notamment l'action publique vantée devant elle, en violation de la Constitution (Olivier Duhamel et Yves Meny,1992 : 646-647).

La jurisprudence soutient cette solution à l'instar de la Chambre criminelle de la Cour de cassation française qui a toujours jugé que la cassation devait s'étendre à toutes les parties, y compris celles n'ayant pas produit de mémoire, en cas de violation des règles d'ordre public, telles que, notamment, les règles sur la composition et la compétence des juridictions[172]. Au demeurant, la pratique montre que, lorsqu'un moyen d'ordre public est caractérisé, la Chambre criminelle le relève d'office[173].

Face à ces exceptions d'incompétences, le ministère public a éprouvé des difficultés à le rencontrer.

---

170 Voir S. GUINCHARD, J. BUISSON, *Procédure pénale*, LexisNexis, 9ème éd., 2013, nos 1288 et s.; Cour de cassation française, *L'ordre public*, Rapport annuel 2013, La documentation française, Paris, 2014, pp. 240.

171 Crim. 20 juin 2006, n° 05-87.415, *Bull. crim.* n° 189 ; Jacques BORE/Louis BORE, *La cassation en matière pénale*, Dalloz, Paris, 2018-2019, notes nos 112.104 et 112.121.

172 Crim, 19 déc.1988, pourvoi n°88-83 678, *Bull.crim.*, 1988, n°443, préc., in Cour de Cassation, *L'ordre public*, Rapport annuel 2013, Documentation française, Paris, 2014, p.249.

173 *Ibidem*, p.248

5. Les réactions du procureur près la cour constitutionnelle de le contredire

En gros, le ministère public s'est évertué de réagir en concluant que la Cour Constitutionnelle est compétente dans la mesure où Monsieur Matata a commis l'infraction au moment où il était en fonction, c'est-à-dire au moment où il était premier ministre. Et les autres personnes poursuivies le sont sur fond de l'article 164 de la constitution de la RDC in fine qui dispose que « elle (la cour constitutionnelle) est également compétente pour juger leurs co-auteurs et complices.

Le point suivant évoque les exceptions d'irrecevabilité et la réaction du procureur près la cour constitutionnelle.

B. Les exceptions d'irrecevabilité et la réaction du procureur près la cour constitutionnelle

Ces exceptions sont soulevées pour démontrer à la cour constitutionnelle qu'au cas où elle va se permettre de se déclarer compétente *quod non* , elle sera encore butée à d'autres situations où l'action de l'officier du ministère public près la Cour constitutionnelle serait irrecevable au regard et de la constitution et de la loi organiques relative à la cour constitutionnelle.

1. Exceptions d'irrecevabilité tirées de la violation des dispositions de la Constitution et de la loi organique relative à la Cour constitutionnelle

Dans ces moyens de défense sollicitant l'irrecevabilité de l'action publique du procureur près la cour constitutionnelle, le collectif de la défense s'est employé à démontrer le non-respect par le procureur général près la cour constitutionnelle des règles procédurales contenues dans la constitution ainsi que dans la loi organique relative à la cour constitutionnelle.

Premièrement, le procureur général près la cour constitutionnelle n'a pas respecté les prescrits de l'article 166, al. 1er de la Constitution ainsi que de l'article 80 de la loi organique relative à la cour constitutionnelle en ce sens que : « *La décision de poursuite ainsi que la mise en accusation du Président de la République et du Premier ministre sont votées à la majorité de deux tiers des membres du Parlement composant le Congrès suivant la procédure prévue par le Règlement intérieur* ». Il se fait que devant la cour constitutionnelle, le procureur général près la cour constitutionnelle poursuit Matata ponyo comme au moment où il était premier ministre et que la cour constitutionnelle devra juger un Premier ministre sans voir gésir au dossier un vote à la majorité de deux tiers des membres du Parlement composant le Congrès décidant des poursuites ainsi que de la mise en accusation.

En deuxièmes lieu, une autre violation qui aura pour conséquence l'irrecevabilité est celle des dispositions de la loi organique sur la cour constitutionnelle en ses articles 100 à 105 qui précisent la procédure à suivre en cas d'infractions commises dans ou à l'occasion de l'exercice des fonctions de Président de la République ou de Premier ministre.

Ainsi, à l'article 101, il est disposé comme suit : « *Si le Procureur Général estime devoir poursuivre le Président de la République ou le Premier Ministre, il adresse au Président de l'Assemblée Nationale et au Président du Sénat une requête aux fins d'autorisation des poursuites. L'autorisation est donnée conformément aux dispositions de l'article 166, alinéa 1er de la Constitution* ».

Au regard de ce texte, les obligations qui pèsent sur le Ministère public tournent autour d'une part, de produire devant la cour constitutionnelle la requête qu'il a adressée au Président de l'Assemblée Nationale et au Président du Sénat, aux fins d'autorisation des poursuites de Matata ponyo qui est vu comme premier Ministre par le procureur et poursuivi devant la cour constitutionnelle en vertu de l'article 165 et 166 de la constitution. Et d'autre part, de produire cette autorisation de poursuivre un Premier Ministre en fonction.

Cependant, il n'existe au dossier aucune autorisation émanant de ces deux Présidents du Parlement.

En troisième lieu, une autre irrecevabilité soulevée par la défense est tirée de la violation de l'article 102 de la loi organique sur la cour constitutionnelle qui veut que « *Si le Congrès autorise les poursuites, l'instruction préparatoire est menée par le Procureur Général. Les règles ordinaires de la procédure pénale sont applicables à l'instruction préparatoire. ...* ». Cependant, au dossier, il n'y a pas une quelconque pièce qui autorise des poursuites en provenance du Congrès. A cet effet, sur quelle base, le procureur s'est fondé pour instruire de manière préparatoire jusqu'à saisir la cour constitutionnelle.

En quatrième lieu, une autre irrecevabilité est à tirer de la violation de l'article 103 de la loi organique relative à la cour constitutionnelle qui veut qu' « *à la clôture de l'instruction pré juridictionnelle, le Procureur Général adresse un rapport au Président de l'Assemblée Nationale et au Président du Sénat, éventuellement accompagné d'une requête aux fins de solliciter du Congrès la mise en accusation du Président de la République ou du Premier Ministre. Dans le cas où le Congrès adopte la résolution de mise en accusation, le Procureur Général transmet le dossier au Président de la Cour par une requête aux fins de fixation d'audience. Il fait citer le prévenu et, s'il y a lieu, les coauteurs et/ou complices* ». Alors que cette exigence légale n'a pas été accomplie par le procureur général près la cour constitutionnelle.

En cinquième lieu, une autre violation de l'article 17, al. 2 de la Constitution et du principe général du droit selon lequel « *nullum judicium sine lege* » oblige le juge à déclarer irrecevable l'action du ministère public dans la mesure où la constitution contraint à ce que « *Nul ne peut être poursuivi, arrêté, détenu ou condamné qu'en vertu de la loi et dans les formes qu'elle prescrit* ».

En disposant ainsi, le constituant n'a fait que confirmer le principe de la légalité de la procédure contenue dans la maxime latine « *nullum judicium sine lege* », et qui veut que toute procédure soit nulle, qui n'a pas respecté les formes prescrites par la loi.

Le caractère équitable du procès suppose la légalité de la procédure. L'exigence de légalité de procédure pénale relève en effet de l'exigence du procès équitable.

« *L'exigence de la légalité de la procédure constitue l'un des aspects les plus fondamentaux de l'exigence d'un procès équitable* ».

En violant de manière répétée les règles de compétence et de procédure expressément prévues par la Constitution et la loi, l'action publique initiée par l'officier du ministère public, ne mérite qu'une sanction : l'irrecevabilité pour violation du principe de la légalité de la procédure pénale.

En dernier, l'exception d'irrecevabilité est à retenir de la violation de l'article 62 de la Constitution.

En effet, cette disposition constitutionnelle pose le principe suivant lequel : « *Nul n'est censé ignorer la loi. Toute personne est tenue de respecter la Constitution et de se conformer aux lois de la République* ». La présomption de la connaissance de la loi est une présomption simple, c'est-à-dire qu'elle peut être renversée par une preuve contraire ou pour une raison vraisemblable. Cependant, lorsqu'il s'agit d'un professionnel de la loi, et, à plus forte raison, de l'organe de la loi, la présomption devient irréfragable, et toute erreur de droit dans son chef est une faute professionnelle grave, un dol ou une intention délibérée de violer la loi. Dans le cas d'espèce, l'intention de violer la loi, à commencer par la loi suprême, est, dans le chef du Procureur Général près la Cour constitutionnelle, manifeste et délibérée, vu son caractère répétitif, persistant, et sans aucune repentance à aucun stade de la procédure.

Pour l'organe de la loi, applicateur de la loi de par sa fonction, ayant l'obligation de la respecter et de la faire respecter, la sanction la plus appropriée demandée par la défense, dans le cas d'espèce, est de déclarer irrecevable son action publique initiée et conduite en violation intentionnelle de la Constitution et des lois de la République.

Il me semble opportun de signaler la réaction du procureur général près la cour constitutionnelle face aux exceptions d'irrecevabilité.

2. La réaction du procureur général près la cour constitutionnelle face aux exceptions d'irrecevabilité

Il convient de relever les difficultés du ministère public par rapport aux exceptions subsidiaires à l'exception d'incompétence de la cour constitutionnelle. Plus les réactions du ministère public ont tourné autour de la compétence de la cour, estimant que les infractions ont été commises au moment où Monsieur Matata Ponyo Mapon était Premier ministre, et pour les autres, c'est par corréité au moment de la commission des faits qu'ils se retrouvent aussi devant la Cour constitutionnelle du fait de la prorogation de compétence.

Les lignes suivantes portent sur l'arrêt d'incompétence de la cour constitutionnelle devant les failles de la constitution comme cadre juridique.

C. L'arrêt d'incompétence de la cour constitutionnelle devant les failles de la constitution comme cadre juridique

Après avoir pris l'affaire en délibéré pour se prononcer à propos des préalables, le 15 novembre 2021, la Cour constitutionnelle, a rendu son premier arrêt en matière pénale, en application de l'article 163 de la Constitution qui dispose comme suit : « La Cour constitutionnelle est la juridiction pénale du Chef de l'Etat et du Premier ministre dans les cas et conditions prévus par la Constitution », dans le sens de se déclarer incompétente de juger un ancien premier ministre devenu sénateur.

Il y a lieu de rapporter son contenu en passant par les raisons évoquées pour soutenir la décision de la plus haute juridiction ainsi que le contexte des failles du cadre juridique constitutionnel et légal auquel était buté la cour constitutionnelle siégeant comme une juridiction pénale.

1. Contenu de l'arrêt et les raisons de la décision de la cour

La Cour constitutionnelle s'est déclarée incompétente pour juger l'ancien Premier Ministre, Augustin Matata Ponyo et consorts dans son arrêt sous RP 0001 qui a été rendu le lundi 15 novembre 2021 à 10 heures au cours d'une audience publique présidée par le Président de cette institution, Dieudonné Kaluba Dibwa entouré de ses collègues juges de cette haute Cour mais aussi du ministère public.

Les trois prévenus, à savoir Matata Ponyo mais aussi Kitebi Kibol Mvul et Grobler Christo étaient présents à la barre assistés de leurs conseils.

La Haute Cour considère dans son arrêt faisant interprétation de l'article 164 de la constitution que « la compétence juridictionnelle étant d'attribution, le prévenu Matata Ponyo Mapon Augustin, qui a cessé d'être Premier ministre en fonction au moment où les poursuites contre lui sont engagées, doit être poursuivi devant son juge naturel, de sorte que, autrement, il serait soustrait du juge que la Constitution et les lois lui assignent, et en violation de l'article 19 alinéa 1er de la Constitution » (Arrêt sous RP 0001).

Elle ajoute : « De ce fait, le prévenu Matata Ponyo ne saurait être poursuivi devant elle sur base de l'article 163 de la Constitution...De ce qui précède, la Cour dit fondée l'exception d'incompétence tirée de la violation des articles 163 et 164 de la Constitution, et se déclare incompétente à connaître de l'action pénale initiée contre les prévenus Matata Ponyo Papon Augustin, Kitebi Kibol Mvul Patrice et Grobler Christo » (Arrêt sous RP 0001).

Una approche analytique et perspective *de lege ferenda* révèle les failles du cadre juridique la cour constitutionnelle en matière pénale.

2. La cour constitutionnelle en matière pénale et les failles de son cadre juridique : approche analytique et perspective *de lege ferenda*

D'aucuns critiquent l'arrêt de la cour constitutionnelle déclarant son incompétence. Mais peu s'emploie à comprendre l'exercice dans lequel ont été soumis les juges constitutionnels dans la mesure où ils sont censés en matière pénale appliquer la loi.

Cette situation rejoint la pensée d'une part, de J. Betaille (2012 : 388) dans la mesure où les conditions juridiques de l'effectivité de la norme ne se situent pas seulement en aval de son adoption et de son entrée en vigueur, mais plutôt, la question de l'effectivité comme celle de l'efficacité «*doit être envisagée dès le moment de son élaboration* » et d'autre part, de Pierre Lascoumes en ce sens que, « *les difficultés rencontrées dans la mise en œuvre d'une loi (au sens général) sont largement prédéterminées par les décisions prises lors de la procédure d'élaboration, par les compromis qui ont permis de parvenir à son terme et surtout par la manière dont les intérêts en jeu, les arguments avancés et les logiques parfois divergentes, ont été pondérés, ont fait l'objet de conciliations ou de choix exclusifs* »[174].

En effet, au moment du procès de Bukanga Lonzo, hormis le fait que la question des poursuites même du président de la république ainsi que de son premier ministre en fonction est soumise à des règles de procédure pénale difficile à réunir ; le cadre juridique (composé de la constitution du 18 février 2006 et de la loi relative à la cour constitutionnelle) autour de la question des poursuites d'un ancien premier ministre ainsi que de ses co-auteurs et complices est lacunaire.

Ces lacunes tournent autour des approches suivantes : la protection de la fonction ; le privilège destiné à protéger beaucoup plus l'exercice de la fonction que cette dernière ; le vide à propos des poursuites des anciens premiers ministres pour les faits pénaux dans le cadre de leur fonction ou à l'exercice de leur fonction ; le tout nous fait croire à une forme d'impunité institutionnalisée depuis l'élaboration de la constitution et de la loi relative à la cour constitutionnelle à dessein pour faire échapper les présidents de la république ainsi que le premier ministre des poursuites après cessation de leurs fonctions pour lesquelles des perspectives de *lege ferenda* méritent d'être proposées.

a. Les procédés difficiles de poursuites d'un président de la république et du premier ministre consacrés en droit congolais

En droit constitutionnel pénal congolais, le professeur Nyabirungu Mwene songa fait remarquer les immunités pénales de procédure consacrées en faveur du président de la république ainsi que du premier ministre de deux ordres :

174 Lire à ce sujet P. LASCOUMES et al. *L'incrimination en matière économique. Trois exemples de processus : cartels, crédits, initiés*, Genève, Université de Genève, fac. De Droit, travaux de CETEL, numéro 34, p.1. Cité par F. TULKENS et TH. MOREAU, *Droit de la jeunesse assistance protection et aide*, Larcier, Bruxelles 2000, p.326.

d'abord, seule la cour constitutionnelle est le seul juge pour toute infraction ; ensuite, la décision des poursuites ainsi que la mise en accusation sont soumis à la majorité au vote à la majorité de deux tiers des membres du parlement siégeant en congrès (Nyabirungu Mwene songa, 2007 : 241).

En effet, le professeur Mampuya (2005) relève que les dispositions constitutionnelles qui fondent la responsabilité pénale du Président de la République et des membres du Gouvernement vident toute éventualité que la justice, même théoriquement prévue, n'ait jamais la possibilité de s'exercer à l'égard des dirigeants de l'Etat[175].

L'article 166 de la Constitution du 18 février 2006, poursuit-il, soumet la mise en accusation du Président de la République et du Premier Ministre à la décision de deux chambres réunies en congrès et prise à la majorité de deux tiers des membres, tandis que concernant les autres membres du Gouvernement, la décision est prise par l'Assemblée Nationale à la majorité absolue. Deux problèmes qui en découlent : Le premier c'est qu'on fait intervenir une institution politique dans l'exercice d'une fonction relevant du pouvoir judiciaire, le législateur décidant à la place de la justice si tel sera ou non trainé en justice, bafouant ainsi l'indépendance du pouvoir judiciaire prônée à l'article 149 de la même Constitution. Cette solution est immorale dans la mesure où la justice ne peut s'exercer que si les politiciens le veulent, on leur donne ainsi le droit de disculper leurs compères, de les *faire échapper à la justice.*

Le second problème c'est que la décision est prise à des très fortes majorités de deux-tiers des membres des deux chambres ou, pour les ministres, à la majorité absolue de l'Assemblée ; condition pour le moins difficile, sinon

---

175 A. MAMPUYA, « Projet de Constitution : copie à refaire », *in Leptentiel n°3437* du lundi 30 mai 2005.

impossible à réaliser dans un pays où le tribalisme et la solidarité régionaliste se manifestent aujourd'hui avec ostentation et violence, où le clientélisme fait vivre ; où la corruption et l'achat des consciences, de l'avis même des animateurs, ne sont pas si rares qu'on le penserait au sein des institutions. Ce dernier conclut en soulignant que, l'article 166 contient un énoncé purement putatif, une disposition faite avec l'intention de ne jamais la voir appliquée[176].

Dans le même fil d'idée, il convient de relever que l'immunité prévue dans la loi n° 18/021 du 26 juillet 2018 portant statut des anciens président de la République élu et fixant les avantages accordés aux anciens chefs de corps constitués, constitue un obstacle aux poursuites pénales, en ce qu'elles consacrent une irresponsabilité pénale des anciens présidents élus pour tous les actes posés dans l'exercice de leur fonction.[177] Nous estimons qu'il s'agit là, des lois taillées sur mesure sinon des lois de circonstance, qui tendent à assurer la protection des personnes bien déterminées.

C'est ainsi que, le Professeur Luzolo Bambi Lessa souligne que des nombreux belligérants, ne trouvant pas d'issue politique se sont littéralement adonnés à la course électorale pour s'abriter derrière des postes de responsabilité protecteurs contre l'action de la justice répressive.

Un autre point d'ambiguïté est soulevé par Jacques Mbokani (2023 : 67-68) concernant le premier ministre en fonction. D'après l'auteur cité « le point d'ambiguïté réside dans le mécanisme des poursuites contre lui d'autant plus que son statut pénal se situe à cheval entre celui du président et celui des membres du gouvernement. En effet, la Cour ne peut juger un PM en fonction que si ce dernier n'est pas obligé de démissionner une fois qu'il a été mis en

---

176 MAMPUYA, cité par A. SITA MUILA& P. AKELE ADAU, *Quelle stratégie pour combattre la corruption en RDC*, in *Réforme du code pénal congolais*, TII, ... p. 404.

177 Article 7 de la loi n°18/021 du 26 juillet 2018 portant statut des anciens présidents de la République élu et fixant les avantages accordés aux anciens chefs de corps constitué.

accusation par le Congrès. Or, en tant que « membre du gouvernement », la Constitution l'oblige à démissionner une fois qu'il est mis en accusation178. Il est même précisé que cette démission doit être présentée « dans les vingt-quatre heures » et que, « passer ce délai, il est réputé démissionnaire »179 En outre, il convient de rappeler que la Constitution congolaise consacre un régime semi-présidentiel dans lequel le PM est issu de la majorité parlementaire180. Son maintien au pouvoir dépend ainsi de la confiance dont il continue à jouir de la part du Parlement. « Lorsque l'Assemblée nationale adopte une motion de censure, le gouvernement est réputé démissionnaire. Dans ce cas, le Premier ministre remet la démission du gouvernement au président de la République dans les vingt-quatre heures »181. La mise en accusation du PM est plus grave que la motion de censure : elle est votée, non pas par l'Assemblée nationale, mais par le Congrès et ce vote requiert une majorité des deux tiers qui est plus difficile à obtenir que celle de la motion de censure. Dans ces conditions, on ne voit pas comment la Constitution pourrait laisser à un PM mis en accusation le choix de démissionner (ou non) ; et s'il doit démissionner, on ne voit pas non plus comment il pourrait assurer l'intérim de sa fonction en expédiant les affaires courantes jusqu'à l'installation de son successeur. Or, à partir du moment où tout semble indiquer que le PM est obligé de démissionner avec effets immédiats une fois qu'il est mis en accusation par le Congrès, on ne voit pas comment la Cour constitutionnelle aurait devant elle un PM en fonction ni comment cette Cour pourrait prononcer contre un PM qui a déjà démissionné la déchéance d'une charge qu'il n'assume plus. Par ailleurs, le système congolais montre que l'exercice de la fonction de PM est protégé beaucoup plus par le mécanisme

178 Art. 166, al. 3, de la Constitution congolaise.
179 Art. 78, al. 1er de la Constitution congolaise.
180 Art. 78, al. 1er de la Constitution congolaise.
181 Art. 147 de la Constitution congolaise.

de poursuites, avec l'exigence d'une décision particulière du Congrès, que par le privilège de juridiction en tant que tel » (J. Mbokani, 2023 : 67-68).

Il convient de signaler les lacunes liées à l'approche de la protection de la fonction.

b. Les lacunes liées à l'approche de la protection de la fonction

En commençant par l'approche de la protection de la fonction, l'on peut relever avec Jacques Mbokani (2023) « que l'article 164 de la Constitution confère à la Cour constitutionnelle la compétence de juger les « infractions politiques de haute trahison, d'outrage au Parlement, d'atteinte à l'honneur ou à la probité ainsi que pour les délits d'initié et pour les autres infractions de droit commun commises dans l'exercice ou à l'occasion de l'exercice de leurs fonctions ».

Cette disposition ne dit pas explicitement si la compétence de la Cour ne concerne que les actes de la fonction ou si elle s'étend aussi aux actes privés

La disposition se prête plutôt à deux lectures différentes dans la mesure où dans la première, la compétence de la Cour engloberait deux groupes d'infractions, les unes qualifiées de « politiques », les autres étant des infractions de droit commun. L'exigence d'un lien avec la fonction ne s'appliquerait qu'à ce dernier groupe d'infractions et non à celles qui sont qualifiées de politiques. Ainsi, les infractions telles que l'atteinte à l'honneur ou à la probité et même les délits d'initié, même commises en dehors de la fonction, rentreraient malgré tout, dans la compétence de la Cour constitutionnelle, sans qu'il ne soit nécessaire d'établir un lien avec la fonction dès lors que ces infractions ont été commises par des personnalités considérées comme « politiques » que sont le président ou le PM.

Dans la seconde lecture, en revanche, l'exigence du lien avec la fonction s'appliquerait aussi bien aux infractions de droit commun qu'aux infractions politiques.

Certes, pour certaines infractions politiques (haute trahison, l'outrage au Parlement, etc.), la démonstration du lien avec la fonction serait superflue puisque pareil lien rentre dans la nature même de l'infraction. Toutefois, pour certaines autres infractions politiques (l'atteinte à l'honneur et à la probité ou encore le délit d'initié), le lien avec la fonction n'est pas automatique et doit être établi pour rentrer dans la compétence de la Cour. L'ambiguïté de l'article 164 ne permet donc pas de conclure avec certitude que la compétence de la Cour constitutionnelle ne s'applique qu'aux actes de la fonction pour permettre au privilège de juridiction de survivre à la fonction.

c. Les lacunes liées à l'approche d'un privilège de protection de l'exercice que de la fonction

Quant à l'approche d'un privilège destiné à protéger beaucoup plus l'exercice de la fonction que cette dernière en tant que telle, là encore, les dispositions constitutionnelles pertinentes se révèlent ambiguës. En effet, on a vu que

Les failles du cadre juridique vont également rattrapés la cour de cassation comme une juridiction uniquement compétente à l'égard du sénateur pour des actes commis pendant ses fonctions.

d. Le vide en matière des poursuites des anciens premiers ministres pour les actes infractionnels dans le cadre ou à l'exercice de leur fonction

Comme nous l'avions déjà relevé, la constitution de la RDC ainsi que la loi sur la cour constitutionnelle ne font nullement mention de la question des poursuites d'un ancien premier ministre pour les actes infractionnels liés à sa fonction au moment où il était premier ministre.

Les deux textes juridiques se limitent à traiter d'une part, de la responsabilité pénale du premier ministre pour des faits pénaux relevant de sa fonction ou à l'occasion de sa fonction devant la cour constitutionnelle. Et d'autre part, de la responsabilité pénale de l'ancien premier ministre pour les actes pénaux commis en dehors de ces fonctions devant les juridictions de droit commun.

Il s'agit d'un vide juridique observable en droit congolais qui peut être considéré comme une forme d'impunité institutionnalisée au moment de l'élaboration de ces deux textes.

e. Les lacunes en matière des poursuites des anciens premiers ministres comme forme d'impunité institutionnelle et les perspectives *de lege ferenda*

Par impunité, il faut entendre « l'absence en droit ou en fait de la mise en cause de la responsabilité pénale des auteurs des violations des droits humains ainsi que de leurs responsabilités civiles, administratives ou disciplinaires en ce qu'ils échappent à toute enquête tendant à permettre leur mise en accusation, leur arrestation, leur jugement et s'ils sont reconnus coupables, leur condamnation à des peines appropriées y compris à réparer le préjudice subi par leurs victimes ».182

De ce qui précède, nous pouvons donc comprendre que l'impunité consiste d'abord en une absence de peine, ensuite en une absence ou une inadéquation de la règle sur le comportement (règle d'incrimination) et enfin, elle découle aussi du manque de politique criminelle, de la violation systématique du droit à un procès pénal et de l'absence d'exécution de la sanction.183

182 Conférence Internationale sur l'Impunité en Haïti du 23 juin 2003, Réseau Nationale de Défense des Droits Humains, disponible sur www.rnddh.org, (consulté le 09 août 2023).
183Revue Congo-Afrique, Examen critique du projet de Constitution de la RDC à soumettre au référendum, CEPAS, numéro spécial 397, septembre 2005, p. 100-102.

L'impunité peut aussi être définie comme le fait de n'être pas puni ; de se soustraire à la punition (par la fuite) ou d'y échapper soit du fait des circonstances (faute des preuves), soit pour une raison de droit (immunité, prescription criminelle).184

Le Professeur Luzolo relève trois grandes catégories de causes de l'impunité en l'occurrence, les causes juridiques, les causes personnelles et les causes institutionnelles.

De ces trois causes, l'on peut se rendre compte que le cadre juridique congolais consacre l'impunité de l'ancien premier ministre pour des actes commis à l'occasion de l'exercice de ses fonctions. Et cette impunité est d'ordre institutionnel.

L'on peut remonter cette situation au moment de l'élaboration de la constitution du 18 février 2006 qui est une constitution ayant bénéficié en aval d'une adoption par referendum cependant, le contexte dans lequel elle a été conçu est caractérisé par « un contexte politique particulier, caractérisé, notamment, par la méfiance (J.-L. Esambo Kangashe, 2003 : 17) et la suspicion entre les différentes forces sociales et politiques en présence. Assurée par un parlement de transition composé des membres non élus, l'initiative est apparue, en pratique, plus diffuse, en ce qu'elle a associé d'autres acteurs nationaux dans une perspective ouverte aux suggestions de la communauté internationale (J.L Esambo Kangashe, 2017 : 63)».

Vue comme celle des belligérants compte tenu du contexte de guerre et de compromis entre belligérants dans lequel elle a été élaborée.

En effet, en droit constitutionnel, il existe trois techniques d'élaboration de la constitution, à savoir : le plébiscite constituant, la convention et le référendum

---

184 G. CORNU (dir.), *Vocabulaire juridique*, Paris, PUF, 8ème édition, 2007, p. 473.

constituant(J.L Esambo Kangashe, 2017 : 31) qui tendent à engendrer trois groupes des constitutions entre autres les Constitutions provisoires (élaborées à la suite des accords politiques et ayant une mission limitée dans le temps), les constitutions intérimaires ou circonstancielles (se situant entre deux périodes185), et les Constitutions définitives, en raison de leur adoption par référendum (F. Vunduawe te Pemako, 2007 : 209.).

Et la constitution du 18 février 2006 est une constitution définitive qui est passée par la technique du referendum constituant quoiqu'au moment de son élaboration, le peuple n'était pas sollicité. Seul, au moment de son adoption que le peuple sera sollicité par voie référendaire. Il en ressort que c'est en ce moment que l'on glissé cette impunité dans le but d'empêcher la redevabilité pénale des anciens premiers ministres pour les actes pénaux commis dans le cadre de leur fonction ou à l'exercice de leur fonction.

Cet état des choses est susceptible de conduire pour les anciens premiers futurs d'échapper à toutes poursuites après cessation de leurs fonctions.

C'est dans cet ordre que les propos du professeur Luzolo Bambi prennent tout leur sens en ce que « l'impunité est aujourd'hui un des maux qui consacrent la disparition de l'Etat avec toutes les conséquences néfastes qui en découlent, notamment l'insécurité sociale. Elle représente le triomphe du mensonge, du silence et de l'oubli. Elle viole et empoisonne la mémoire des individus et des communautés (E-J Luzolo Bambi Lessa, 2018 : 1143). Ainsi, l'impunité ne peut s'accommoder avec la paix, c'est-à-dire pas de paix dans l'impunité, car, il n'y a pas d'Etat de droit, ni démocratique dans l'impunité (E-J Luzolo Bambi Lessa, 2018 : 531).

---

185 Lire KAMUKUNY MUKINAYI A., *Droit constitutionnel congolais*, Louvain-la-Neuve, Académia-L'Harmattan, 2011, p. 59.

Il y a lieu, en termes des perspectives de *lege ferenda*, de corriger cet état juridique ambigu et de carence des choses avec une double révision ; d'une part, au niveau constitutionnel car, « Élaborée par le pouvoir constituant originaire, la Constitution n'est pas faite pour l'éternité ; elle est appelée à s'adapter à l'évolution, sans cesse changeante, de la société. La révision vise, donc, la conformité de la Constitution à l'évolution de la société, mieux à celle du temps (J.-L. Esambo Kangashe, 2013 : 98-99) » et au niveau législatif.

De lege lata, la cour constitutionnelle au travers son arrêt n'a fait que se déclarer incompétente, donnant lieu à la cour de cassation juge naturel du sénateur matata ponyo d'être saisit pour connaitre des faits criminels à sa charge dans le cadre de l'exécution du PAI de Bukanga Lonzo.

III. La cour de cassation compétente uniquement à l'égard d'un sénateur pour des actes commis pendant ses fonctions

Avec la brèche ouverte par l'arrêt de la cour constitutionnelle se déclarant incompétente, le procureur général près la cour constitutionnelle s'est vue obligé de passer le flambeau à son collègue procureur général près la cour de cassation pour exercer les poursuites contre Matata ponyo et consorts, actuellement sénateur devant son juge naturel, à savoir : la cour de cassation186.

Cependant, devant cette juridiction également, certaines questions juridiques se sont posées à propos du fait de la compétence de la cour de cassation à

186 Aux termes de l'article 75 de la loi organique n°13/010 du 19 février 2013 relative à la procédure devant la Cour de cassation : « Sauf dans le cas où le parlementaire peut être poursuivi ou détenu sans l'autorisation préalable de l'Assemblée Nationale, du Sénat ou de leur Bureau selon le cas, Si le Procureur Général près la Cour de Cassation, estime que la nature des faits et la gravité des indices relevés justifient l'exercice de l'action publique, il adresse au Bureau de la Chambre dont fait partie le parlementaire, un réquisitoire aux fins de l'instruction. L'autorisation une fois obtenue, le Procureur Général pose tous les actes d'instruction »

poursuivre un sénateur pour des faits commis avant l'acquisition de sa qualité de sénateur.

Une équation qui a donné lieu à des exceptions d'incompétences (A) ainsi que de l'irrecevabilité soulevées par la défense et rencontrés difficilement par le ministère public (B), conduisant la cour à saisir la cour constitutionnelle en interprétation de la constitution alors qu'elle ne dispose pas de cette qualité. La cour constitutionnelle a son tour, déclarant cette requête irrecevable s'est néanmoins donné le pouvoir de statuer et de s'auto redésigner comme juridiction compétente à poursuivre un ancien premier ministre, d'où l'incompétence d'office de la cour de cassation (C).

A. Les exceptions de l'incompétence de la cour de cassation et le contre argument du ministère public

Devant la cour de cassation, les exceptions d'incompétence soulevées ont tourné, d'une part, autour des exceptions d'incompétence personnelle de la cour de cassation à juger un ancien premier ministre ; et d'autre part, des exceptions d'incompétence matérielles.

1. Les exceptions de l'incompétence personnelle

La première exception soulevée est celle relative à l'incompétence personnelle de la cour de cassation tirée de la violation de l'article 163 de la Constitution qui dispose comme suit : « *La Cour constitutionnelle est la Juridiction du Chef de l'Etat et du Premier ministre dans les cas et conditions prévues par la Constitution* ».

La compétence judiciaire étant d'attribution, il ressort de cette disposition que deux personnes relèvent de la compétence répressive de la Cour constitutionnelle, à savoir, le Chef de l'Etat et le Premier Ministre.

Or, Monsieur MATATA PONYO MAPON est poursuivi pour des faits qu'il aurait commis quand il était Premier Ministre, de 2012 à 2016. Il est revêtu, au moment des faits, d'une qualité qui n'en faisait pas un justiciable de la Cour de cassation. Donc, la Cour de cassation ne peut être compétente ou se sentir concernée par des actes de fonction d'un Premier Ministre, qu'il soit en fonction ou qu'il ait quitté ses fonctions. Car, le Premier Ministre, lorsqu'il s'agit des actes commis dans l'exercice ou à l'occasion de l'exercice de ses fonctions, n'est justiciable, exclusivement, que de la Cour constitutionnelle.

La deuxième exception de l'incompétence personnelle est tirée de l'article 168 de la Constitution en ses alinéas 1er et 2eme qui dispose que : « *Les arrêts de la Cour constitutionnelle ne sont susceptibles d'aucun recours et sont immédiatement exécutoires. Ils sont obligatoires et s'imposent aux pouvoirs publics, à toutes les autorités administratives et juridictionnelles, civiles et militaires, ainsi qu'aux particuliers. Tout acte déclaré non conforme à la Constitution est nul de plein droit* ».

Il résulte des éléments de ce dossier, qu'en date du 15 novembre 2021, la Cour constitutionnelle a rendu son arrêt sous RP.0001 dont trois des motifs sont ainsi successivement libellés : « *La Cour précise que l'exigence du principe de la légalité concerne aussi la procédure, ce qui revient à dire que ce principe exige que la procédure pénale à appliquer contre un justiciable doit être celle expressément prévue par les textes constitutionnels et législatifs en vigueur. De même, il n'y a pas de juge ou de juridiction sans la loi. Ce qui veut dire qu'une personne ne peut être poursuivie que devant une juridiction préalablement connue dans un texte de loi. Il s'agit là d'un principe constitutionnellement garanti par l'article 17 alinéa 2ème de la Constitution* » (15ème feuillet) ; l'article 17 alinéa 2 dispose : « *Nul ne peut être poursuivi, arrêté, détenu ou condamné qu'en vertu de la loi et dans les formes quelle prescrit* ».

« *La Cour relève que la compétence juridictionnelle étant d'attribution, le Prévenu MATATA PONYO MAPON Augustin, qui a cessé d'être Premier*

ministre en fonction au moment où les poursuites contre lui sont engagées, doit être poursuivi devant son juge naturel, de sorte que, autrement il serait soustrait du juge que la Constitution et les lois lui assignent, et sont en violation de l'article 19 alinéa 1er de la Constitution » ;
Nous citons l'article 19 alinéa 1er : « *Nul ne peut être ni soustrait ni distrait contre son gré du juge que la loi lui assigne* ».

« *La Cour rappelle que la théorie de l'interprétation du droit pénal est marquée par le caractère strict de l'interprétation et, est basée sur le principe de la légalité des délits et des peines. De même, la procédure pénale est caractérisée par le principe selon lequel la loi doit être prévisible et accessible. Une décision judiciaire condamnant un prévenu au mépris de ce principe ne peut être régulière* ».
Il résulte de ce qui précède que selon l'appréciation de la Cour constitutionnelle et à l'état actuel de la Constitution et des lois de la République, aucun texte ne prévoit la procédure pénale à appliquer contre un ancien Premier Ministre, ni aucune juridiction compétente pour le juger pour des infractions politiques ou de droit commun commises dans l'exercice de ses fonctions ou à l'occasion de l'exercice de celles-ci.

La personne du Premier ministre (qualité) échappe aux juridictions de l'ordre judiciaire, y compris la première d'entre elles, suivant cette interprétation de la Cour constitutionnelle : « *elle (la Cour) observe que l'article 164 reconnait au Président de la République et au Premier ministre un privilège de juridiction tout simplement parce qu'il s'agit d'une question présentant un caractère politique trop accentué pour être examinée par une juridiction de l'ordre judiciaire. En plus, il est nécessaire que le Président de la République ou le Premier ministre soit à l'abri de poursuites comme tout citoyen, qui empêcheraient l'exercice des pouvoirs que leur confère la Constitution* » (RP.0001 du 15 novembre 2021, treizième feuillet).

La défense a conclu en disant que les arrêts de la Cour Constitutionnelles n'étant susceptibles d'aucun recours, étant immédiatement exécutoires et obligatoires, et s'imposant aux pouvoirs publics, à toutes les autorités administratives et juridictionnelles, civiles et militaires, ainsi qu'aux particuliers, la Cour de cassation devra éviter de s'ériger en une juridiction de recours ou de renvoi et voudra bien se déclarer incompétente pour ces motifs.

La troisième exception de l'incompétence personnelle tirée de la violation de l'article 153 de la Constitution et des articles 93, 94, 95 de la loi organique N°13/011 du 11 avril 2013 portant organisation, fonctionnement et compétence des juridictions de l'ordre judiciaire.

La compétence judiciaire étant d'attribution, il ressort de la lecture combinée de ces dispositions que la Cour de cassation connait des pourvois en cassation formés contre les arrêts et jugements rendus en derniers ressorts par les cours et tribunaux civils et militaires. De même, la Cour de cassation connait en premier et dernier ressort notamment des infractions commises par les membres de l'Assemblée Nationale et du Sénat. Et, les infractions dont il est question sont celles commises par les parlementaires dans l'exercice de leurs fonctions. Cela ressort clairement de l'arrêt rendu sous RP.0001 par la Cour constitutionnelle en ces termes :

« *La Cour opine par ailleurs que les immunités parlementaires ou l'irresponsabilité parlementaire est la protection des parlementaires contre les poursuites judiciaires pour tous les actes accomplis dans l'exercice de leurs fonctions. Cette irresponsabilité pénale et civile tend à assurer l'indépendance des parlementaires, mais ne les soustrait pas au pouvoir disciplinaire de leurs paires. D'une part, par immunité il faut entendre l'institution de l'irresponsabilité seulement, l'inviolabilité n'étant qu'un ensemble des privilèges dans les mécanismes de poursuite. D'autre part, les immunités consistent dans les deux, l'irresponsabilité et l'inviolabilité, la première étant une immunité absolue, la deuxième une immunité de procédure.*

L'inviolabilité est aussi définie comme un privilège destiné à protéger le parlementaire contre le risque d'une poursuite intempestive et consiste dans l'aménagement d'une procédure particulière dérogatoire au droit commun » (14ème feuillet du RP.0001 de la Cour Constitutionnelle).

Or, les détournements pour lesquels le Sénateur MATATA PONYO MAPON est poursuivi, n'ont aucun lien avec ses fonctions de parlementaire et plus précisément de Sénateur. Car, ils sont situés dans la période allant de novembre 2013 à décembre 2016, c'est-à-dire période au cours de laquelle il était Premier ministre et non Sénateur.

A cet effet, la cour de cassation ne pouvant juger que les infractions des parlementaires commises pendant qu'ils sont en fonction ou dans l'exercice de leur fonction devra se déclarer incompétente à l'égard d'un Premier ministre, par ailleurs aujourd'hui devenu honoraire, qui n'est justiciable que de la Cour constitutionnelle s'agissant des actes commis au cours de son mandat de Premier ministre et pendant qu'il était en fonction.

La quatrième exception d'incompétence personnelle est celle tirée de la violation de l'article 19, en ses alinéas 1er et 2 de la Constitution qui dispose: « *Nul ne peut être ni soustrait ni distrait contre son gré du juge que la loi lui assigne. Toute personne a droit à ce que sa cause soit entendue dans un délai raisonnable par le juge compétent* »

Cette définition constitutionnelle est une mise en œuvre de l'article 26 du Pacte international relatif aux droits civils et politiques qui dispose : « *Toutes les personnes sont égales devant la loi et ont droit sans discrimination à une égale protection de la loi. A cet égard, la loi doit interdire toute discrimination et garantir à toutes les personnes une protection égale et efficace contre toute discrimination, notamment de race, de couleur, de sexe, de langue, de religion, d'opinion politique ou de toute autre opinion d'origine nationale ou sociale, de fortune, de naissance ou de toute autre situation* ».

Or, de l'ensemble des éléments du dossier il apparait clairement qu'aucune disposition de la Constitution ou qu'aucun instrument international n'apparait pour justifier la compétence de la cour de cassation à l'égard d'un ancien Premier ministre pour des actes commis dans l'exercice ou à l'occasion de l'exercice de ses fonctions.

En dehors des exceptions de l'incompétence personnelle, existent des exceptions de l'incompétence matérielle de la cour de cassation.

2. Les exceptions de l'incompétence matérielle

Comme première exception de l'incompétence matérielle, la défense a soulevée celle tirée de la violation des articles 164, 165 et 166 alinéa 1er de la Constitution.

L'article 164 de la Constitution dispose comme suit : « *La Cour constitutionnelle est le juge pénal du Président de la République et du Premier ministre pour des infractions politique de haute trahison, d'outrage au parlement, d'atteinte à l'honneur ou à la probité ainsi que pour les délits d'initié et pour les autres infractions de droit commun commises dans l'exercice ou à l'occasion de l'exercice de leurs fonctions. Elle est également compétente pour juger leurs co-auteurs et complices* » ;

L'article 165 de la Constitution dispose comme suit : « *Sans préjudice des autres dispositions de la présente Constitution, il y a haute trahison lorsque le Président de la République a violé intentionnellement la Constitution ou lorsque lui ou le Premier ministre sont reconnus auteurs, co-auteurs ou complices de violations graves et caractérisées des Droits de l'Homme, de cession d'une partie du territoire national.*

Il y a atteinte à l'honneur ou à la probité notamment lorsque le comportement personnel du Président de la République ou du Premier ministre est contraire aux bonnes mœurs ou qu'ils sont reconnus auteurs, co-auteurs ou complices de malversations, de corruption ou d'enrichissement illicite.

Il y a délit d'initié dans le chef du Président de la République ou du Premier ministre lorsqu'il effectue des opérations sur valeurs immobilières ou sur marchandises à l'égard desquelles il possède des informations privilégiées et dont il tire profit avant que ces informations soient connues du public. Le délit d'initié englobe l'achat ou la vente d'actions fondés sur des renseignements qui ne seraient jamais divulgués aux actionnaires.

Il y a outrage au Parlement lorsque sur des questions posées par l'une ou l'autre Chambre du Parlement sur l'activité gouvernementale, le Premier ministre ne fournit aucune réponse dans un délai de trente jours ».

L'article 166 alinéa 1er quant à lui dispose comme suit : « *La décision de poursuites ainsi que la mise en accusation du Président de la République et du Premier ministre sont votées à la majorité des deux tiers des membres du Parlement composant le Congrès suivant la procédure prévue par le Règlement Intérieur* ».

De la lecture de ces dispositions constitutionnelles, il apparait clairement que le constituant entendait créer un régime d'incriminations spécifiques, et dérogatoire au droit commun, un régime hybride en ce sens qu'il crée d'une part des infractions politiques dont ne peuvent répondre que le Président de la République et le Premier ministre en fonction et d'autre part, des infractions de droit commun qui ne peuvent être jugées que lorsque leurs auteurs justiciables de la Cour constitutionnelle sont en pleine exercice de leur mandat.

Ces infractions politiques et celles de droit commun, prévues et définies aux articles 164 et 165 de la Constitution, et dont la procédure de poursuites et de mise en accusation est prévue par l'article 166 de la même Constitution, ont en commun qu'elles doivent, pour être jugées, avoir été commises par un Chef d'Etat, un Premier ministre en fonction, « *dans l'exercice ou à l'occasion de l'exercice de leurs fonctions* » et doivent être jugés pendant leur mandat avec, au bout du processus, la déchéance prononcée par la Cour constitutionnelle, comme le prévoit l'article 167 de la Constitution.

Ainsi, il est clairement établi, par des dispositions constitutionnelles pertinentes ci-dessus relevées, que la compétence matérielle pour les infractions commises par le Président de la République et le Premier ministre en fonction, dans l'exercice ou à l'occasion de l'exercice de leurs fonctions, n'a été reconnue expressément et exclusivement qu'à la Cour constitutionnelle et non à la Cour de cassation.

La deuxième exception de l'incompétence matérielle concerne l'article 153, alinéa 3 point 1 de la Constitution.

En effet, la compétence de la Cour de Cassation à l'égard d'un Sénateur n'est justifiée que pour les infractions commises par un Sénateur dans l'exercice de ses fonctions. Ceci ressort clairement de cet extrait du RP.0001 rendu le 15 novembre 2021 :

« *La Cour (Constitutionnelle) opine par ailleurs que les immunités parlementaires ou l'irresponsabilité parlementaire est la protection des parlementaires contre les poursuites judiciaires pour tous les actes accomplis dans l'exercice de leurs fonctions. Cette irresponsabilité pénale et civile tend à assurer l'indépendance des parlementaires, mais ne les soustrait pas au pouvoir disciplinaire de leurs paires…*

L'inviolabilité est aussi définie comme un privilège destiné à protéger les parlementaires contre le risque d'une poursuite intempestive et consiste dans l'aménagement d'une procédure particulière, dérogatoire au droit commun.

La Cour relève que ces règles sont destinées à préserver le parlementaire dans l'exercice de ses fonctions » (La Cour Constitutionnelle : RP.0001 du 15 novembre 2021, Quatorzième feuillet).

Dès lors que les infractions poursuivies ont été commises non par un Sénateur, qu'il n'était pas encore, mais plutôt par un Premier ministre, aujourd'hui honoraire, la Cour de cassation déclinera sa compétence tirée de la violation de l'article 153, alinéa 3 point 1.

Je rappelle la réaction du ministère public face aux exceptions de la cour de cassation soulevées par la défense.

3. La réaction du ministère public face aux exceptions d'incompétence de la cour de cassation soulevées par la défense

Pour répondre à ce moyen d'ordre public et imparable, tirée de l'incompétence à la fois personnelle et matérielle de la Cour de cassation à juger un Premier Ministre honoraire, le Ministère Public a dit : « *l'arrêt rendu par la Cour constitutionnelle en date du 15 novembre 2021 sous RP.0001 n'a pas dit quelle est la juridiction compétente pour juger un Premier Ministre devenu honoraire et que c'est par honneur à quelqu'un qui a exercé une ci-haute fonction qu'il l'a déféré devant la Cour de cassation* ».

Quelle est la réaction du procureur près la cour de cassation face aux exceptions de l'irrecevabilité d'action du ministère public ?

B. Les exceptions de l'irrecevabilité d'action du ministère public et la réaction du procureur près la cour de cassation

Outre les exceptions d'incompétences soulevées, la défense s'est évertuée à soulever également les exceptions de l'irrecevabilité de l'action devant la cour de cassation au cas où la Cour de cassation se déclarait compétente pour juger le Prévenu MATATA PONYO MAPON. Ces exceptions tournent essentiellement autour du non-respect et de la procédure organisée par le législateur congolais pour mettre en accusation un Premier ministre, encore moins et de la procédure tendant à déclencher les poursuites contre un membre du Parlement.

Je signale qu'il s'agit des exceptions d'irrecevabilité tirées de la violation des articles 17 alinéa 2 ; 19 alinéas 3, 4, et 61 points 5 ; 166 alinéa 1er ; 28, alinéa 1er ; 62.

1. Exception d'irrecevabilité tirée de la violation de l'article 17 alinéa 2 de la constitution.

Il s'agit d'une exception soulevée par le collectif de la défense dans la mesure où les prescrits de l'article 17, alinéa 2 de la Constitution obligent que :« *Nul ne peut être poursuivi, arrêté, détenu ou condamné qu'en vertu de la loi et dans les formes qu'elle prescrit* ».

Cependant, l'affaire pour laquelle les prévenus Matata, Kitebi et Grobler sont cités devant la cour de cassation a déjà fait d'un arrêt de la Cour constitutionnelle, RP.0001 du 15 novembre 2021 qui décline sa compétence et qui est opposable à tous, institutions, juridictions et particuliers, et de manière explicite le même arrêt de la Cour constitutionnelle énonce qu'il n'existe pas de juge sans loi, la compétence étant toujours d'attribution.

A cet effet, cette exception doit amener la cour de cassation à déclarer l'action irrecevable car, elle n'a pas comme attribution de juger un Premier Ministre, ses co-auteurs et complices, ni même un Sénateur lorsque celui-ci est poursuivi pour des actes qu'il aurait commis pendant qu'il était Premier Ministre.

Que retenir de l'exception d'irrecevabilité en violation des articles 19 alinéas 3 et 4 et 61 point 5 de la constitution de la RDC ?

2. Exception d'irrecevabilité tirée de la violation des articles 19 alinéas 3 et 4, et 61 point 5 de la constitution de la RDC.

Aux termes de l'article 19 alinéas 3 et 4 de la constitution de la RDC : « *Le droit de la défense est organisé et garanti. Toute personne a le droit de se défendre elle-même ou de se faire assister d'un défenseur de son choix et ce, à tous les niveaux de la procédure pénale, y compris l'enquête policière et instruction pré juridictionnelle* ».

Au regard de cette disposition constitutionnelle, la défense ressort le fait que la fixation du dossier instruit au Parquet Général près la Cour de cassation sous le RMP.V/0073/PGCCAS/MUN et enrôlé sous RP.09/CR n'a jamais été précédée de l'audition du Prévenu Matata Ponyo Mapon moins encore de Kitebi, ni de Grobler.

Cela constitue une atteinte aux droits de la défense, tels que prévus et définis par la Constitution.

J'évoque à présent l'exception d'irrecevabilité tirée de la violation de l'article 166 alinéa 1er de la constitution.

3. Exception d'irrecevabilité tirée de la violation de l'article 166 alinéa 1er de la constitution.

Ici, l'exception se fonde sur l'article 166, alinéa 1er de la Constitution qui oblige que : « *La décision de poursuites ainsi que la mise en accusation du Président de la République et du Premier Ministre sont votées à la majorité des deux tiers des membres du Parlement composant le Congrès suivant la procédure prévue par le Règlement Intérieur* » ;

La conséquence est telle que si la cour de cassation veut s'arroger la compétence de juger le Prévenu Matata Ponyo Mapon pour des faits qu'il aurait soi-disant commis pendant qu'il assumait les fonctions de Premier Ministre, qu'elle le considère comme tel ou encore comme Premier Ministre Honoraire et, s'obstine à le juger, l'Officier du Ministère Public devra prouver devant la Cour de cassation qu'il avait reçu du Parlement réuni en congrès, la décision de poursuite votée à la majorité des deux tiers des membres du Parlement composant le congrès suivant la procédure prévue par le Règlement Intérieur, il en est de même de la décision de le mettre en accusation. Auquel cas contraire, la cour de cassation devra déclarer l'action du ministère public irrecevable.

Une autre exception découle de l'article 28 alinéa 1er de la constitution à évoquer.

4. Exception d'irrecevabilité tirée de la violation de l'article 28, alinéa 1er de la constitution.

Cette exception soulevée par la défense est fondée sur les prescrits de l'article 28 alinéa 1er de la Constitution qui veut que : « *Nul n'est tenu d'exécuter un ordre manifestement illégal. Tout individu, tout agent de l'Etat est délié du devoir d'obéissance lorsque l'ordre reçu constitue une atteinte manifeste au respect des droits de l'homme et des libertés publiques et de bonnes mœurs* ».

En effet, d'après la lettre N/Réf : 500/DMK 184/DA/CAB/ME/MIN/J&GS/2022 du 09 mars 2022 de Madame la Ministre d'Etat, Ministre de la Justice et Garde des Sceaux187, la défense ressort un

187 Les termes de la lettre sont les suivants : « *Monsieur le Procureur Général, J'ai l'honneur de vous rappeler que c'est depuis le 03 décembre 2021 que le dossier repris en marge (Objet :*

caractère excessif dans l'exercice du pouvoir d'injonction sur le procureur Général près la Cour de Cassation dans la mesure où elle s'évertue d'interférer purement et simplement dans une affaire qui n'en est plus au stade de l'instruction préparatoire, mais aussi qui a déjà fait l'objet d'un arrêt de la Cour constitutionnelle qui, aux termes de l'article 168 de la Constitution révisée, n'est susceptible d'aucun recours et, est immédiatement exécutoire, obligatoire et opposable aux pouvoirs publics, à toutes les autorités administratives et juridictionnelles, civiles et militaires ainsi qu'aux particuliers.

Cependant, le pouvoir d'injonction ne peut s'exercer ni arbitrairement, ni anarchiquement, et trouve ses limites dans les termes même de la loi : « *initier ou continuer toute instruction préparatoire portant sur des faits infractionnels qui ne ressortent pas de la compétence de la Cour de Cassation* ». Bien plus, il lui est interdit « d'interférer dans la conduite de l'action publique »188.

De la lecture de la lettre du ministre de la justice, la défense dégage clairement qu'il s'agit d'une interférence, voire d'une injonction politique et, en faisant fixer l'affaire, le Procureur Général près la Cour de cassation a exécuté un ordre manifestement illégal.

Dès lors, aucune violation de la Constitution et de la loi ne pouvant justifier une action aussi mal engagée, la seule sanction que la cour devra prononcer, c'est de la déclarer irrecevable.

Que retenir de l'article 62 de la constitution ?

Dossier sous RMP 001/PG/C.CONS/MOP MP C/ Augustin MATATA PONYO MAPON) vous a été transmis pour dispositions, par le Procureur Général près la Cour Constitutionnelle qui l'avait suffisamment instruit avant de l'envoyer en fixation devant cette juridiction.

Dans l'intérêt d'une bonne administration de la justice, j'aimerais connaitre la suite réservée par votre office au traitement dudit dossier qui semble durer. Vous réserverez à la présente le bénéfice de votre diligence... ».

188 Lire à ce sujet l'article 70 de la loi organique n°13/011-B du 11 avril 2013

5. Exception d'irrecevabilité tirée de la violation de l'article 62 de la constitution.

Ici, l'article 62 alinéas 2 de la Constitution dispose comme suit : « *Toute personne est tenue de respecter la Constitution et de se conformer aux lois de la République* ». À cet effet, la sanction du non-respect de la constitution ainsi que la non-conformité aux lois est l'recevabilité de l'action.

D'après la défense, cette solution devra être appliquée à la procédure des poursuites engagée contre Matata ponyo, Kitebi et Grobler.

Je signale en outre des exceptions d'irrecevabilité tirée de la violation de la loi organique relative à la procédure devant la cour de cassation soulevées par la défense.

6. Exceptions d'irrecevabilité tirée de la violation de la loi organique relative à la procédure devant la cour de cassation.

J'évoque les exceptions d'irrecevabilités tirées de la violation des articles 75 et 77 de la loi organique relative à la procédure devant la cour de cassation.

a. Exception d'irrecevabilité tirée de la violation de l'article 75 de la loi relative à la procédure devant la cour de cassation

D'après l'article 75 de la loi organique relative à la procédure devant la cour de cassation : « *Sauf dans le cas où le parlementaire peut être poursuivi ou détenu sans l'autorisation préalable de l'Assemblée Nationale, du Sénat ou de leur Bureau selon le cas, Si le Procureur Général près la Cour de Cassation, estime que la nature des faits et la gravité des indices relevés justifient l'exercice de l'action publique, il adresse au Bureau de la Chambre dont fait partie le parlementaire, un réquisitoire aux fins de l'instruction.*

L'autorisation une fois obtenue, le Procureur Général pose tous les actes d'instruction » ;

Cependant, il ressort du dossier que le Procureur Général près la Cour de cassation n'a jamais adressé au bureau du Sénat dont fait partie Monsieur Matata Ponyo Mapon, un réquisitoire aux fins de l'instruction.

Ainsi, l'action publique ne peut qu'être déclaré irrecevable.

Que retenir de l'article 77 de la même loi organique sur la procédure de devant la cour de cassation ?

b. Exception d'irrecevabilité tirée de l'article 77 de la loi organique.

L'article 77 dispose comme suit : « *Si le Procureur Général estime devoir traduire l'inculpé devant la Cour, il adresse un réquisitoire au Bureau de la Chambre dont fait partie le parlementaire aux fins d'obtenir la levée des immunités et l'autorisation des poursuites.*

Une fois l'autorisation obtenue, il transmet le dossier au Premier Président pour fixation d'audience.

Le Procureur Général fait citer le Prévenu devant la Cour en même temps que les personnes poursuivies conjointement en raison de leur participation à l'infraction commise par le parlementaire ou en raison d'infraction connexe ».

Il ressort de la disposition ci-dessus que le Procureur Général, lorsqu'il estime devoir traduire l'inculpé devant la Cour, il adresse un réquisitoire au bureau de la chambre dont fait partie le parlementaire aux fins d'obtenir la levée des immunités et l'autorisation de poursuite.

Or, il ressort du dossier que jamais réquisitoire n'a été adressé au bureau du Sénat par le Procureur Général près la Cour de cassation, afin d'obtenir la levée des immunités et l'autorisation des poursuites.

Nous tenons à préciser que la jurisprudence comme la doctrine sont unanimes pour affirmer que lorsque les poursuites sont autorisées suite à la levée des immunités parlementaires, *celles-ci sont cependant limitées aux faits pour lesquels la levée des immunités a été accordée* (M.-A. Beernaert, H. D. Bosly et D. Vandermeersch, 2021 : 1960 ; T. Kavundja N. Maneno, 2022 : 1243).

La conséquence logique est celle de l'irrecevabilité de l'action publique pour non-conformité aux prescrits de l'article 77 de la loi organique relative à la procédure devant la cour de cassation.

Qu'en est-il de la réaction du ministère public à propos des différentes exceptions soulevées ?

7. La réaction du Procureur General près la cour de cassation face aux exceptions soulevées par la défense

Pour rencontrer les différents moyens d'irrecevabilité ci-haut développés et combien pertinents, le Ministère Public a été buté à des difficultés pour construire son argumentaire en vue de justifier les accusations de violations par lui de la Constitution et de la loi organique organisant la procédure devant la Cour de cassation. Les limites de ses propos ont été de dire que le premier cité c'est-à-dire Matata ponyo n'est pas couvert d'immunité et que c'est ainsi qu'il le poursuit sans pour autant se donner la peine de solliciter l'autorisation de le poursuivre, moins encore la levée de ses immunités.

Quelle est la décision de la cour de cassation et la suite réservée à sa décision au regard des exceptions soulevées par la défense et la réaction du ministère public ?

C. La décision de la cour de cassation, la saisine de la cour constitutionnelle comme juge d'interprétation et le revirement jurisprudentiel

Face aux différents moyens soulevés par la défense et la réaction du ministère public, la cour de cassation s'est donnée le travail de saisir la cour constitutionnelle en interprétation de la constitution qui entrainera un revirement jurisprudentiel et occasionnera la déclaration d'incompétence de la cour de cassation.

Cet état des arrêts rendus mérite des commentaires aussi bien dans la procédure de saisine de la cour constitutionnelle en interprétation de la constitution, que dans la voie du revirement jurisprudentiel qui parait ambigu à notre avis.

IV. Les commentaires des arrêts et l'ambiguïté du revirement jurisprudentiel

La justice dans un Etat, sert de thermomètre pour jauger la température d'un véritable Etat de droit ; car dit-on, « *la justice élève une nation*»*189*.

Nous nous proposons de faire quelques observations sur les arrêts sous R.Const. 1880, 1816 et RP 0001 rendus par la Cour Constitutionnelle suivant la requête en interprétation de l'article 168 de la Constitution introduite en date du 6 décembre 2022 par un groupe de sénateurs[190] ainsi que l'arrêt de la Cour de cassation sous RP. 09/CR du 22 juillet 2022.

189 *La Bible*, version Louis Second dans Proverbes 14 :34

190 Dont Madame et Messieurs ULUNGU EKUNDA LUKATA Berthold, MATATA PONYO MAPON Augustin, KAZADI NGOY Gabriel, KIBAYA MUNEMBWE Jean-Pierre, DASYO MOKFE Thalie, ZAGBALAFIO ANGALA Jean-Pierre, KAMITATU SONA Marie-Josée, MOLEKA LIAMBI Jean de Dieu, CHIKEZ DIEMU Ghislain, MABAYA GIZI AMINE Jean-Philibert, LELO NZAZI Rolly et MUZANGISA MUTALENU Laurent

Dans la requête ayant conduit à l'arrêt sous R.Const 1880, les honorables sénateurs avaient saisi la Cour Constitutionnelle pour obtenir d'elle, ce qu'elle entend par « l'irrévocabilité et le caractère exécutoire des arrêts de la Cour constitutionnelle » conformément à l'article 168 de la Constitution.

Pour mieux étoffer notre analyse, il nous paraît convenable, avant toute chose, de chercher à comprendre quelques notions importantes invoquées de manière ramassée dans ces décisions, à savoir : L'autorité de la chose jugée (A) ; L'irrévocabilité et le caractère exécutoire des arrêts de la Cour constitutionnelle (B) ; Le revirement jurisprudentiel (C) ; Le principe de l'autorité de la chose jugée ; La qualité de la Cour de cassation pour saisir la Cour constitutionnelle en interprétation (D) ; Le dialogue des juges (E); La Cour constitutionnelle comme juge de l'interprétation de la constitution (F).

A. De l'autorité de la chose jugée de l'arrêt sous RP 0001 rendu par la Cour constitutionnelle dans l'affaire dite « Bukanga Lonzo »

Il convient de préciser que l'autorité de la chose jugée n'est pas à confondre avec la force de la chose jugée qui, elle, vise l'irrévocabilité d'une décision de justice, une décision dépourvue des voies de recours.

L'autorité de la chose jugée d'une décision veut dire que dès qu'une décision est prononcée, ce qui y est jugé est et doit être considéré comme une vérité absolue et le même juge ne peut plus y revenir à nouveau (attention, il y a « autorité de la chose jugée » et la « force de chose jugée ». Ainsi, dès qu'une juridiction vide sa saisine par une décision sur la forme ou sur le fond d'un litige, ladite juridiction ne peut plus y revenir car, sa décision est définitive et ce qui y est dit doit être tenu pour vrai. Justement, en ce cas, cette décision peut être frappée d'une voie de recours. Et donc, elle n'a pas la force ou n'est pas coulée en force de chosée jugée. Dans ce dernier cas, l'on ne peut plus y revenir.

Dans un état de droit, la légitimité juridique de la Cour constitutionnelle tient à la maîtrise de la rigidité de la Constitution et de sa capacité de résolution équitable des contentieux constitutionnels.

Dans le cas d'espèce, il y a lieu d'admettre, mieux d'affirmer que l'arrêt rendu par la Cour constitutionnelle sous RP 0001, est revêtu de l'autorité de la chose jugée, dans la mesure où ce que le juge constitutionnel y a dit doit être considéré par tous comme vrai et qu'il ne peut plus y revenir pour statuer à nouveau. Autrement dit, la Cour constitutionnelle a vidé sa saisine et ne peut plus revenir sur le même dossier pour prendre une autre position.

Cependant, cette même Cour constitutionnelle, sous R.Const. 1816, faisant suite à la requête de la Cour de Cassation, est revenue sur sa compétence qu'il avait déjà déclinée, ce qui peut se justifier en termes de revirement jurisprudentiel mais pas pour le dossier pénal déjà jugé car le revirement jurisprudentiel ne doit pas rétroagir contre un dossier clôturé par un arrêt réputé irrévocable en vertu de l'article 168 de la Constitution.

Il apparaît donc évident que l'arrêt sous R.const. 1816 a été une œuvre constitutionnelle affreuse qui a suscité des opinions divergentes parce qu'en réalité, suivant les règles d'impartialité et d'objectivité, un juge qui a déjà opiné sur une question de droit ayant opposé les parties, est mal fondé de siéger encore pour connaître de la même demande opposant les mêmes parties ; *non bis in idem*.

Que dire de l'irrévocabilité d'une décision judiciaire ?

B. De l'irrévocabilité d'une décision judiciaire

Les arrêts de la Cour constitutionnelle sont irrévocables au sens de l'article 168 de la Constitution qui proclame ce qui suit : « *Les arrêts de la Cour* constitutionnelle *ne sont susceptibles d'aucun recours et sont immédiatement exécutoires. Ils sont obligatoires et s'imposent aux pouvoirs publics, à toutes les autorités administratives et juridictionnelles, civiles et militaires ainsi qu'aux particuliers* [191]».

Dans le cas de l'arrêt sous RP. 0001 rendu par la Cour constitutionnelle, il y a lieu de souligner que cette Cour n'a aucunement la possibilité de revenir sur cette affaire dite de « Bukanga Lonzo », en ce que, même rendu sur la forme, cet arrêt bénéficie des effets de l'article 168 de la Constitution (irrévocabilité) et de l'autorité de la chose jugée. Il est donc impensable pour la Cour constitutionnelle, de rouvrir les débats pour opposer dans le sens de remettre en cause son propre arrêt sous RP. 0001.

Que dire du revirement jurisprudentiel ?

C. Le revirement jurisprudentiel

De prime abord, il sied de définir « la jurisprudence », afin de mieux cerner la notion de revirement de jurisprudence.

En effet, la jurisprudence désigne l'ensemble des décisions rendues par les Cours et tribunaux sur une question de droit, allant dans le même sens et constituant un précédent.

La jurisprudence est considérée en RDC comme une source du droit et parfois, qui s'impose aux juridictions de renvoi lorsque la décision est rendue par la Cour de cassation ou constitutionnelle comme un arrêt de principe conformément à l'article 153, alinéa 4 de la Constitution. Elle est une source de droit, mais qui ne revêt pas la même obligatoriété avec la loi, le juge n'étant que « la bouche qui prononce les paroles de la loi ».

191 Constitution de la République Démocratique du Congo telle que modifiée par la loi n° 11/002 du 20 janvier 2011 portant révision de certains articles de la Constitution de la République Démocratique du Congo du 18 février 2006, art. 168, *in* *JORDC*, n° spécial, Kinshasa, 5 février 2011.

En France par exemple, plusieurs textes de valeur constitutionnelle et législative interdisent aux juges de « créer » des règles de droit :

- Les articles 34 et 37 de la Constitution française n'attribuent de compétence qu'au pouvoir législatif et au pouvoir règlementaire pour légiférer.
- L'article 16 de la Déclaration universelle des droits de l'homme et du citoyen pose le principe de la séparation des pouvoirs qui interdit au juge, de s'immiscer dans la fonction législative en élaborant des règles générales.

Dès lors, le revirement de jurisprudence peut se définir comme étant « *l'abandon par les Cours et Tribunaux eux-mêmes, d'une solution qu'ils avaient jusqu'à lors admise, l'adoption d'une solution contraire à celle qu'ils consacraient ou le renversement de tendance dans la manière de juger* ».192

Il s'ensuit que cet abandon d'une solution jusque-là admise, ne peut s'opérer que dans d'autres cas présentant certaines similarités, par exclusion à toute refonte d'une décision antérieure irrévocable.

Ainsi, tout revirement jurisprudentiel ayant pour but de revenir sur une affaire déjà jugée, se buterait indubitablement au principe de l'autorité de la chose jugée (de chose coulée en force de jugée).

D. Le principe de l'autorité de la chose jugée

Ce principe général de droit implique qu'une partie qui serait convoquée à comparaître devant un juge (pénal ou civil) au sujet d'une affaire ayant déjà fait l'objet d'un précédent jugement, pourrait se limiter à faire constater l'existence de cette décision, sans avoir d'autre justification à fournir.

---

192 Lire G. CORNU, *Vocabulaire juridique*, PUF, Paris, 8ème éd., p. 531.

Soulignons à ce stade que, ce principe interdit à un juge de revenir (juger à nouveau) sur sa propre décision qu'il a rendue antérieurement.

L'autorité de la chose jugée n'a lieu qu'à l'égard de ce qui a fait l'objet du jugement. Il faut que la demande soit entre les mêmes parties, formée par elles et contre elles en la même qualité.

Il est juridiquement admis que le principe de l'autorité de la chose jugée a un caractère d'ordre public en cas de nouvelles poursuites, la fin de non-recevoir tirée de la chose jugée doit être soulevée d'office par le juge ou le parquet (E.J. Luzolo Bambi Lessa et N. A. Bayona Ba Meya, 2011 : 439).

C'est ici l'occasion de dégager la grande différence avec le droit anglais (*common law*) où les arrêts des juridictions du droit constituent des règles prétoriennes obligatoires pour toutes les juridictions inférieures, indiqués sous le vocable « précédents » ou *« stare decisis »*.

Il s'avère important de poser la question de savoir si un déclinatoire de compétence, soit matérielle, territoriale ou personnelle, bien que d'ordre public, est-il un incident définitif sur le fond de sorte que le juge dessaisi ne peut plus y revenir sur d'autres formes ?

Dans son ouvrage intitulé « *Procédure civile »,* le Professeur Mukadi Bonyi et Katuala Kaba Kashala (1999 : 70-71) affirment ce qui suit *: « le déclinatoire de compétence est un moyen soulevé par le défendeur lorsqu'il estime que le demandeur a porté l'action en justice devant un tribunal qui n'est pas compétent en vertu de la loi. L'exception d'incompétence est donc bien un moyen utilisé par le défendeur pour faire obstacle à la demande puisqu'elle oblige le juge d'examiner si effectivement le tribunal est compétent pour connaitre du litige avant de statuer sur le fondement même de l'action en justice et d'en aborder l'examen...*

L'action sera vouée à l'échec avant que l'on discute au point de savoir si le défendeur a ou non raison sur le fond mais le demandeur pourra réintroduire sa demande devant le tribunal réellement compétent. Le moyen tiré de l'incompétence du tribunal est donc bien une exception puisque le défendeur oppose à la demande, un obstacle qui doit être discuté avant le fond. Cet obstacle est temporaire puisque la même demande pourra être introduite à nouveau devant le tribunal compétent dans le cas où l'exception est rejetée, le tribunal pourra trancher le fond, puisqu'il se sera déclaré compétent pour procéder à cet examen ».

Cette analyse donne la possibilité à une demande à laquelle le juge a réservée une décision d'incompétence, d'être soumise à nouveau, mais pas devant le même juge. En d'autres termes, un juge qui s'est déclaré incompétent est dessaisi et devient incompétent pour statuer à nouveau sur la même demande opposant les mêmes parties en même qualité.

Ceci a pour conséquence que même le juge de cassation qui a cassé une décision pour incompétence, n'est pas lui-même compétent pour évoquer. Il doit renvoyer ladite cause devant le juge compétent à toutes fins utiles.

C'est ainsi qu'il a été jugé qu'« *après cassation d'une décision pour incompétence matérielle, la cause doit être renvoyée à la juridiction compétence désignée par la Cour Suprême qui, lorsque la valeur du litige dépasse 500 Z, est le tribunal de première instance statuant au premier degré* »[193].

Dans le même ordre d'idées, l'article 107 du code de procédure pénale en disposant que : « *La juridiction d'appel qui réforme la décision entreprise*

193 CSJ, 21 juillet 1976, RC. 145 BA. 1977, p. 162-II ; CSJ 28 juill. 1976, RC. 122, BA. 1977, p. 168-III in Répertoire Général alphabétique de la jurisprudence congolaise de l'Etat Indépendant du Congo à nos jours, Vol 2, E-O, PUC, Kin., 2017, p. 1590

pour un motif autre que la saisine irrégulière ou l'incompétence du premier juge, connait du fond de l'affaire », rappelle les limites du privilège de l'évocation reconnu au juge d'appel, qui le permet de connaitre du fond de l'affaire même si le premier juge s'était limité sur la forme.

Au sujet de la compétence donc et à la lumière de cette disposition légale, même le juge d'appel n'est pas compétent pour évoquer. Après avoir rendu sa décision, il doit renvoyer devant le juge compétent qui peut être le premier juge ayant rendu la décision entreprise ou un autre légalement compétent.

Qu'en est-il alors de l'arrêt de la Cour constitutionnelle sous R.Const. 1816 ?

Il faut reconnaitre que c'est avec raison que cet arrêt a créé beaucoup de polémique parce qu'en réalité, suivant les règles d'impartialité et d'objectivité, un juge qui a déjà opiné sur une question de droit ayant opposé les parties, est mal fondé de siéger encore pour connaitre de la même demande opposant les mêmes parties.

Les pages qui suivent portent sur l'arrêt sous RP. 09 rendu par la Cour de Cassation.

1. De l'arrêt sous RP.09 rendu par la Cour de Cassation.

En date du 14 Juillet 2022, la Cour de Cassation a reçu les plaidoiries des prévenus dont l'ancien Premier Ministre MATATA PONYO, l'ancien Ministre Délégué aux finances, Monsieur KITEBI KIBOL MIVUL et l'ancien Gestionnaire du Parc Agro industriel de Bukanga-Lonzo, le Sud-Africain Grobler CHRISTO ;

Lors de cette plaidoirie, tous les prévenus de manière unanime, ont soulevé l'exception d'incompétence essentiellement porté sur la personne du Prévenu MATATA PONYO, tirée d'une part, des articles 164 et 108, respectivement de la Constitution du 18 Février 2006 telle que modifiée à ce jour et de la loi qui organise la Cour constitutionnelle et d'autre part, de la jurisprudence de la Cour de Cassation sous *RPA 67. 28/CR en date du 02 mars 1987, qui* a jugé que « bénéficie du privilège de juridiction et est justiciable de la Cour d'Appel, le prévenu ancien magistrat auteur des infractions commises dans l'exercice ou à l'occasion de l'exercice de cette fonction ».

En date du 22 Juillet 2022, la Cour de cassation a rendu son arrêt avant-dire droit décrétant la surséance à statuer et saisissant la Cour Constitutionnelle en inconstitutionnalité de l'article 164 de la Constitution.

Curieusement, la Cour de Cassation a par cet arrêt, transformé une exception d'incompétence en une exception d'inconstitutionnalité comme Seigneur Jésus Christ dans les Noces de Cana qui a fait le même exploit en changeant l'eau en le vin.

Le Juge n'est pas un magicien, il n'est pas fondé à modifier les moyens des parties dans le cours du délibéré. *Il n'existe pas d'exception d'inconstitutionnalité implicite ou par déduction.* Soit elle est soulevée soit elle n'est pas soulevée. Elle ne peut pas être « apparemment » soulevée.

Il n'appartient pas au Juge de faire dire aux parties ce qu'il veut entendre d'elles ou ce qu'il imagine que les parties auraient voulu dire. Il se contente des moyens des parties tels qu'ils sont présentés sans rien n'y ajouter ni de bonne ou de mauvaise foi. Le Juge ne prophétise pas non plus sur les pensées des parties.

La Cour de Cassation a créé une conception nouvelle ! En effet, dans la motivation de son arrêt, la Cour assimile l'exception d'incompétence soulevée par les parties à une fin de non-recevoir. Or en droit, chacune des deux notions a un sens particulier et distinct de l'autre. Si l'exception d'incompétence tend à obtenir d'une juridiction saisie de décliner tout simplement sa compétence, une fin de non-recevoir elle, poursuit plutôt l'irrecevabilité d'une cause.

Il y a lieu de relever dans l'espèce que l'arrêt avant dire droit rendu par la Cour de Cassation sous RP 09 saisissant la Cour Constitutionnelle « en inconstitutionnalité » de l'article 164 de la constitution qui stipule : *« La Cour Constitutionnelle est le juge pénal du Président de la République et du Premier Ministre pour des infractions politiques de haute trahison, d'outrage au Parlement, d'atteinte à l'honneur ou à la probité ainsi que pour les délits d'initié et pour les autres infractions de droit commun commises dans l'exercice ou à l'occasion de l'exercice de leurs fonctions. Elle est également compétente pour juger leurs co-auteurs et complices »* est une démarche biaisée dans la mesure où, une disposition de la constitution ne peut pas en elle-même être inconstitutionnelle.

En réalité, la Cour de Cassation cherchait par tous les moyens comment retourner ce dossier devant la Cour Constitutionnelle et voulant certainement obtenir l'interprétation de l'article 164 de la constitution « que la cour constitutionnelle nous dise qu'est-ce qu'elle entend par « dans l'exercice de ses fonctions ».

La Cour de Cassation sollicitait donc l'interprétation de l'article 164 de la constitution.

Cette démarche ne pouvait pas non plus aboutir car, en violation de l'article 161 de la même constitution qui détermine les institutions habilitées à saisir la Cour Constitutionnelle en interprétation.

Disons que la Cour de Cassation n'est pas citée parmi les institutions habilitées à saisir la Cour Constitutionnelle en interprétation.

Cette requête de la Cour de Cassation était donc irrecevable pour défaut de qualité conformément à l'article 161 de la constitution.

Je rappelle les griefs contre l'arrêt sous R. Const 1816.

2. Griefs contre l'arrêt sous R.Const. 1816

Cet arrêt a été rendu en violation de toutes les règles qui puissent exister en droit positif congolais.

En effet, en l'absence des juges KALUBA et FUNGA, tous les neuf Juges qui composent cette Cour et qui ont siégé, exceptés trois d'entre eux, avaient précédemment siégé dans la cause sous RP. 0001 opposant le Ministère Public à Monsieur MATATA et consorts.

La logique légale voudrait que tous les juges qui avaient opiné sur l'incompétence de la Cour constitutionnelle à juger un ancien Premier Ministre, puissent se déporter pour raison d'impartialité.

Malheureusement, la Cour n'a pas tenu compte de cet élément. Abordant sa saisine, faisant suite à la requête de la Cour de cassation tendant à obtenir d'elle, le sens de ce qu'elle entendait par : *« Dans l'exercice de ses fonctions et à l'occasion de l'exercice de ses fonctions »,* la Cour constitutionnelle, dans son arrêt sous R.Const. 1816, pour éviter de se contredire avec son arrêt sous RP. 1767, est restée constante pour déclarer cette requête irrecevable pour défaut de qualité et ceci, conformément à l'article 161 de la Constitution.

N'ayant pas d'autres alternatives, la Cour constitutionnelle a évoqué pour la première fois depuis son existence, la notion de « Dialogue des juges », une notion très peu connue en droit positif congolais, mais à laquelle ladite Cour a recouru en vue de réinterpréter les dispositions de l'article 164 de la constitution.

Il convient à présent de préciser le sens de dialogue des juges dans les lignes qui suivent.

E. Que signifie « Dialogue des juges » ?

Il s'agit d'une théorie selon laquelle différentes juridictions, de façon le plus souvent informelle, dialoguent pour élaborer des jurisprudences tenant compte des erreurs des autres.

Il y a lieu de révéler sur ce point, que la Cour constitutionnelle devrait se limiter à déclarer la requête de la Cour de Cassation sollicitant l'interprétation de l'article 164 de la Constitution, irrecevable pour défaut de qualité dans le chef de la Cour de Cassation conformément à l'article 161 de la Constitution et de sa propre jurisprudence, s'abstenant de poser quelque autre acte, car l'irrecevabilité de cette requête vidait, déjà, sa saisine.

L'ayant reçue indirectement et malicieusement en évoquant la notion de « dialogue des juges », la Cour constitutionnelle a fait du raccordement frauduleux et il s'agit là, d'une insécurité judiciaire installée désormais au sommet du Pouvoir judiciaire.

Le revirement de jurisprudence ne peut avoir pour effet de rétroagir, il est concevable pour l'avenir car même la loi pénale elle-même, non seulement qu'elle ne rétroagit pas, mais si elle doit rétroagir, c'est à la seule condition qu'*elle soit favorable au prévenu.*

L'irrévocabilité d'un arrêt ne peut pas être détruite par une interprétation qui, dans son sens compréhensif, ne vise pas à modifier le dispositif d'un arrêt, mais à donner le sens le plus clair de celui-ci.

L'interprétation de la constitution à la cour constitutionnelle comme juge. C'est l'objet du point suivant.

F. La Cour constitutionnelle comme juge de l'interprétation de la Constitution

Aux termes de l'alinéa 4, *in fine*, de l'article 93 de la loi organique n° 13/026 du 15 octobre 2013 portant organisation et fonctionnement de la Cour constitutionnelle, les arrêts de la Cour constitutionnelle « ne sont susceptibles d'aucun recours, sauf interprétation ou rectification d'erreur matérielle ».

Il ressort de la compréhension de cette disposition légale que seules deux conditions sont érigées en exceptions au défaut de recours contre les arrêts de la Cour Constitutionnelle, à savoir : l'interprétation et la rectification d'erreur matérielle.

Il y a lieu de préciser que les deux conditions sont alternatives et non cumulatives comme il est clairement libellé dans les dispositions de l'article 93 précité.

Cependant, il est à constater que sous R.Const.1816, la Cour constitutionnelle, bien que saisie en interprétation de l'article 164 de la Constitution de la République Démocratique du Congo, a tout de même violé l'esprit de la Constitution en se comportant en correctrice comme elle le dit elle-même dans son arrêt alors que sa saisine ne prévoyait nullement une quelconque rectification.

La Cour constitutionnelle a cumulé les deux conditions en se fondant sur un argumentaire (elle a donc siégé dans le même arrêt, tantôt comme juge d'interprétation tantôt comme celui de rectification d'erreur matérielle) qui ne repose sur aucun soubassement légal. Bref, il s'agit là, d'une rectification sous couvert d'une interprétation.

Enfin, il est à noter que la Cour constitutionnelle, qui s'est déclarée incompétente dans son arrêt sous RP. 0001 et qui a fait son revirement dans son arrêt R.Const.1816 en se déclarant à nouveau compétente, le sera pour tous les autres cas à venir et non pour le cas sous examen, puisqu'elle prive au prévenu visé, le droit d'accéder à une justice équitable dans la mesure où son dossier ne va pas suivre le cours normal de la procédure devant la Cour constitutionnelle qui soumet ses poursuites par un vote préalable d'une résolution du Congrès.

Les arrêts R.Const.1816 et 1880 ont le mérite de démontrer les violations flagrantes de la Constitution et du Règlement intérieur de la Cour constitutionnelle. Pour une fois dans l'histoire de la République Démocratique du Congo, la Cour constitutionnelle vient d'introduire une notion dont le contenu n'est soutenu par aucune source du droit.

En effet, la Cour affirme ce qui suit sous R.CONST 1880 :

« En l'espèce, la Cour est fondée de revirer sa jurisprudence qui, sous le RP.0001, était de nature à provoquer des violations inacceptables des droits de la personne humaine, notamment la privation à une personne de son droit constitutionnel à être jugée par un juge compétent conformément à l'article 19 alinéas 1 et 2 de la constitution comme il en est du cas de Monsieur MATATA PONYO MAPON Augustin, mais aussi consolider les principes constitutionnels sur l'égalité de tous devant la loi et l'égale protection de tous par la loi.

Il découle de ce qui précède qu'en dépit du fait que ces arrêts ne sont susceptibles d'aucun recours, sauf interprétation ou rectification d'erreur matérielle tel que prescrit à l'article 93 alinéa 4 de sa loi organique, la Cour constitutionnelle peut, dans les circonstances et objectifs sus décrits, faire des revirements de ses propres décisions sans heurter ni compromettre le caractère contraignant et exécutoire de ces dernières ».

Le sens donné par la Cour constitutionnelle sous R.Const 1880 à la notion de « Revirement de jurisprudence », parait erroné dans la mesure où le revirement de jurisprudence ne peut pas se concevoir dans un même dossier, opposant les mêmes parties. Le revirement de jurisprudence est concevable pour un cas similaire, mais ultérieur. Le revirement de jurisprudence est fait pour l'avenir, il ne rétroagit pas.

L'interprétation faite du revirement de jurisprudence sous R.Const 1880 non seulement, se permet de modifier le dispositie l'arrêt, mais aussi va jusqu'à vider manifestement le caractère irrévocable de sa substance en violation de l'article 168 de la Constitution.

Il convient de relever que dans un commentaire sur la justice constitutionnelle grecque, Panagopoulos affirme que : *« si la cour constitutionnelle qui apprécie la conformité des lois et des actes réglementaires à la constitution et qui est censée protéger les droits fondamentaux de citoyens contre les abus de pouvoir ou de tiers puissants, ne joue plus son rôle de modérateur et de régulateur, alors le peuple (justiciable) peut se détourner d'elle et elle devient, dans le pire des cas, anti-démocratique [194] »*.

Il est évident que, la pensée de l'auteur visé donne matière à réflexion face à une justice constitutionnelle congolaise en situation de flottement constant. La question qui mérite d'être posée est celle de savoir si, aujourd'hui, l'on peut remettre en cause l'arrêt de la Cour constitutionnelle proclamant les résultats des élections législatives nationales, au cas où il y aurait des preuves matérielles de la nomination de certains députés en 2018 ? Tout juriste répondra donc par la négative.

Le dossier dit « BUKANGA LONZO », devrait s'abstenir de vendre une image de la dépendance de la justice congolaise vis-à-vis des autres Institutions car, le juge constitutionnel congolais se doit, en toute sagesse, promouvoir l'Etat de droit pour redorer l'image du système judiciaire marqué

---

194 A. PANAGOPOULOS cité par E. BANYAKU LUAPE EPOTU, *Procédure devant la Cour constitutionnelle congolaise. Esquive judiciaire ou politique*, Paris, éd. L'Harmattan, 2023, p. 137.

par des décennies de dictature, sinon il restera comme dit le doyen F. Wodié un agent de *« ces barbares que sont les hommes politiques qui, pour avoir le fruit, n'hésitent pas à abattre l'arbre producteur*[195] *»*.

Conclusion

Au regard de la polémique autour de la compétence ou de l'incompétence de la Cour constitutionnelle de juger un ancien Premier ministre, nous sommes d'avis que lorsqu'une juridiction se déclare matériellement, territorialement ou personnellement incompétente ; il doit y avoir absolument une autre juridiction qui doit être compétente parce qu'au sens de l'article 19 de la Constitution tout justiciable a un juge naturel.

Dans le cas sous examen, il s'avère, après avoir analysé les dispositions constitutionnelles se rapportant à sa compétence, que la Cour constitutionnelle s'est déclarée incompétente dans son arrêt sous RP. 0001. En vertu de l'article 168 de la Constitution, cet arrêt reste irrévocable au point qu'il est difficile de revenir sur la même affaire. Par contre, la Cour constitutionnelle a la latitude de faire un revirement jurisprudentiel dans un dossier similaire à celui déjà jugé sous R.P. 0001 opposant d'autres parties entre elles.

Le revirement jurisprudentiel ne peut nullement heurter le caractère absolu de l'irrévocabilité des arrêts de la Cour constitutionnelle.

Ainsi, tout examen de l'arrêt sous R.P. 0001 de la Cour constitutionnelle est une violation flagrante de la Constitution qui est de nature à créer une insécurité judiciaire dans un état de droit qui tient à l'équilibre des droits fondamentaux et à la suprématie des lois sur tous.

Il me semble que le droit est appliqué dans l'espèce comme un instrument du pouvoir politique.

195 F. WODIE, « l'hommage de la communauté universitaire, in constitution béninoise du 11 décembre 199 ??? Un modèle pour l'Afrique ? », *Mélanges en l'honneur de Maurice Ahanhanzo-Glele*, p. 49.

Conclusion

Dans l'ordre de vouloir rendre justice dans la débâcle du parc agro-industriel de Bukanga-lonzo après multiples dénonciations des médias, de la société civile, et de l'inspection générale des finances, cette partie renseigne le choix porté sur la justice pénale qui vise la mise en écart de la personne mise en cause mais aussi le rétablissement de l'ordre public troublé par la commission de l'infraction sans donner de l'importance de façon primordiale à la question de la réparation des préjudices mais aussi à la récupération des fonds détournés.

Cependant, ce choix va révéler les limites ainsi que le dysfonctionnement de la justice pénale quant à la question des poursuites d'un ancien premier ministre devenu sénateur ainsi que de ces co-auteurs et complices dans la mesure où l'on assistera à des tâtonnements en termes des procédures à suivre depuis l'instruction pré juridictionnelle devant le parquet général près la cour constitutionnelle jusqu'à l'instruction devant la Cour de cassation en passant par un jeu de ping-pong judiciaire de la cour constitutionnelle vers la cour de cassation pour revenir devant la cour constitutionnelle avec un revirement jurisprudentiel ambiguë.

L'image vendue par la justice et dans la sélection des trois acteurs à poursuivre parmi plusieurs autres cités dans les rapports et dans l'insistance à contourner les obstacles procéduraux en toute violation de la constitution ainsi que de l'arrêt rendu par la cour constitutionnelle se déclarant incompétente à l'égard d'un ancien premier ministre devenu sénateur, a renforcé la thèse d'une justice pénale congolaise dépendante des autres institutions politiques.

Dans une telle justice, il serait difficile d'accompagner la matérialisation des projets de développement en général et agricole en particulier dans le recouvrement des fonds après la commission des infractions économiques et financières. C'est dans ce contexte que cette partie ouvre la brèche à une réflexion sur les voies de sauvetage du parc agro-industriel de Bukanga-Lonzo au regard de son état actuel.

Quatrième partie

Etat actuel du Parc agro-industriel de Bukanga Lonzo et Voies de sauvetage :

De la débâcle à l'embâcle[196]

La quatrième partie a pour matrice l'état actuel du parc agro industriel de Bukanga Lonzo et les voies de sauvetage : de la débâcle à l'embâcle.
L'état des lieux du projet du parc agro-industriel de Bukanga Lonzo indique en ce qui concerne les infrastructures, plusieurs vols et manque d'entretien des matériels ainsi que des édifices sur le site d'une part, et la faillite des sociétés anonymes crées et la mise en chômage des travailleurs ainsi que les multiples tentatives des spoliations des terres, d'autre part (Chapitre I).

Cet état déplorable des choses a conduit le gouvernement congolais en 2020 d'envisager une relance des activités de l'agro-industrie de Bukanga Lonzo qui par manque de prise en compte des vraies raisons de la débâcle a connu une deuxième débâcle entrainant une tentative de détournement d'objectif passant d'une production agricole à la culture du chanvre (chapitre II).

Eu égard à tout ce qui a été relevé dans le cadre de cette étude, pour sauver le projet des parcs agro-industriels trois verbes importants méritent d'être conjugués, à savoir : Déconstruire, construire et reconstruire (chapitre III).

196 Les termes *embâcle* et *débâcle* sont parfois également utilisés pour désigner plus généralement l'encombrement d'un cours d'eau par des obstacles divers et la relâche de cet encombrement.

Chapitre I

Abandon des infrastructures, vols des matériels, chute des sociétés créées et chômage des employés au cœur de l'état des lieux du Parc de Bukanga-Lonzo

Ce chapitre porte sur l'abandon des infrastructures, les vols des matériels, la chute des sociétés créées et le chômage des employés de Bukanga Lonzo.

Plusieurs constats sont relevés par les différentes personnes ayant effectués un travail de terrain sur le site du parc agro industriel.

En effet, l'arrêté du ministre de l'agriculture n°011 cab/min/agri/Ekt/Ema/2020 du 30 avril 2020 portant création d'un comité de gestion et de supervision du parc agro industriel de Bukanga Lonzo indique en préambule un constat macabre après une mission d'état des lieux du parc en ces termes : « considérant la préservation du patrimoine, des infrastructures et des matériels n'a pas été correctement assuré ; considérant la dégradation des infrastructures, le vol récurrent des matériels et intrants agricoles ainsi que la spoliation des terres du site du parc agro industriel de Bukanga Lonzo… ».

Le rapport de l'inspection générale des finances renseigne également un état des lieux caractérisé par l'abandon du Parc et les vols des équipements et des matériels appartenant au parc après une visite de contrôle du site effectuée du 15 au 18 septembre 2020 (IGF, 2020 : 12).

De ce constat, l'on peut regrouper deux faits majeurs formant l'état des lieux du parc agro industriel après la débâcle de Bukanga Lonzo, à savoir : l'abandon des infrastructures ainsi que le vol des équipements du parc agro industriel de Bukanga Lonzo (II) sans oublier la cessation de fonctionnement des sociétés créées (I) et la mise en chômage des travailleurs (III).

I. Etat d'abandon des infrastructures et de vols des équipements du Parc agro industriel de Bukanga Lonzo

A en croire le rapport de l'inspection générale des finances, l'équipe de contrôle a découvert en 2020 dans les conteneurs une quantité importante des matériels, pièces de rechange, des semences et autres intrants agricoles dont la plupart de ces derniers étaient avariés. Par défaut d'information sur leur existence, les équipes de coordination qui se sont succédé ont procédé aux achats des mêmes intrants alors qu'il y en avait sur le site (IGF, 2020 : 12) ;

Par ailleurs, elle a découvert ce qu'elle a qualifié de pillage d'un important lot des véhicules, engins lourds et pièces de rechange. Un grand nombre d'engins lourds et autres équipements d'exploitation (moissonneuses, Caterpillar, semoirs, compacteurs…), ne sont pas opérationnels à cause du vol des moteurs et diverses pièces tels que boites de vitesse et autres accessoires (IGF, 2020 : 12).

Cette situation a entraîné la cessation de fonctionnement des sociétés anonymes crées dans le cadre du projet de Bukanga Lonzo et la mise en chômage des employés. Tel est l'objet du point suivant.

II. La cessation de fonctionnement des sociétés anonymes créees dans le cadre du projet de Bukanga Lonzo et la Mise en chômage des employés

Questionner l'état des lieux du parc agro industriel revient aussi à s'interroger sur le sort des sociétés créées pour l'aménagement, l'exploitation et la commercialisation de Bukanga Lonzo. Et la réponse à cette question est le culbute après la cessation du financement, des facilités financières et le départ de ces dirigeants sociaux ainsi que les sud-africains du territoire congolais (A). Cette situation a eu de conséquence sur la mise en chômage de plusieurs travailleurs de Bukanga Lonzo (B).

A. La cessation de fonctionnement comme sort des sociétés anonymes crées dans le cadre du PAI de Bukanga Lonzo

« Comme un organisme vivant, l'entreprise naît, vit, et peut être le siège de désordres divers, dont les plus graves sont susceptibles de provoquer sa disparition, par arrêt du crédit et des flux financiers (F. Perochon, R. Bonhomme, 2001 : 1)». Cette comparaison entre une personne morale et un être vivant est pertinente et s'applique bien aux trois sociétés commerciales créées pour mieux prendre en charge le poids du projet de parc agro industriel de Bukanga Lonzo.

A titre de rappel, il s'agit de l'entreprise publique du parc agro industriel de Bukanga Lonzo éclatée en trois sociétés anonymes à savoir : la société qui avait la charge de l'aménagement du parc dénommée « société Parc Agro Industriel de Bukanga Lonzo S.A » ; la société qui avait la charge de l'exploitation du parc reconnue sous la dénomination de la « société d'exploitation du parc agro-industriel de Bukanga-Lonzo S.A » ; et la société qui avait la charge de la commercialisation des produits agricoles issus du parc dénommée « société Marché international de Kinshasa S.A. »[197].

Comme déjà martelé au point relatif aux guéguerres politiques comme l'une des raisons de la débâcle du parc agro industriel de Bukanga Lonzo, ces trois sociétés après audit du cabinet Ernest ont bénéficié Le 7 juillet 2016, d'une assurance de régularité par rapport à leurs les états financiers de l'exercice clos le 31 décembre 2015 qui sont « *réguliers et sincères et donnent une image fidèle du résultat des opérations de l'exercice écoulé* »[198].

Cependant, après la débâcle du projet de parc agro industriel de Bukanga Lonzo dans le sillage duquel elles ont été créées, il y a lieu de s'interroger sur leur sort ?

En guise de réponse, le sort de ces sociétés après l'arrêt de financement ainsi que le départ des sud-africains, ces sociétés ont connu la cessation d'activités après 2018 conduisant au départ de ces dirigeants sociaux.

Même si dans l'idée de la relance, une nouvelle équipe a été placée en tête de ces sociétés mais plusieurs difficultés ont été rencontrées par ces nouveaux dirigeants sociaux. Déjà que la situation de cessation de fonctionnement avec le départ des dirigeants avait entrainé la mise en chômage des travailleurs.

B. La mise en chômage des travailleurs comme implication subséquente à la débâcle du parc agro industriel de Bukanga Lonzo

Avant de parler de la mise en chômage des travailleurs au parc agro-industriel de Bukanga Lonzo intervenu progressivement à la suite de l'effondrement du

---

197 Procès-verbal de la réunion du 4 mars 2015 sur la validation des documents dont les statuts et la convention d'actionnaires entre gouvernement et AFRICOM.

198 Sonia ROLLEY, *En RDC, qu'est devenu l'argent investi dans le parc agro-industriel de Bukanga Lonzo?*, RFI, Afrique, enquête Publié le : 22/05/2021, Disponible sur : https://www.rfi.fr/fr/afrique/20210521-rdc-matata-ponyo-ou-le-mirage-du-bukanga-lonzo

parc agro-industriel, il est important de relever un lot de licenciement intervenu lors de la deuxième phase ainsi que de ces différents motifs.

1. Le licenciement de 140 travailleurs du projet Bukanga Lonzo

Le parc agro-industriel de Bukanga Lonzo, a décidé de remercier cent quarante travailleurs non compétitifs pour la deuxième phase du projet, a annoncé à la presse sa directrice générale, Ida Kamonji Naserua, précisant que les agents licenciés vont bénéficier de leurs indemnités de fin de service. Pour la directrice générale du parc agro-industriel de Bukanga Lonzo, cette décision n'est pas une sanction vis-à-vis de travailleurs, qui ont réclamé un contrat à durée indéterminée. «En réalité, ils étaient 300 et il y en a 160 qui ont été retenus (Belgrade info, 2016 : 25).

Les 140 travailleurs que nous allons remercier sont ceux qui ne remplissent pas les conditions pour le type de tâches que nous [aurons] à la deuxième phase du parc », a-t-elle souligné (Belgrade info, 2016 : 25).

Les travailleurs de Bukanga Longo avaient déclenché un mouvement de grève, dans la première semaine du mois de février, pour revendiquer la signature de contrats stables, après plus d'une année de travail comme journaliers. Ils dénonçaient aussi le traitement discriminatoire entre le personnel expatrié et les nationaux (Belgrade info, 2016 : 25).

2. La mise en chômage progressive après la débâcle du parc agro industriel de Bukanga Lonzo

Parmi les conséquences de la débâcle du parc agro industriel de Bukanga, outre l'abandon des plantations, infrastructures et matériels agricoles, l'on recolle la cessation progressive de l'emploi de la main d'œuvre qui provenait aussi des communautés locales.

Frederic Mousseau (2018 : 6) rapporte que cette mise en chômage a été progressive dans la mesure où « Au début de 2018, il ne restait qu'une vingtaine d'employés. Des machines, y compris des tracteurs, deux avions et d'autres équipements, étaient laissés sur le site sans entretien ».

Conclusion

Cet état des choses a conduit le gouvernement congolais après compréhension des erreurs faites par les prédécesseurs à tenter de relancer ce même projet qui se pointe comme un moyen de développement socio-économique de la RDC quoique soldé par un autre échec faute de tenir compte des erreurs du passé et occasionnant une tentation extérieure d'exploitation pour la culture de chanvre.

Chapitre II

Essai de relance des activités au parc agro industriel de Bukanga Lonzo et la tentative de culture du chanvre

Ces lignes se corsent sur l'essai de relance des activités et la tentative de culture du chanvre à Bukanga Lonzo.

Il existe plusieurs actes posés dans le cadre de la relance du projet de parc agro-industriel qui n'a pas, cependant, aboutit (I). Soudainement, le constat a été de voir plusieurs plantations de chanvre (II) qu'il convient de retracer et de comprendre ce projet autre que celui de l'autosuffisance alimentaire (III).

I. Les actes posés dans l'essai de relance du Parc agro industriel de Bukanga Lonzo en 2020

La débâcle du parc agro-industriel est intervenue en 2017, comme démontré avec l'arrêt de financement ainsi que des facilités fiscales ayant conduit au départ *d'africom commodities* ainsi que l'effondrement du projet.

En 2018, le gouvernement a annoncé son intention de relancer le parc en mettant l'accent sur l'élevage tout en recherchant de nouveaux partenaires et financeurs pour le projet. La Banque africaine de développement (BAD), sollicitée pour contribuer au financement de cette relance, a effectué à cette fin plusieurs évaluations et études (Frederic Mousseau, 2018 : 6).

Après une étude de faisabilité et de l'impact socio environnemental financé par la banque africaine de développement dans le cadre du projet d'appui au parc agro-industriel de Bukanga Lonzo en 2018 (A), ce n'est qu'en 2020 qu'après une note technique du 13 mars 2020 du ministère de l'agriculture sur la descente effectuée à Bukanga Lonzo en date du 20 février 2020 (B) et en considération des conséquences de la pandémie de la covid 19 sur la sécurité alimentaire de la population (C), certains actes ont été posés à l'instar d'un arrêté ministériel portant création d'un comité de gestion et de supervision de parc agroindustriel pour essayer de relancer le parc agro-industriel (D).

A. L'étude de l'impact socio-environnemental du PAI de Bukanga lonzo et son financement par la BAD

Une année après l'arrêt des activités du parc agro industriel, la banque africaine de développement qui croit au projet des parcs agro industriels s'est lancée dans le financement d'une étude de l'impact socio-environnemental du PAI de Bukanga lonzo dans le cadre du programme d'appui et de développement à ce projet de l'agro-industrie de Bukanga lonzo.

En d'autres termes, après l'arrêt de financement du gouvernement ainsi que le retrait du partenaire sud-africain et sur demande du Gouvernement de la RDC, le Ministère de l'Agriculture de la RDC a reçu de la Banque Africaine de Développement (BAD), une avance au titre du fonds de préparation de projet (PPF), pour la réalisation des études préparatoires au Projet d'Appui au Parc Agro-Industriel de Bukanga Lonzo (PAPAI-BL), inscrit dans le programme de travail de la Banque. Une partie de ce fonds a été prévue pour financer l'évaluation environnementale et sociale stratégique du parc-agro-industriel199.

199 Papy BONKENA BOKOMBOLA, *rapport final de l'étude d'impact environnemental et social, projet de développement du parc agro-industriel de Bukanga Lonzo « pai-bl »*, Cellule

Cette étude s'est soldée par un rapport final rédigé en mars 2018 par Papy BONKENA BOKOMBOLA, consultant national sous la Cellule de Coordination de l'Etude de Faisabilité pour le Développement des Parcs Agro-Industriels du ministère de l'agriculture, pèche et élevage.

L'objectif de cette étude est d'identifier, d'analyser et d'évaluer les impacts potentiels du projet, de recommander des mesures d'atténuation et de mitigation ; de concevoir et de mettre en place un Plan de Gestion Environnementale et Sociale (PGES) permettant de planifier les mesures spécifiques qui seront incorporées dans la mise en œuvre du projet pour éviter, minimiser, atténuer ou compenser les impacts négatifs potentiels et de produire un Plan d'Action de Réinstallation (PAR) en vue de mieux gérer la question de la présence des populations sur le site choisi200.

D'après les résultats de cette étude : Au total, les enjeux environnementaux et sociaux majeurs suivants ont été identifiés: la protection des rivières Kwango et Lonzo; la gestion des déchets solides et des eaux usées ; la sécurité des travailleurs et des populations riveraines (bruit, risques d'accidents ; etc.); la lutte contre les IST/VIH/SIDA201.

Les impacts positifs les plus significatifs durant la phase des travaux sont la création d'emplois. En phase d'exploitation, les impacts positifs majeurs sont la création d'emplois et le développement de la contrée par le renforcement de services sociaux202.

---

de Coordination de l'Etude de Faisabilité pour le Développement des Parcs Agro-Industriels « CC - ED - PAI », ministère de l'agriculture, pèche et élevage, RDC, p.XIV.

200 Papy BONKENA BOKOMBOLA, *rapport final de l'étude d'impact environnemental et social, projet de développement du parc agro-industriel de Bukanga Lonzo « pai-bl »*, Cellule de Coordination de l'Etude de Faisabilité pour le Développement des Parcs Agro-Industriels « CC - ED - PAI », ministère de l'agriculture, pèche et élevage, RDC, p.XIV.

201 *Ibidem*

202 *Ibidem*

Pour ce qui concerne les impacts négatifs, les plus significatifs qui pourraient être imputables au projet sont les suivants :

- en phase d'installation du chantier et de préparation : perte de végétation due au défrichement du site ; pertes d'actifs agricoles (champs d'arachide, de manioc et de maïs);

- en phase de travaux : pollution et encombrement par les déchets des chantiers et les résidus de démantèlement des installations; risques d'accidents professionnels pendant les travaux ; risques d'érosion; pollution et nuisance sonore; risques de propagation des IST/VIH/SIDA suite au brassage entre populations et travailleurs du projet.

- en phase d'exploitation : Les impacts communs portent sur : la pollution sonore due au bruit des machines ; les pollutions et nuisances dues aux déchets solides issus de la transformation ; les pollutions et nuisances dues aux eaux usées issues de la transformation, la détérioration des sols par l'usage des engrais ... 203

Pour mieux se préparer à pallier à ces inconvénients, l'étude a prévu un Plan de Gestion Environnementale et Sociale (PGES) qui comprend en son sein, les mesures de bonification des impacts positifs du projet, les mesures d'atténuation et de mitigation qui comprennent: des mesures normatives à respecter lors des travaux, des mesures à intégrer dans l'Avant-projet Détaillées lors de la conception du projet, des mesures à insérer dans les dossiers d'appel d'offres et d'exécution des travaux, des clauses et bonnes

203 Papy BONKENA BOKOMBOLA, *rapport final de l'étude d'impact environnemental et social, projet de développement du parc agro-industriel de Bukanga Lonzo « pai-bl »*, Cellule de Coordination de l'Etude de Faisabilité pour le Développement des Parcs Agro-Industriels « CC - ED - PAI », ministère de l'agriculture, pèche et élevage, RDC, p.XIV.

pratiques environnementales lors de l'exploitation; un plan de surveillance et de suivi environnemental qui est composé d'un programme de surveillance dont l'objet principal est la vérification de l'application des mesures environnementales et sociales proposées journalièrement, d'un programme de suivi environnemental dont l'objectif est le suivi de l'évolution des composantes de l'environnement en vue d'évaluer l'efficacité des mesures environnementales et sociales proposées ; un plan de renforcement des capacités, d'information et de communication et les arrangements institutionnels de mise en œuvre et de suivi du PGES204.

Trois types de mesures d'atténuation seront prévus pour réduire les impacts potentiels lors de la mise en œuvre des différentes composantes et activités prévues dans le cadre du Projet d'Appui au Parc Agro-Industriel de Bukanga Lonzo (PAPAI-BL) : (i) des mesures à intégrer dans l'Avant-projet Détaillé (APD) lors de la conception du projet : il s'agit des mesures environnementales et sociales que le consultant en charge d'élaborer l'Avant-projet Détaillé devra intégrer dans la phase actuelle de conception technique du projet, pour qu'elles puissent faire partie intégrante des dossiers d'appel d'offre et d'exécution, à savoir l'aménagement du site du PAI-BL ; (ii) des mesures normatives que doivent respecter le promoteur et ses prestataires : il s'agit de veiller à la conformité du projet vis-à-vis de la réglementation applicable, notamment la réglementation environnementale et sociale, le Code de Travail, la réglementation foncière, la réglementation minière, respect des clauses environnementales et sociales ; (iii) des mesures d'atténuations spécifiques relatives à la réduction des effets négatifs suspectés sur les

---

204 Papy BONKENA BOKOMBOLA, *rapport final de l'étude d'impact environnemental et social, projet de développement du parc agro-industriel de Bukanga Lonzo « pai-bl »*, Cellule de Coordination de l'Etude de Faisabilité pour le Développement des Parcs Agro-Industriels « CC - ED - PAI », ministère de l'agriculture, pèche et élevage, RDC, p.XIV.

composantes environnementales et sociales sensibles aux activités du projet205.

Toutes les mesures doivent être prises en vue d'assurer la protection du voisinage contre les impacts pouvant découler des rejets atmosphériques lors des travaux de chantier. Le maitre d'ouvrage devra également imposer aux contractuels des travaux le bâchage de tous les camions transportant les matériaux (sables, gravillons etc.) de construction. Il faudra aussi exiger le port d'Équipement de Protection Individuelle (masque anti-poussière, etc.) et sensibiliser les populations riveraines du site.

Il s'agira de collecter, évacuer et éliminer les déchets de chantier (surtout les liquides) ; aménager et stabiliser les aires de vidange par une dalle de béton ou similaire ; recueillir les huiles usagées dans des fûts étanches en vue de leur potentiel recyclage ; assurer le reprofilage et le curage du talweg après les travaux206.

Le coût de la mise en œuvre du Plan de gestion environnementale et sociale (PGES) est évalué à 267.000 USD pendant la phase des travaux et 252.830 USD par an pendant la phase d'exploitation207.

Avec ce rapport, l'on a pu comprendre que le projet du parc agro industriel de Bukanga en dehors des effets négatifs qui du reste peuvent faire l'objet de gestion par des mesures, présente des aspects positifs208.

---

205 Papy BONKENA BOKOMBOLA, *rapport final de l'étude d'impact environnemental et social, projet de développement du parc agro-industriel de Bukanga Lonzo « pai-bl »*, Cellule de Coordination de l'Etude de Faisabilité pour le Développement des Parcs Agro-Industriels « CC - ED - PAI », ministère de l'agriculture, pèche et élevage, RDC, p.XIV.
206 *Ibidem*
207 *Ibidem*
208 *Ibidem*

Les acquis en termes des matériels, le constat de leur vol ainsi que l'urgence de faire face aux conséquences alimentaires à la suite de la pandémie à covid 19 en 2020 a poussé le premier ministre à une visite du parc avec le ministre de l'agriculture qui entrainera sans doute une note technique pour la relance du PAI.

B. La note technique du 13 mars 2020 du ministère de l'agriculture sur la descente effectuée à Bukanga Lonzo en date du 20 février 2020

Il s'agit d'une note technique du ministère de l'agriculture qui intervient après le déplacement du premier ministre sylvestre Ilunga Ilunkamba accompagné du ministre de l'agriculture joseph Antoine Kasonga effectué le mercredi 19 août 2020 au Parc Agro Industriel de Bukanga Lonzo, dans la province du Kwango, en vue de comprendre les raisons de l'absence de cette unité de production dans l'économie du pays209 et d'envisager sa relance qui devait servir depuis longtemps à l'autosuffisance alimentaire des congolais en prévention des conséquences de la pandémie à covid 19 survenue en 2020.

Après cette visite, le premier ministre avait fait un constat amer sur ce site notamment des épandeurs qui n'ont jamais volé cloués au sol, des tracteurs neufs jamais utilisés et dont les moteurs ont été retirés et montés sur des baleinières appartenant aux privés, des tonnes d'engrais chimiques abandonnés. Cet ainsi que le Gouvernement avait disponibilisé des fonds pour la relance de l'Agriculture mécanisée sur ce site avec une main d'œuvre 100%

---

209 BIDWAYA, *Relance de Bukanga Lonzo: Le pari risqué de Sylvestre Ilunga,* Congo indépendant, publié le 28 août 2020, article disponible sur https://www.congoindependant.com/relance-de-bukanga-lonzo-le-pari-risque-de-sylvestre-ilunga/

congolais et une note technique a été faite par le ministre ayant la charge de l'agriculture210.

Cette note technique montre l'urgence de relancer les activités du parc pour notamment faire face à la crise due au covid 19.

C. L'urgence de la relance après les désastres économiques et alimentaires dues à la pandémie à covid 19

En réponse à la pandémie de covid-19, les pays d'Afrique ont pris diverses mesures, telles que des mesures de confinement, des couvre-feux, la fermeture des frontières, des restrictions aux déplacements, y compris des quarantaines, des barrages routiers et la fermeture des marchés pour contenir le virus. Les acteurs de tous les secteurs du système alimentaire sont touchés par cette pandémie, de l'approvisionnement primaire et de la production à la transformation, en passant par le commerce, les systèmes logistiques nationaux et internationaux, ainsi que les environnements alimentaires et le comportement des consommateurs211.

Le Professeur KUMBU Ki NGIMBI fait remarquer que la propagation de la pandémie de Covid-19 qui a commencé au début de l'année 2020 a obligé les populations à se soumettre à des nouveaux modes de vie inhabituelle allant jusqu'au reniement de certains droits et libertés fondamentaux avant même

210Fonseca MANSIANGA, *RDC: relancé, le parc de Bukanga Lonzo produit 6 000 tonnes de maïs*, 13 mars 2021. Disponible sur https://actualite.cd/2021/03/13/rdc-relance-le-parc-de-bukanga-lonzo-produit-6-000-tonnes-de-mais

211 FAO, CEA et CUA, Afrique vue d'ensemble régionale de la sécurité alimentaire et de la nutrition 2020 : Transformer les systèmes alimentaires pour une alimentation saine et abordable, 2021, accra, FAO, p.19 *pour une alimentation saine et abordable*. Accra, FAO. https://doi.org/10.4060/cb4831fr 26 juillet 2023

que les pouvoirs publics n'interviennent pour adapter les règles du droit au nouveau contexte212.

Dès le 10 mars 2020 les autorités de la République ont signalé le premier cas confirmé dans la ville de Kinshasa. Le Gouvernement a alors pris la mesure du danger et déclaré dès le 24 mars 2020 l'état d'urgence sur toute l'étendue du territoire congolais213.

Cette situation sanitaire a entrainé la réduction de l'activité dans presque tous les segments de la vie socio-économique du pays dont le confinement de la commune de la Gombe, poumon économique de la ville de Kinshasa et la fermeture des frontières internes et externes214.

La sécurité alimentaire et la nutrition sont touchées par l'impact de la pandémie sur la disponibilité des aliments et la capacité des gens à avoir accès à des aliments et à des régimes alimentaires sains215.

Eu égard aux conséquences de cette crise sanitaire de covid 19, les solutions alimentaires par le gouvernement congolais sous l'égide du premier ministre Ilunkamba ont été tournées vers l'idée de la relance du projet de parc agro industriel de Bukanga Lonzo avec une idée de consolidation de ces acquis.

C'est dans ce contexte que la mise en place d'un comité de gestion et de supervision a été l'option nécessaire pour un début de tentative de relance.

---

212 J-M KUMBU ki NGIMBI, « avant-propos», *in KAS African Law Study Library* – Librairie Africaine d'Etudes Juridiques 8 (2021), p.3.

213 Institut national de statistique, *Mesure de l'impact du COVID-19 sur les Unités Economiques*, RDC, Ministère du plan, Bulletin Numéro 01 : juillet 2020, p.1.

214 *Ibidem.*

215 FAO, CEA et CUA, *Afrique vue d'ensemble régionale de la sécurité alimentaire et de la nutrition 2020 : Transformer les systèmes alimentaires pour une alimentation saine et abordable*, 2021, accra, FAO, p.19 *pour une alimentation saine et abordable*. Accra, FAO. https://doi.org/10.4060/cb4831fr 26 juillet 2023

D. La mise en place d'un comité de gestion et de supervision

Il s'agit d'un comité institué au sein du ministère de l'agriculture suivant l'arrêté ministériel n°011 cab/min/agri/Ekta/Emma/2020 du 30 avril 2020 portant création d'un comité de gestion et de supervision du parc agro industriel de Bukanga Lonzo avec comme charge de : superviser l'administration du projet du PAI de Bukanga Lonzo, dresser un état des lieux en établissant un inventaire précis et détaillé de tout le matériel et les infrastructures par tous les gestionnaires du projet de PAI de Bukanga Longo, élaborer et proposer dans les meilleurs délais au ministère de l'agriculture une stratégie de relance des activités du PAI de Bukanga Lonzo216.

Aux termes de l'article 3 de l'arrêté suscité, sont désignés au regard de leur fonction au comité de gestion et de supervision du PAI de Bukanga Lonzo, les personnes dont les noms suivent : Monsieur Mathieu Wongudi Senga koyi comme coordonnateur du Parc ; madame Odile Numbi Abeja comme coordonnateur adjoint chargé de l'exploitation ; Monsieur Felix Kanyama Lukoja comme coordonnateur adjoint chargé de la logistique et de la commercialisation ; et Monsieur Deo Saghasa wa Siviri comme coordonnateur adjoint chargé de l'administration et des finances.

En novembre 2021, ce comité de gestion subira un réaménagement administratif qui conduira à un nouveau comité prenant les fonctions à la suite d'une cérémonie de remise et reprise intervenue sept jours plus tard.

La charpente principale de cette équipe est composée de Monsieur Pero BILAMBA, Coordonnateur, Monsieur Guy ESEBE Coordonnateur Adjoint chargé de marketing, commercial et logistique, Monsieur Félix KASONGO

216 Articles 1 et 2 de suivant l'arrêté ministériel n°011 cab/min/agri/Ekt/Ema/2020 du 30 avril 2020 portant création d'un comité de gestion et de supervision du parc agro industriel de Bukanga Lonzo

Coordonnateur Adjoint chargé de la production et exploitation et Monsieur José CISUAKA Coordonnateur Adjoint chargé des finances et administration

Ce nouveau comité qui a pour mission de rendre productif le parc de la manière la plus optimale possible au bénéfice de la population congolaise, devra participer activement à la matérialisation de la vision du Chef de l'Etat dans le secteur agricole « la revanche du sol sur le sous-sol ».

Fort malheureusement, ce comité avec les moyens financiers alloués par le gouvernement tentera de relancer les activités agricoles du parc avec la production de de maïs connaitra un abandon de plus constaté par la délégation des députés ayant réalisée une enquête à Bukanga Lonzo.

Cet état de délaissement du gouvernement a conduit une société canadienne à vouloir proposer le rachat de ce parc agro industriel en vue d'une tentative de culture du chanvre.

II. La tentative de détournement du projet agricole vers un projet de culture du chanvre : les dessous de la carte

Juste après l'échec de la relance du PAI agro industriel sous l'ère du nouveau président en 2021 due au même facteur d'arrêt de financement du gouvernement, une délégation des députés en mission d'enquête à Bukanga Lonzo ont non seulement constaté plusieurs plantations de mais à l'abandon217, mais aussi la tentative du gouvernement de produire le chanvre en lieu et place des produits alimentaires.

217 C'est l'alerte lancée par le député national Ados Ndombasi, ce mercredi 7 avril 2021, au terme d'une mission parlementaire menée avec 4 autres élus nationaux dans le parc agro industriel de Bukanga Lonzo. Pour cet élu, proche de Martin Fayulu, si rien n'est fait ces maïs vont pourrir dans ce site.

"Plus de 1500 hectares de maïs à récolter en urgence, soit 60.000 tonnes, sont en total abandon au parc de Bukanga Lonzo par manque de financement du Gouvernement pour leur récolte et leur évacuation vers les centres de consommation. C'est donc l'occasion pour nous députés

Cette tentative est le fruit d'une société canadienne qui a voulu racheter le parc agro industriel de Bukanga Lonzo en vue de cette culture du chanvre. Et pourtant, la République Démocratique du Congo a, au travers l'ordonnance du 22 janvier 1903 approuvée par le Décret du 10 mars 1917 sur le chanvre, interdit, en son article 1er, la culture, la vente, le transport, la détention et la consommation du chanvre à fumer218. Cet article dispose en effet : « La culture, la vente, le transport et la détention du chanvre à fumer sont interdits. La même interdiction s'applique à l'usage de ce chanvre, soit en le fumant, soit en le consommant de toute autre manière ».

D'après Matin infos.net, cette société canadienne veut absolument racheter le parc pour y planter du cannabis pour des raisons médicales219.

---

nationaux regroupés autour de la dynamique 5 de porter cette indignation sur la place publique. C'est inacceptable", a-t-il dit à 7SUR7.CD.

Ados Ndombasi affirme qu'au cours de leur enquête, ils sont par ailleurs arrivés au constat que des centaines d'hectares de maïs sont déjà perdus faute du respect du calendrier agricole.

Il indique avoir appris des gestionnaires sur place qu'un responsable politique contacté pour décanter la situation a répondu de manière brute qu'il s'en fout du fait que tous ces maïs viennent à pourrir.

Le député national Ados Ndombasi affirme que cette enquête leur a par ailleurs permis de se rendre compte de la mafia qui s'est instaurée à Bukanga Lonzo à tous les niveaux, empêchant les congolais de s'affranchir de la dépendance alimentaire dans laquelle ils sont assujettis depuis des années. (Lire Orly-Darel Ngiambukulu, *Bukanga Lonzo : 60.000 tonnes de maïs à l'abandon faute des moyens pour les évacuer vers les centres de consommation (Ados Ndombasi)* 7SUR7.CD. Disponible sur https://7sur7.cd/2021/04/07/bukanga-lonzo-60000-tonnes-de-mais-labandon-faute-des-moyens-pour-les-evacuer-vers-les)

218 Pour rendre effective l'organisation de la lutte contre le trafic et la consommation illégaux de cette substance et d'autres types de drogues en République Démocratique du Congo, l'Arrêté ministériel n° 91/107/CABMIN/JUST du 23 août 1991 du Ministre de Justice et Garde des Sceaux avait institué un Comité national interministériel de lutte contre la drogue et la prévention du crime (DS, 2016). À la suite de ce dernier, il a été mis également en place une structure dénommée Commission mixte anti-drogue[218]. Aujourd'hui, cette lutte est assurée par la Direction de stupéfiants (DS en sigle), instituée par la Loi organique n°11/013 du 11 août 2011 portant organisation et fonctionnement de la Police nationale congolaise.

219 Rédaction Matininfos.net, *Bukanga-Lonzo : le gouvernement veut cultiver le Chanvre à la place du Maïs*, 7 avril 2021, Disponible sur :https://www.matininfos.net/bukanga-lonzo-le-gouvernement-veut-cultiver-le-chamvre-a-la-place-du-mais/81450/

"Grande était notre surprise d'apprendre, au cours de cette enquête, qu'une société canadienne veut absolument racheter le parc de Bukanga Lonzo non pas pour y planter du maïs, mais plutôt du cannabis, appelé communément diamba, pour des recherches médicales", dénonce Ados Ndombasi220.

Conclusion

Au final, cet échec de la relance du parc agro industriel de Bukanga Lonzo a laissé la place à un vol des matériels, à une spoliation des terres et à un chômage des travailleurs. Il fallait alors déconstruire, construire et reconstruire.

---

220 Orly-Darel NGIAMBUKULU, *Bukanga Lonzo : 60.000 tonnes de maïs à l'abandon faute des moyens pour les évacuer vers les centres de consommation (Ados Ndombasi)*, 7SUR7.CD, Disponible sur https://7sur7.cd/2021/04/07/bukanga-lonzo-60000-tonnes-de-mais-labandon-faute-des-moyens-pour-les-evacuer-vers-les

Chapitre III

Déconstruire, construire et reconstruire : trois verbes à mettre en œuvre pour sauver le projet des parcs agro-industriels en RDC

Ce chapitre a pour pierre de touche déconstruire, construire et reconstruire pour sauver le projet des parcs agro-industriels en RD Congo.

En tirant des leçons de la débâcle du projet de l'agro-industrie de Bukanga Lonzo intervenu en 2017 ainsi que de la débâcle de sa relance en 2020 ? Une grande question se pose : faut-il abandonner ce projet ? Face aux aspects ambitieux et révolutionnaires du projet, cette voie n'est pas à conseiller ni à emprunter.

Ainsi, ce dernier chapitre a pour vocation de se servir des vraies raisons des différentes débâcles qu'ont connus ce projet, pour proposer des nouvelles bases sur lesquelles, il faut s'appesantir s'il l'on veut éviter une nouvelle débâcle et du projet agricole et de la justice sur le projet agricole.

Ces nouvelles bases peuvent être résumées sous trois verbes, à savoir : déconstruire, Reconstruire et construire.

En effet, s'il faut déconstruire, cette déconstruction doit se faire au niveau de la justice congolaise et sa vision pénalocentrique dans la gestion des situations-problèmes aux allures politiciennes et construire une justice au modèle de l'Etat de droit au vrai sens du mot capable de lutter efficacement contre la criminalité en col blanc et de mobiliser tous les mécanismes pour éviter à l'Etat des pertes des fonds liés à l'exécution des projets (I). S'il faut reconstruire, cette reconstruction doit concerner le puzzle de la relance du parc agro industriel de Bukanga Lonzo, cette fois si dans un élan de la jonction entre la cohésion nationale et la bonne gouvernance ainsi que la bonne gouvernabilité (II)

I. Puzzle de redynamisation du parc agro-industriel de Bukanga Lonzo : joindre la cohésion nationale à la bonne gouvernance

Comme nous l'avons fait remarquer, la cohésion nationale doit être la base d'un projet aux allures nationales (A). Cependant, cette cohésion nationale obtenue, la jonction de la bonne gouvernance est impérieuse pour la durabilité ainsi que le succès d'un projet comme celui des parcs agro industriels en passant par la gestion des projets dans un esprit de contrôle continu (B), de perpétuation du service public de l'Etat dans les engagements pris malgré changement de gouvernement (C) sans oublier de la bonne gestion des travailleurs et de leurs conditions de travail gage de leur bonne performance (D).

A. La quête prioritaire de la cohésion nationale autour du projet des parcs agro industriels

Selon l'étude sur la gouvernance du secteur agricole en RDC (Etude ACE Europe, 2011), réalisée à la demande du Ministre belge de la Coopération, la relance de l'agriculture est aujourd'hui freinée par la faible gouvernance du secteur ; or la bonne gouvernance dans ce secteur est une condition essentielle pour dépasser le niveau de l'agriculture de subsistance et améliorer la gestion de la précarité et des conflits (Programme de Développement Agricole dans les Districts du Kwilu et du Kwango, 2012 :11).

La cohésion nationale est donc, comme le reconnaissent les autorités du pays, un facteur déterminant de survie de la RDC. Elle est aussi un facteur clef de son émergence et de progrès dans le développement humain. Elle est construite et renforcée à travers une politique de cimentation des différentes briques politiques, économiques, socioculturelles et transversales, et de l'ensemble des segments verticaux (couches et strates sociales) et horizontaux (géographiques et ethno-régionaux) de la nation. De ce point de vue, la cohésion recherchée va au-delà du social : elle est nationale. C'est d'ailleurs en ces termes que la question est posée au niveau des autorités du pays. Toute gouvernance de renforcement de la cohésion nationale devra en tenir compte et savoir les intégrer dans une stratégie conséquente portée par une vision claire du devenir de la nation à construire ((Rapport National sur le Développement Humain, 2014 : 18).

Ainsi, relancer le parc agro industriel de Bukanga Lonzo doit se faire dans un contexte de jonction entre la cohésion nationale et la bonne gouvernance.

Il faut, mobiliser non seulement, les acteurs des communautés locales coalisé autour du projet de parc agro industriel de Bukanga Lonzo, encore faut-il obtenir la coalition des acteurs politiques autour du projet loin de tout clivage politique.

Les bonnes pratiques et expériences des agro industries qui ont réussis à l'instar de des agro industries de l'Afrique du Sud démontrent combien cette jonction entre la cohésion nationale ainsi que celle de la bonne gouvernance a été pour beaucoup.

La base d'une relance de Bukanga Lonzo réside dans l'esprit de continuité du service public et le contrôle continu de l'exécution du marché public.

B. L'esprit de continuité du service public et le contrôle continu de l'exécution du marché public comme base de la relance des agros industries en RDC

A l'aune des leçons tirées dans le cadre de cette étude, l'esprit de la continuité de l'Etat ainsi que du service public est très important pour la vie ainsi que la maturation des projets de développement agricole.

Il sied de noter que l'industrialisation est un processus qui s'échelonne dans le temps pour atteindre ces objectifs d'autosuffisance alimentaire, de développement de la nation, de la réduction de la pauvreté, de la réduction de l'importation, de la croissance économique et du développement rural. Cependant, les hommes passent, mais les institutions doivent rester.

S'il faut relancer le parc agro industriel de Bukanga, cela doit se faire dans une logique de continuité des engagements de l'Etat. Même si comme nous l'avons vu que l'administration contractante dispose du pouvoir de résiliation unilatérale, cette résiliation doit intervenir au nom de l'intérêt général et ne doit pas conduire à l'abandon du projet mais plutôt de changement rapide de partenaire répondant aux motifs de résiliation unilatérale.

Par ailleurs, cette continuité des engagements de l'Etat doit s'accompagner de la continuité du contrôle en vue de veiller à la bonne exécution du projet.

Tout au plus, les conditions de travailleurs ne doivent pas être négligées car, elles sont essentielles pour déterminer leur performance, la rapidité dans l'exécution des taches et la durabilité du projet.

C. La mise en place des bonnes conditions de travail au sein des parcs agro-industriels et la performance des travailleurs

Une gestion responsable des relations de travail a une influence directe sur la durabilité des parcs industriels car elle affecte la taille, le moral et la productivité de la main-d'œuvre. Il convient donc d'accorder toute l'attention nécessaire aux normes de travail de l'OIT, et notamment aux aspects suivants de la gestion des relations de travail :

- travail décent : les exploitants industriels devraient garantir aux employés le droit à de bonnes conditions de travail ainsi que des droits tels que l'égalité de salaire à travail égal. Une pratique largement adoptée à cet égard consiste à ce que les exploitants effectuent des contrôles de diligence raisonnable à l'égard des entreprises au cours des processus d'identification et d'approbation des résidents afin d'identifier les entreprises dont les antécédents sur le plan social et de la sécurité sont médiocres ;

- Syndicats : les syndicats devraient être autorisés dans les parcs industriels conformément aux règles et aux réglementations applicables du pays d'accueil ; et Questions juridiques et règlement des différends : il est essentiel de mettre en place un mécanisme de règlement des différends mutuellement convenu pour les conflits survenant au sein d'un parc industriel (ONUDI, 2019 : 69).

Les parcs industriels peuvent et doivent cependant être exploités en tant que plates-formes allant au-delà de ces protections de base des droits et des garanties des travailleurs, et promouvoir des normes et des pratiques supérieures en matière de bien-être des travailleurs afin d'attirer des talents, d'améliorer les compétences de la main-d'œuvre et de contribuer à des emplois de qualité ainsi qu'à une économie fondée sur la connaissance (ONUDI, 2019 : 69).

Il est urgent de déconstruire la justice pénale congolaises politisée pour la valorisation d'une justice dépolitisée, seule apte à la construction d'un état de droit.

II. Déconstruire la justice [pénale] congolaise politisée au profit de la justice dépolitisée

« La justice élève une nation comme le dit la bible » avons-nous relevé. Cependant, la justice qui élève une nation où tout le monde ainsi que les intérêts de tous y compris ceux de l'Etat sont protégés quand il faut, et sanctionnés quand les conditions sont réunies, bref, une justice basée sur la sécurité juridique et judiciaire, gage du développement de la nation.

Ainsi, pour éviter des expériences désastreuses de la débâcle de la justice, la justice qui mérite d'être déconstruite au Congo est celle qui applique la vision paternaliste belge (A) au profit d'une justice construite avec une vision de l'application de l'Etat de droit au vrai sens du mot capable aussi d'aider l'Etat à développer (B)

A. Déconstruire la justice congolaise du « paternalisme belge »

En faisant l'histoire de la justice au Congo tout en remontant de l'époque coloniale jusqu'à nos jours, il y a lieu de constater qu'elle a été caractérisée par la mission d'un instrument du pouvoir où d'une part, les détenteurs du pouvoir politique de l'époque coloniale en faisaient usage pour des fins politiciennes et d'autre part, ceux qui sont au pouvoir actuellement continuent d'œuvrer dans cette même logique. Raoul Kienge parle du « paternalisme belge ».

En effet, pour l'auteur précitée, une caractéristique essentielle de la politique coloniale belge que la justice répressive véhiculera est notamment celle qui représente le noir comme un enfant dont le colonisateur belge est le père ; un enfant à éduquer et qui doit grandir pour parvenir à maturité (R. Kienge Kienge, 2011-2012 : 41).

Dans une conférence datée du 14/11/1932, Paul Tschoffen, alors Ministère des colonies disait : « *Le noir adulte est un enfant. Notre mission de civilisation et d'éducation est d'aider cet enfant à accomplir ses devoirs et ce, dans son propre intérêt. Il faut apprendre au noir la loi du travail et lui démontrer qu'il peut tirer d'inappréciables bienfaits de l'exercice de cette loi. (...). Il doit travailler mais avec la conviction essentielle que son travail lui assure une situation meilleure, un état de vie supérieur à celui qu'il connaissait, et lui crée des besoins avec les moyens de leur donner satisfaction. Nous pouvons commenter trois erreurs : manquer de fermeté, manquer de justice et manquer de bonté. Nous sommes 2000 blancs au Congo ; il y a 13 millions de noirs y compris ceux du Rwanda. Nous ne pouvons tolérer la moindre apparence d'indiscipline. Le caractère du nègre exige qu'il soit commandé. Il doit sentir qu'il y a un maître. C'est un enfant qui doit être soumis à une autorité. Le rendre à la liberté, c'est l'exposer à tomber dans le pire esclavage. Toute faute exige une punition. Le noir ne comprend pas la faiblesse, celle-ci est synonyme d'impuissance. Mais, les sanctions doivent être prises dans les limites de la loi et par la seule autorité reconnue (...). Le noir a le sentiment profond de la justice et un sens aigu d'observation. Nous sommes ses éducateurs et nous avons pour devoir de sauvegarder notre autorité morale. Nous devons donc être fermes. Il faut que le noir comprendre que notre règne de cette fermeté ne signifie pas un manque de cœur (...). Pour assurer le règne de cette fermeté et de cette bonté réunie, il faut que nous fortifiions notre autorité territoriale. Sans occupation territoriale, pas de discipline* ...(R. Kienge Kienge, 2011-2012)».

Ce long extrait de la conférence de Paul Tschoffen, alors ministre des colonies traduit le « paternalisme belge » à l'égard des colonisés. Elle imprimera une orientation punitive et disciplinaire à la justice répressive (R. Kienge Kienge, 2011-2012).

Pour maintenir l'ordre et protéger les Européens, population minoritaire mais détentrice du pouvoir en pays conquis, et pour assurer l'acculturation de la population indigène par l'anéantissement des pratiques culturelles indigènes, notamment le fétichisme, il fallait pouvoir disposer de peines exemplaires et efficaces au sein des diverses sanctions pénales prévues (R. Kienge Kienge, 2011-2012).

Par conséquent, la répression judiciaire devait entraîner une ségrégation judiciaire, de même qu'une justice sévère, illustrant une politique pénale orientée vers les Africains criminalisés. La justice pénale visait à sauvegarder les principes moraux du colonisateur, partagés ou non par les colonisés et à les lui faire intégrer. Il fallait que les indigènes se mettent au pas, qu'ils rentrent dans l'ordre imposé. La sanction pénale, et notamment la peine de mort, se situent dans ce contexte de domination où un groupe en contrôlait un autre et où la peine est vue comme l'expression du pouvoir mais aussi du respect des valeurs morales du colonisateur(R. Kienge Kienge, 2011-2012).

Le système répressif mis en place au Congo belge s'illustra fermement au moyen des peines corporelles (la chicotte, la peine de mort, la servitude pénale) le pouvoir et l'autorité de l'administration coloniale européenne. Après avoir mis un terme aux velléités de résistance des élites autochtones vaincues, elle imposa par l'application des peines, un nouvel ordre aux populations indigènes(R. Kienge Kienge, 2011-2012).

Bien après la colonisation, il est malheureux de constater la continuité de cette même logique dans la mesure où d'un côté, certains des textes juridiques de l'époque coloniale ont été conservés bien qu'avec certaines modifications à l'exemple du décret du 20 janvier 1940 et du décret du 30 juillet 1888 sur les contrats et les obligations et de l'autre côté, certaines formes d'organisation et des principes de la justice répressive coloniale a été maintenue.

Par conséquent, le Père qui était le belge colonisateur à l'époque coloniale deviendra après la colonisation, le détenteur du pouvoir politique contre celui qui n'en a pas considéré comme un enfant à dominer. C'est ce qui explique l'instrumentalisation du droit ainsi que de la justice (constitutionnelle, administrative, pénale, civile, militaire) au Congo par les détenteurs du pouvoir politique au détriment des opposants politiques et des autres citoyens ne disposant d'aucune force politique.

Il convient de construire une justice dépolitisée et efficace face aux situations-problèmes des élites, de corruption et en col blanc.

B. Construire une justice dépolitisée et efficace face aux situations-problèmes des élites, de corruption et en col blanc.

Le constituant affirme l'indépendance du pouvoir judiciaire à l'égard du pouvoir politique. Il insiste sur la nécessité d'instaurer un Etat de droit par un pouvoir judiciaire indépendant. L'indépendance du pouvoir judiciaire n'est rien d'autre que la faculté laissée aux magistrats d'exercer librement leurs fonctions (Jean Louis Esambo, 2010 : 137). Et « Injuste ou juste, imparfaite ou parfaite, impartiale ou partiale, rétributive ou réhabilitative, la justice pénale doit réaliser l'objectif de régulation sociale et de pacification civile fixée par le législateur du XXIe siècle (Yves Jeanclos,2013) »

C'est autour de ces deux pensées qu'une justice peut être construite de façon dépolitisée et efficace à faire face aux situations-problèmes de tout genre.

Concrètement et en rapport avec les failles décelées de la justice congolaise notamment en ce qui concerne le cas du procès de Bukanga Lonzo ainsi que les lacunes éprouvées par les procureurs généraux près la cour constitutionnelle ainsi que près la cour de cassation ainsi , il y a lieu de suggérer la révision de la constitution de la RDC du 18 février 2006 tout en organisant la responsabilité pénale des anciens premiers ministres et en mettant en place les parquets financiers avec des magistrats spécialisées dans la criminalité en col blanc pour une certaine efficacité dans l'enquête ainsi que les poursuites judiciaires. Dans cette optique, je propose également que les immunités soient rendues inopérantes pour les infractions relatives au blanchissement des capitaux, la corruption, la concussion et le détournement des deniers publics, cette démarche tend à permettre le parquet d'avoir les mains libres dans les poursuites à engager contre les auteurs présumés de ces faits criminels.

Il me semble que s'imposent avec urgence une révision constitutionnelle et l'organisation de la punissabilité des anciens premiers ministres, l'instauration des nouveaux parquets financiers comme architecture de la lutte contre la corruption sans oublier la mise en place d'un pont entre le choix entre la justice pénale et les modes alternatifs de règlement des conflits à l'exemple de la coopération ou la négociation, de la médiation dans la gestion de la délinquance économique et financière pour plus d'efficacité.

a. La révision constitutionnelle et l'organisation de la punissabilité des anciens premiers ministres

Comme déjà mentionné, nous avons fustigé la consécration de l'impunité par la cour constitutionnelle obligeant le juge constitutionnel à se déclarer incompétente d'engager les poursuites contre un ancien premier ministre pour les infractions commises par lui dans le cadre de l'exercice ou à l'occasion de ses fonctions. Cet état des choses révèle combien d'autres premiers ministres en contexte de droit congolais peuvent échapper à des poursuites une fois en cessation de leurs fonctions. Cela n'est pas du tout intéressant pour un Etat qui se veut un Etat de droit.

Ainsi, une révision constitutionnelle et de la constitution et de la loi relative à la cour constitutionnelle est impérieuse pour mettre fin à ce régime institutionnel d'impunité.

Par ailleurs, par cette même révision constitutionnelle, nous postulons pour l'organisation judiciaire des parquets financiers.

La lutte contre la corruption et la délinquance économique et financière requiert l'instauration des nouveaux parquets financiers comme architecture.

b. L'instauration des nouveaux parquets financiers comme architecture de la lutte contre la corruption et la délinquance économique et financière

Dans un article intitulé « Le Procureur financier, architecte de la lutte contre la corruption et la délinquance économique et financière », Myriam Quéméner (2014 : 27) montre comment « plusieurs lois viennent en reconfiguration de l'organisation du Parquet dans un but de recherche d'efficacité accrue dans le domaine économique et financier. Et ces lois mettent en placent des nouveaux procureurs financiers dotés des pouvoirs publics et des larges moyens d'action de lutte, d'autant plus que la création de parquet qui leur abrite est associée à celle d'un Office policier spécialisé et à de nouveaux pouvoirs octroyés à la société civile ».

En droit pénal comparé, ce parquet national financier existe dans des pays tels que la France.

En droit congolais, près la cour des comptes existe un parquet qui a vocation d'être un parquet financier. Cependant, ce parquet accuse beaucoup des problèmes d'efficacité dans la mesure où depuis son existence, il n'a pas réussi à exercer des poursuites pour réprimer les crimes de corruption, de détournement des deniers publics et autres infractions se rapportant aux fautes de gestion dans le pays.

C'est la raison pour laquelle le professeur Nyabirungu a pu mettre à la disposition du monde scientifique un livre intitulé « Lutte contre la corruption, plaidoyer pour un nouveau parquet général financier en République démocratique du Congo » où il fait un plaidoyer pour un parquet national financier qui doit être doté des compétences spécifiques et spéciales.

En réaction de cette proposition, Selon l'avocat général de ce parquet financier près la Cour, Nathalis Pumbu, sa juridiction a la compétence constitutionnelle de la répression de ces crimes, simplement elle est bloquée dans son action par les politiques221.

Pour le professeur Nyabirungu Mwene Songa, Pour Nyabirungu Mwene Songa, il s'agira de détacher des magistrats du parquet afin qu'ils se consacrent à une criminalité particulière qu'est la corruption qui fait perdre beaucoup d'argent à l'Etat222.

Pour accomplir cette tâche, a-t-il indiqué, ces magistrats devront se spécialiser, à travers des formations spécifiques. Le Pr Nyabirungu propose, concrètement, la nomination d'un procureur général financier près la Cour de cassation, des procureurs généraux financiers près les Cours d'Appel et des procureurs financiers près les tribunaux de grande instance.

J'épouse cette proposition du professeur Nyabirungu dans la mesure où elle va sans nul doute contribuer à l'efficacité dans la lutte contre la corruption même des élites ainsi que la lutte contre la criminalité économique et financière.

---

221 Lire Radio Okapi, « Lutte contre la corruption en RDC: pendant que le professeur Nyabirungu plaide pour un nouveau parquet national financier à compétence spécifique et spéciale, le parquet général financier près la Cour des comptes dénonce sa marginalisation et prise en otage par les politiciens » publié le 29/06/2021, article disponible sur : https://www.radiookapi.net/2021/06/29/emissions/droits-et-citoyennete/lutte-contre-la-corruption-en-rdc-pendant-que-le (consulté le 09 aout 2023).

222 Lire Agence congolaise de la Presse, Plaidoyer pour la création d'un parquet national financier en RDC, 03 juillet 2020, article disponible sur https://acp.cd/nation/plaidoyer-pour-la-creation-dun-parquet-national-financier-en-rdc/ (consulté le 09 aout 2023).

Les pages qui suivent portent sur la délinquance économique et financière : entre le choix de la justice pénale et les modes alternatifs de règlement des conflits.

C. Délinquance économique et financière : entre le choix de la justice pénale et les modes alternatifs de règlement des conflits

Le développement d'une nation « sous-développée », dépend des différents facteurs, notamment celui économique, qui parait comme étant le plus capital. Ce dernier, constitue pour un Etat, l'une des grandes sources des recettes, qui amènent les pouvoirs publics à s'y investir pour non seulement le règlementer mais aussi y exercer un contrôle et une répression.

Bon nombre d'opérateurs économiques mais aussi politiques, profitent de leurs positions économique et politique, pour optimaliser leurs bénéfices par des techniques illicites.

Guy Horsmans (1984 : 923), soutient que la crise augmente les faillites, les différends, les conflits dans la mesure où chaque agent économique ou opérateur politique est tenté ou obligé de rechercher par toutes les voies possibles y compris la voie contentieuse la « maximisation » de ses droits et bénéfices et surtout la « minimisation » de ses charges et pertes.

Certes, le secteur économique est un domaine sensible et glissant où la répression devrait être de rigueur, du fait que les infractions s'y commettent couramment au détriment de l'ordre public économique, faisant quelques fois un manque à gagner au Trésor public.[223]

Par ailleurs, Grand nombre des sociétés, établissements rencontrent de multiples problèmes liés au vol, à la corruption, au détournement, au faux

223 R. MASSAMBA, *Droit pénal économique*, disponible sur www.congolegal.com, mis en ligne en 2006, (consulté le 22 août 2023).

monnayage, bref à la délinquance économique et il est mis en place des mécanismes répressifs efficaces en vue de sanctionner les auteurs de ces comportements. L'intervention de la sanction pénale, avec ses effets d'intimidation mais aussi des châtiments est orientée sur l'auteur de l'acte infractionnel et dans la plupart des cas, elle est effective.

Cependant, à la suite des effets de la sanction pénale, il y a lieu de se poser la question sur le droit de réparation du préjudice en cas de détournement des deniers publics ?

La réponse est telle que la justice pénale ne semble pas résoudre cette épineuse préoccupation, dans la mesure où, qu'adviendra-t-il pour un condamné de détournement des deniers publics qui purge sa peine sans restituer les fonds détournés, quittera-t-il la prison ou va-t-il demeurer en prison pour n'avoir pas exécuté la peine relative à l'amende ou aux dommages et intérêts qui ont été alloués alors que celle relative à la servitude pénale a été exécutée ?

Il y a donc nécessité pour le législateur de régler cette question entre la justice pénale et la justice réparatrice, que choisir ?

Partant de ces questionnements, il y a lieu de voir ce qui se passe ailleurs dans le cas sous examen et en tirer les conséquences en droit congolais.

Aux Etats-Unis et au Canada, pour ne prendre que l'exemple de ces deux pays, il existe, pour les uns, les accords de poursuite différée et les accords de poursuite suspendue.

Les accords de poursuite suspendue (APS), aussi appelés accords de réparation (AR) ou «accords de poursuite différée» sont un nouvel instrument du Code criminel canadien. Ils visent à réguler le problème des crimes économiques commis par des entreprises en permettant à ces dernières d'éviter un procès criminel en échange de l'admission de leur responsabilité, du paiement de pénalités et de l'adoption de mesures correctrices et préventives. Le Canada n'est pas le premier pays occidental à adopter ce mécanisme: les États-Unis l'ont fait il y a plusieurs années, et le Royaume-Uni et la France, entre autres, en disposent depuis 2014 et 2016 respectivement.[224]

En contexte du procès de 100 jours, l'on peut ressortir une des formes de justice négociée ou coopérée quoique non institutionnalisée avec le paiement de la caution colossale de 35.000.000USD (dollars américains trente-cinq million) l'équivalent du montant soupçonné blanchi dans le cadre dudit procès par le DG de la Rawbank SA en échange de sa liberté provisoire. Cette approche, a permis au DG de la Rawbank SA de retrouver sa liberté sous caution, mais aussi de rétablir la république dans ses droits.

Il ressort de cette démarche comparée et du droit américain ainsi que du droit canadien que , de plus en plus, la justice pénale commence dans beaucoup d'Etat, à laisser la place à la forme d'une justice de négociation ou de coopération, dans des cas spécifiques liés à la criminalité économique et financière et pour des infractions bien déterminées notamment, la corruption, le détournement, le blanchiment d'argent, tout ceci parce que la criminalité économique ou financière, est une criminalité en col blanc et c'est une pratique qui n'est pas de l'apanage de tout le monde; une criminalité des élites, des intellectuels; en bref une criminalité intelligente et astucieuse. Elle fait disparaitre des milliers d'argent et parfois irrécupérable par le model de justice ordinaire.

---

224 Lire, L. COHEN-TANUGI et E. BREEN, Le *Deferred prosecution agreement américain. Un instrument de lutte efficace contre la délinquance économique internationale*, in la semaine du droit, Livres propos, pp. 953 à 954, A. MELCHIADE MANIRABONA et S. ST-GEORGES, « Les accords de poursuite suspendue : un dévoiement de la justice ? », in Relations, N°804, septembre-octobre 2009, pp. 12-13.

En vue de ne pas faire souffrir le trésor public et de permettre aux sommes volatilisées de revenir à la victime, une forme de justice nouvelle, assise sur la place de la victime, commence de plus en plus à être mobilisée, dans le souci de récupérer les sommes disparues et de réparer les préjudices subis par la victime.

Dans l'ordre de cette justice, outre la négociation, l'arbitrage l'on retient aussi la médiation comme mode alternatif de règlement des conflits dans le monde des affaires.

D'ailleurs, F.BEN MRAD (2012 : 12) relève que de tous les modes alternatifs de régulation des conflits (médiation, conciliation, arbitrage, négociation, transaction) qui peuvent déboucher sur une solution plus satisfaisante qu'une procédure judiciaire, la médiation offre le plus de liberté aux parties en conflit. Fondée sur le volontariat des médiés, elle est souple et non formelle ; le médiateur est là pour les aider à exprimer leurs besoins et faciliter le dialogue tout en se tenant en dehors du fond de l'affaire.

C'est dans ce contexte que dans le monde des affaires, étant donné que le climat des affaires nécessite célérité dans le traitement des conflits, le législateur OHADA s'est sentit dans le besoin pressant et urgent de formaliser la médiation par l'adoption de l'Acte uniforme sur la médiation le 23 septembre 2017 que la RDC a signé au travers son ministre de la justice.

Comme déjà définie, la médiation, au sens de l'article premier de l'Acte uniforme désigne tout processus, quelle que soit son appellation, dans lequel les parties demandent à un tiers de les aider à parvenir à un règlement amiable d'un litige, d'un rapport conflictuel ou d'un désaccord (ci-après le « différend ») découlant d'un rapport juridique, contractuel ou autre ou lié à un tel rapport, impliquant des personnes physiques ou morales, y compris des entités publiques ou des Etats[225].

En effet, cette approche permet un gain de temps et des finances dans la résolution des conflits sans que le casier judiciaire n'ait entaché moins encore la réputation des protagonistes. Dans un contexte pareil, l'acceptation des responsabilités est garantie par les principes tels que le consensualisme et la confidentialité.

Conclusion

C'est pourquoi, de *lege ferenda*, le droit congolais devrait rendre effective l'approche de la médiation ohadienne et profiter de l'expérience des autres Etats et tirer les conséquences en vue d'une bonne et efficace gestion des conflits en matière économique et financière mais aussi de la réparation des préjudices que l'Etat congolais subis à travers des actes des détournements en vogue. Ce n'est qu'en cas d'échec de ces différents mécanismes que la justice pénale peut être mobilisée en dernier lieu.

---

225 Article 1 de l'acte uniforme sur la médiation.

Conclusion partielle

Cette dernière partie fait état, d'une part, de la situation du site du parc agro-industriel de Bukanga-Lonzo après sa débâcle intervenue en 2017 et d'autre part, des voies à mettre en œuvre pour sauver ce projet aussi révolutionnaire. Dans cet ordre d'idées, elle révèle un état macabre caractérisé par l'abandon des infrastructures, le vol des matériels, la faillite, le chômage des employés et les différentes tentatives de spoliation des terres.

Cet état déplorable de la situation sur terrain, a conduit le gouvernement en 2020 d'essayer de relancer les activités du projet, malheureusement sur les anciennes bases ; sans pour autant tenir compte des vraies raisons qui ont conduit à cet effondrement.

C'est ainsi que dans cette partie, l'on a proposé un plan viable de relance des activités du parc agro-industriel de Bukanga Lonzo partant, d'un côté, des leçons tirées des vrais raisons de la débâcle et de l'autre côté, de la construction d'une justice dépolitisée et efficace faisant intervenir des mécanismes tels que le contrôle continu (*a priori*, concomitant et *a posteriori*), la réparation des préjudices subis par les victimes, le recouvrement des fonds publics détournés, la médiation ou l'arbitrage (qui ,du reste, étaient prévus dans le contrat de gestion entre *Africom commodities* et l'Etat congolais, organisé dans l'acte uniforme sur la médiation et l'arbitrage en droit Ohada) et au final, la justice répressive en dernier recours.

Conclusion générale

Une politique publique est un ensemble d'actions et d'interventions des autorités publiques ou gouvernementales pour atteindre des objectifs économiques et sociaux dans un domaine spécifique de la société ou du territoire, elle vise à résoudre un problème public que le gouvernement estime être prioritaire dans le cas d'espèce, la motivation de la mise en place du projet du parc agro industriel de Bukanga lonzo était principalement de lutter pour l'autosuffisance alimentaire sans oublier de réduire les importations alimentaires ; de croitre l'économie nationale et d'assurer le développement rural(avec pour effet positif, la création et la réduction de la pauvreté).

Cependant, pour la solidité ainsi que la durabilité d'un projet de telle envergure, dans sa mise en œuvre il est donc important de communier et d'avancer en synergie avec les acteurs nationaux (à l'instar des acteurs politiques et communautaires) dans une logique de cohésion nationale, ce qui ne semble pas avoir été le cas dans le cadre du projet révolutionnaire de Bukanga Lonzo qui n'a pas tenu compte de ces facteurs.

L'absence de la cohésion nationale, le manque de suivi, l'absence des mécanismes de contrôle *a priori*, immédiat et *a postériori*, le non-respect du contrat par les parties contractantes, le non-respect de la destination des fonds autorisés par le ministre des finances (soupçon de détournement des fonds),le lobbying des importateurs alimentaires accompagné de la mobilisation des pratiques corruptives, les guéguerres politiques, l'arrêt de financement pour privilégier les élections par les gouvernements Badibanga et Tshibala ont été pour beaucoup dans sa débâcle intervenue en 2017 alors que depuis son initiative en 2013 sous la primature de Matata ponyo jusqu'en 2015 il a été caractérisé par un bilan marqué par une première récolte de 6000 tonnes de maïs, une continuité des plantations d'arachides et des maniocs sans oublier les infrastructures construites.

Dans le cadre de cet ouvrage, l'étude faite a été de partir de ces vraies raisons pour identifier les vrais acteurs et définir leurs possibles responsabilisations qui peuvent nager du politique, à l'administratif en passant par le pénal, pourquoi pas le civil en termes de réparation des dommages causés.

L'idée a été de fustiger le *pénalocentrisme* qui par contre est soumis à des principes difficiles tels que « *electa una via* », « *in dubio pro reo* » ; la charge de la preuve incombe au prévenu qui dans des infractions d'ordre financier et économique ont du mal à être prouvé par l'accusateur. Ailleurs, le principe de la charge de la preuve qui incombe au ministère public, a laissé cette charge à l'accusé en matière de criminalité économique et financière (c'est le cas de blanchiment des capitaux), ce qui permet au ministère public de questionner sur des sources des fonds qu'on a dans la banque ainsi que des biens obtenus.

En droit congolais par contre, l'archaïsme en la matière ne fait pas évoluer les choses ce qui explique les difficultés à avoir des procès en matière de corruption et de détournements des deniers publics en RDC. Même s'il faut reconnaitre que les premiers procès sont ceux de l'affaire de 100 jours et de Bukanga Lonzo mais qui n'ont pas aboutis à quelque chose de concret en termes de réparation du préjudice (Voir dans ce cas, l'interview du Chef de l'Etat, son excellence Felix-Antoine TSHISEKEDI TSHILOMBO accordée sur la Radio Top Congo Fm, lors de son dernier passage à Goma où il fustigeait le fait que les procès contre les détournements des deniers publics qui sont organisés, ne permettent pas à l'Etat de récupérer les fonds détournés).

Soulignons toutes fois que l'idée des modes alternatifs de règlement des conflits à l'exemple de la médiation, de l'arbitrage et de la négociation, dans les cas des crimes économiques, apparait réaliste car elle permet à la victime d'être rétablie dans ses droits en termes de recouvrement des fonds et à la société de voir très rapidement la paix sociale troublée par la commission de cette infraction, être rétablie.

Un exemple de la mobilisation de la négociation en matière des crimes économiques en RDC est celui appliqué dans le cadre du procès 100 jours, où l'ancien DG de la RAW BANK SA, Monsieur THIERRY TAEYMANS a été amené à payer une caution de 35.000.000USD (dollars américains trente-cinq million) l'équivalent du montant soupçonné blanchi dans le cadre dudit procès.

Cette approche, a permis à cet ancien DG de la RAW BANK SA de retrouver sa liberté sous caution bien entendu, mais aussi de rétablir la république dans ses droits.

Cela nous a conduit à critiquer l'interventionnisme de la cour constitutionnelle et de la cour de cassation dans la responsabilisation de trois acteurs parmi plusieurs sur base du rapport de l'inspection générale des finances analysé par nous comme étant un rapport bâclé et que le parquet près la cour constitutionnelle instruisant à charge et à décharge après s'être saisi en instruction pré juridictionnelle devait carrément se remettre en cause plutôt que de se faire humilier tantôt devant la cour constitutionnelle tantôt devant la Cour de Cassation avant de rentrer devant la Cour constitutionnelle qui s'est déclarée incompétente à juger un ancien premier ministre devenu sénateur au motif des lacunes se trouvant dans la constitution et également, la cour de cassation juge naturel d'un sénateur n'a été compétente que pour les faits commis en cette qualité.

Par ailleurs, après changement de présidence à la cour constitutionnelle, l'on assistera à un revirement jurisprudentiel nécessitant des commentaires allant dans le sens de disposer pour l'avenir et non de rétroagir.

Au final, non seulement, que l'on a assisté à la débâcle du parc agro industriel de Bukanga Lonzo, mais aussi à la débâcle de la justice congolaise à rétablir la vérité sur les vraies raisons juridiques de la débâcle et à identifier les véritables responsables de cette débâcle.

Cependant, après l'influence économique et alimentaire de la pandémie à covid 19 et l'absence de conservations des matériels achetés à gros prix pour le parc agro industriel de Bukanga, la nécessité de la relance a été constatée en 2020.

La mise en place d'un comité de gestion et de supervision du parc et l'étude de faisabilité financée par la BAD ont accomplis, quoique dans la débâcle une fois de plus.

Ainsi, pour boucler la boucle de cet ouvrage, un grand enjeu a été de savoir : comment sauver le parc agro-industriel de Bukanga Lonzo, un projet pilote, ambitieux et révolutionnaire à l'aune des leçons tirées de la débâcle triptyque : au niveau du projet, de la justice et de sa relance.

Face à cela, l'ouvrage s'est proposé un modèle basé sur trois verbes importants : déconstruire, construire et reconstruire.

Déconstruire quoi ? La justice au modèle paternaliste belge qui ne facilite pas l'administration d'une bonne justice en toute impartialité et indépendance mais calquée sur des récupérations politiciennes.

Construire quoi ? Cette justice cette fois-ci dans une libération de la prise en otage politicienne au profit d'une indépendance effective et efficace pour la lutte contre la criminalité en col blanc avec une recherche de qualité de la police judiciaire financière, du parquet financier ainsi que des juridictions compétentes territorialement, matériellement et personnellement.

Que Reconstruire ? Une relance du projet du parc agro-industriel de Bukanga Lonzo basée cette fois sur la cohésion nationale et la bonne gouvernance, accompagnée de l'observance du principe de la continuité du service public au modèle de la course à relais, de la continuité du financement et de la mise en place d'un système de contrôle a priori, concomitant et à posteriori continu en vue de prévenir et de réprimer les cas d'irrégularités et d'illégalités. Sans oublier de mettre en place des bonnes conditions de travail des travailleurs issus des communautés locales, gage non seulement de la cohésion sociale autour du projet mais également, de développement rural, de la réduction de la pauvreté et des bonnes performances temporelles dans l'exécution des travaux liés aux objectifs de l'agro-industrie.

Il y a lieu de se poser la question sur le droit de réparation du préjudice en cas de détournement des deniers publics.

La justice pénale ne semble pas résoudre cette épineuse préoccupation, qu'adviendra-t-il pour un condamné de détournement des deniers publics qui purge sa peine sans restituer les fonds détournés, quittera-t-il la prison ou va-t-il demeurer en prison pour n'avoir pas exécuté la peine relative au remboursement des fonds détournés alors que celle relative à la servitude pénale a été exécutée ?

Il y a donc lieu d'envisager des alternatives au code pénal, qui à mon avis apparait être essoufflé face aux réalités de terrain. C'est pourquoi, privilégier la médiation ou la négociation dans le cadre de la mise en œuvre de cette justice, serait un rempart à cette épineuse préoccupation. Il va de même, du renforcement des mécanismes de contrainte en ce qui concerne le détournement des deniers publics avec le régime de la confiscation générale (comme c'est le cas pour le blanchiment des capitaux) pour les prévenus non coopératifs.

Dans le cadre de ce projet, il était important pour le pays d'éviter la saga judiciaire qui à notre avis, ne saura pas rétablir la nation dans ses droits d'autant plus que les personnes impliquées non seulement continuent à clamer leur innocence et surtout considèrent ce procès comme politique.

A quoi aura servi ce procès quand on sait que les fonds présumés détournés ne seront pas remboursés, dans la logique où les condamnés évoqueraient l'insolvabilité de leurs patrimoines ? Face à cette préoccupation, cet ouvrage a proposé la médiation à travers une justice négociée.

Annexes

La centrale électrique

Le complexe du silo construit au parc agro industriel de Bukanga lonzo

Les planteuses

Challenger

10 KG
Farine de Maïs Jaune

Les points de vente

Les structures de logement

Bibliographie et webographie

I. Textes juridiques

A. Textes juridiques internationaux

- La Convention sur la diversité biologique (CDB) Adoptée à Rio en juin 1992 et entrée en vigueur le 23 décembre 1993.

- Le traité international sur les ressources phylogénique pour l'alimentation et l'agriculture Adopté le 3 novembre 2001 par la 31e Conférence de l'Organisation des Nations unies pour l'alimentation et l'agriculture (FAO), et entré en vigueur le 29 juin 2004.

- La déclaration de Maputo sur l'agriculture et la sécurité alimentaire en Afrique, 2003

- La déclaration de Malabo sur la croissance et la transformation accélérées de l'agriculture en Afrique pour une prospérité partagée et de meilleures conditions de vie

- Traité relatif à l'harmonisation du droit des affaires en Afrique du 17 octobre 1997 (révisé le 17 octobre 2008)

- Acte uniforme relatif au droit des Sociétés Commerciales et du Groupement d'Intérêt Economique, Acte adopté le 17 avril 1997 et paru au JO OHADA n°2 du 1er octobre 1997.

- Acte uniforme sur la médiation adopté le 23 septembre 2017

B. Textes juridiques nationaux

- Constitution du 18 février 2006 telle que modifiée par la loi n° 11/002 du 20 janvier 2011 portant révision de certains articles de la constitution de la République démocratique du Congo, in JORDC, 52ième année, n° spécial, du 20 janvier 2011

- Loi organique n° 13/11-B du 11 avril 2013 portant organisation, fonctionnement et compétences des juridictions de l'ordre judiciaire, J.O., 54ème année, numéro spécial, 04 mai 2013.

- Loi organique n° 13/010 du 19 février 2013 relative à la procédure devant la cour de cassation, J.O., 54ème année, numéro spécial, 20 février 2013.

- Loi organique n° 13/026 du 15 octobre 2013 portant organisation et fonctionnement de la cour constitutionnelle, J.O., 54ème année, numéro spécial, 18 octobre 2013.

- Loi n° 002-2001 du 3 juillet 2001 portant création, organisation et fonctionnement des tribunaux de commerce, J.O., n° 14, 42ème année, 15 juillet 2001, p. 4.

- Loi n° 10/010 du 27 avril relative aux marchés publics, in Journal officiel de la République démocratique du Congo, numéro spécial du 30 avril 2010. p. 5.

- La loi n°80/008 du 18 juillet 1980 modifiant et complétant la loi n°73/021 du 20 juillet 1973 portant régime général des biens, régime foncier et immobilier et régime des sûretés

- la Loi organique n°11/013 du 11 août 2011 portant organisation et fonctionnement de la Police nationale congolaise.

- Loi organique n°10/013 du 28 juillet 2010 portant organisation et fonctionnement de la Commission électorale nationale indépendante.
- Loi n° 11/ 022 portant principes fondamentaux relatifs à l'agriculture, in JORDC, n° spécial du 27 décembre 2011.
- Loi n° 16/009 du 15 juillet 2016 fixant les règles relatives au régime général de la sécurité sociale
- Loi n°08/007 du 07 Juillet 2008 portant dispositions générales relatives à la transformation des entreprises publiques.
- La loi n° 11/011 du 13 juillet 2011 relative aux finances publiques
- Loi n° 015-2002 du 16 octobre 2002 portant Code du travail
- Loi n° 16/010 du 15 juillet 2016 modifiant et complétant la loi n° 015-2002 portant code du travail
- Loi n° 016/2002 du16/10/2002 portant création, organisation et fonctionnement des tribunaux du travail
- La loi n°18/021 du 26 juillet 2018 portant statut des anciens présidents de la République élu et fixant les avantages accordés aux anciens chefs de corps constitué
- la Loi n°08/012 du 31 juillet 2008 portant principes fondamentaux relatifs à la libre administration des provinces
- Ordonnance n° 87-323 du 15 septembre 1987 portant création de l'Inspection Générale des Finances, en abrégé « IGF »

- Ordonnance n° 20/137-b du 24 septembre 2020 modifiant et complétant l'Ordonnance n° 87-323 du 15 septembre 1987 portant création de l'Inspection Générale des Finances, en abrégé « IGF »

- Ordonnance Présidentielle 15/084 du 28 novembre 2015 portant convocation du dialogue

- Ordonnance n° 12/008 du 11 juin 2012 fixant les attributions des ministères

- Ordonnance n° 15/015 du 21 mars 2015 fixant les attributions des ministères

- Décret du 30 janvier 1940 tel que modifié, complété et mis à jour au 05 octobre 2006, portant code pénal Congolais, in JORDC, 47 ème année, n° spécial du 05 octobre 2006.

- Décret du 06 août 1959 portant code de procédure pénale, *BO* 1959, *in les Codes Larcier*, République démocratique du Congo, *Tome I, Droit civil et judiciaire*, éd. De Boeck & Larcier S.A., 2003, Rue des Minimes 39, 1000 Bruxelles, 2003, pp. 288-299.

- Décret du 30 juillet 1888 portant des contrats et des obligations contractuelles, *in B.O*, 1888,

- Arrêté Ministériel 0161/CAB/MIN/AFF.FONC./2014 du 01 janvier 2014 portant création d'une parcelle à usage agro-industriel n°7607 SR du Plan cadastral du territoire de Kenge

- Arrêté ministériel n° 91/107/CABMIN/JUST du 23 août 1991 du Ministre de Justice et Garde des Sceaux avait institué un Comité national interministériel de lutte contre la drogue et la prévention du crime (DS, 2016).

- Arrêté ministériel n°011 cab/min/agri/Ekt/Ema/2020 du 30 avril 2020 portant création d'un comité de gestion et de supervision du parc agro industriel de Bukanga Lonzo

II. Jurisprudence

- Cass. Crim. 23 nov. 1950, *Bull. Crim.* N° 267.
- CSJ, 21 juillet 1976, RC. 145 BA. 1977, p. 162-II ; CSJ 28 juill. 1976, RC. 122, BA. 1977, p. 168-III in Répertoire Général alphabétique de la jurisprudence congolaise de l'Etat Indépendant du Congo à nos jours, Vol 2, E-O, PUC, Kin., 2017, p. 1590
- Crim. 20 juin 2006, n° 05-87.415, *Bull. crim.* n° 189 ; Jacques BORE/Louis BORE, *La cassation en matière pénale*, Dalloz, Paris, 2018-2019, notes n°s 112.104 et 112.121.
- Crim. 11 mai 1949, *D.* 261, rapport PEPY, 22 mars 1955, *D.* 418 ; 30 mai 1962, *Bull.* n° 214 ; *Gaz. Pal.,* 1993. 1. 151, Note MARCHI.
- Crim, 19 déc.1988, pourvoi n°88-83 678, Bull.crim., 1988, n°443, préc., in Cour de Cassation, L'ordre public, Rapport annuel 2013, Documentation française, Paris, 2014
- (CSJ. RPA 67. 28/CR, 2 mars 1987, MP/Ngo, s'he, Gba, Rjz, n° 1.2.3 1988, pp.15-19, in bulletin des arrêts CSJ, 1980-1984).
- Cour constitutionnelle, Arrêt RP 0001, du 15 novembre 2021

III. Doctrine

A. Ouvrages

- BARBIER J.-C, COURADE G et TISSANDIER J. (1980), *complexes agro-industriels au Cameroun*, Paris, Editions de l'office de la recherche scientifique et technique outre-Mer.

- BANYAKU LUAPE EPOTU, E. (2023), *Procédure devant la Cour constitutionnelle congolaise. Esquive judiciaire ou politique*, Paris, éd. L'Harmattan.

- BEERNAERT, M-A, BOSLY, H-D et VANDERMEERSCH, D.(2021), *Droit de la procédure pénale Tome II. Le jugement, les voies de recours, les procédures particulières et la coopération judiciaire internationale*, Brugge, 9ème éd. La Charte.

- BOLTANSKI, L. et THEVENOT, L. (1991), *De la justification, les économies de la grandeur*, Paris, Gallimard.

- BOLTANSKI, L. (1990), *L'amour et justice comme compétences*, Paris, A. Métaillé.

- BORE/Louis BORE, J. (2018/2019), *La cassation en matière pénale*, , Paris, Dalloz.

- BOSLY, H-D, VANDERMEERSCH, D et BEERNAERT, M-A. (2010), *Droit de la procédure pénale*, 6èmeédition, Bruges, La Charte.

- BOUREIMA, M. (2006), *Les politiques agricoles au Niger, 1960-2015 : 55 ans à la recherche de la sécurité alimentaire et à la réduction de la pauvreté*, Niamey, Ed. Belle Afrique.

- CARP-DEV (2022), *La bataille du Parc Agro-Industriel de Bukanga-Lonzo: Un Complot Contre la RDC et l'Afrique*, Ed. Idea Publishing.

- CORNU, G. (2000), *Vocabulaire juridique*, PUF, Paris, 8ème éd.

- DUMOULIN, M. et al. 2001. *Léopold III*. Bruxelles : Éditions Complexe.

- DUHAMEL-Yves MENY. O. (1992), *Dictionnaire constitutionnel*, Paris, PUF.

- EMERY, Y et GIAUQUE, D. (2005), *Paradoxes de la gestion publique*, Paris, L'Harmattan.

- ESAMBO KANGASHE J-L. (2010), *La Constitution congolaise du 18 février 2006 à l'épreuve du constitutionnalisme. Contraintes pratiques et perspectives*, Louvain-la-Neuve, Academia-Bruylant, bibliothèque de droit africain.

- ESAMBO KANGASHE, J-L. (2017), *Traité de droit constitutionnel congolais,* Paris, L'Harmattan..

- ESAMBO KANGASHE, J.-L (2013), *Le droit constitutionnel*, Louvain-la-Neuve, Academia-L'Harmattan.

- ESAMBO KANGASHE, J.-L (2016), *Le droit congolais des marchés publics*, Paris, L'Harmattan, 2016,

- GARAPON, A. (2001), *Bien juger. Essai sur le rituel judiciaire*, Odile Jacob.

- GRANDGUILLOT, D. (2016), *L'essentiel du droit du travail*, 16 e édition, Paris, gualino lextenso Edition.

- GUINCHARD, S et BUISSON, J. (2013), *Procédure pénale*, LexisNexis, 9ème éd., n°s 1288.

- GUINCHARD S. et DEBARD T. (2018), *Lexique des termes juridiques*, Paris, Éditions Dalloz.
- IBANDA KABAKA, P. (2020), *Les finances publiques congolaises. Droit, économie et politique*, Sarrebruck, Editions universitaires européennes.

- IDZUMBUIR ASSOP, J. (2013), *La loi de protection de l'enfant en RDC: analyse critique et perspectives,* Kinshasa, Cedesurk.

- JEANCLOS, Y. (2013), *Injuste Justice? La dynamique pénale au xxie siècle*, Paris.

- JAMES E. AUSTIN (1981), *L'analyse des projets agricoles*, Paris, Economica.

- KALONGO MBIKAYI (2007), *Droit civil. Tome 1, Les obligations*, Kinshasa, LGDJ.

- KAMUKUNY MUKINAYI, A. (2011), *Droit constitutionnel congolais,* Louvain-la-Neuve, Académia-L'Harmattan.

- KANGULUMBA MBAMBI, V. (2007), *Précis de Droit civil des biens, Tome 1. Théorie générale des biens et théorie spéciale des droits réels fonciers et immobiliers congolais*, Louvain-la-Neuve, Academia Bruylant.

- KAVUNDJA, T et MANENO, N., *Traité de droit judiciaire congolais Tome II. Procédure pénale*, Paris, éd. Espérance, 2022.

- LE CANNU, V-P., *Droit des sociétés*, Montchrestien, 2002, n° 457.

- LOUBET, J-L., *Initiation aux méthodes des sciences sociales*, 2000, Paris - Montréal , L'Harmattan, Éditeur, 2000.

- LUZOLO BAMBI, E.J. et BAYONA BA MEYA, N. A., *Manuel de procédure pénale*, Kinshasa, PUC, 2011.

- MAKALA NZENGU, P. 2009. *Politiques publiques et gestion du secteur agricole et rural enRépublique démocratique du Congo*. Kinshasa : Kinpress.

- MAMBI TUNGA-BAU, H. (2010), *Pouvoir traditionnel et pouvoir d'Etat en République Démocratique du Congo. Esquisse d'une théorie d'hybridation des pouvoirs politiques*, Kinshasa, MEDIASPAUL.

- MANASI N'KUSU-KALEBA, *Le code pénal congolais de l'opj*, 2ème éd., Kinshasa, DES, 2013

- MERLE, R et VITU, A., *Traité de droit criminel, vol. 2, Procédure pénale,* Paris, 2ème éd., Cujas, 1973.

- MERLE, R et VITU (1984), M., *Traité de droit criminel, Tome I, Problèmes généraux de la science criminelle. Droit pénal général*, 6e édition, Paris, Editions Cujas.

- MUKADI BONYI et KATUALA KABA KASHALA (1999), *Procédure civile*, Kinshasa, Ed. Batena Nt.

- MUTEBA KALALA, D-J et NKULU MWINE FYAMA, J. (2019), *Crises alimentaires et mesures d'atténuation En République Démocratique du Congo. Revue des stratégies et promotion de bonnes pratiques*, Kinshasa, Konrad Adenauer Stiftung.

- NYABIRUNGU mwene SONGA, R. (2007), *Traité de Droit pénal Général Congolais*, Kinshasa, collection Droit et société, Deuxième édition, EUA.

- OST, F. (1999), *Le temps du droit*, , Paris, Edition Odile Jacob.

- PACTET P. et MELIN-SOUCRAMANIEN F., *Droit constitutionnel*, 25ème édition à jour, Paris, Sirey, 2006.
- PEROCHON, F et BONHOMME, R., *Entreprises en difficulté – Instruments de crédit et de paiement*, 5e éd., LGDJ, 2001.

- PRADEL, J., *Procédure pénale*, Paris, 14 ème éd., Cujas, 2008,

- QUIVY, R et CAMPENHOUT, L-V. (2011), *Manuel de recherche en sciences sociales*, 4e éd, Paris, Dunod.

- RICHER, L. (2002), *Droit des contrats administratifs*, Paris, 3e éd. LGDJ.

- RUBBENS, A. (1965), *Droit Judiciaire Congolais, T3, Instruction criminelle et procédure pénale*, Bruxelles, Ferd. Larcier, S.A.

- SITA MUILA, A. (2020), *Manuel de droit pénal général congolais*, Paris, L'Harmattan, 2020.

- TULKENS, F et MOREAU, T-H. (2000), *Droit de la jeunesse assistance protection et aid*e, Bruxelles, Larcier.

- VUNDUAWE te PEMAKO F. (2007), *Traité de droit administratif*, Bruxelles, Afrique éditions et Larcier.

- YUMA BIABA, L. (2012), *Manuel de Droit administratif*, Kinshasa, CEDI.

B. Articles des revues et des autres contributions scientifiques

- ADAM, C. (2012), « Responsabilisation et déresponsabilisation dans le traitement des délinquants sexuels en Belgique", in *Déviance et Société*, vol. 36, pp. 263-272.

- AKAM, A. (2007), « La responsabilité civile des dirigeants sociaux en droit Ohada », in *Revue internationale de droit économique* 2007/2 (XXI, 2), Éditions Association internationale de droit économique, pp. 211-243

- BALINGENE KAHOMBO (2011), « L'originalité de la cour constitutionnelle congolaise : son organisation et ses compétences », *In Librairie D'études Juridiques Africaines*, Vol 6, pp.1-26.

- BEN MRAD F. (2012), « Définir la médiation parmi les modes alternatifs de régulation des conflits », *in Informations sociales*, n° 170. pp. 11 - 19.

- BERTHELIER, P., et ANNA LIPCHITZ. (2005) « Quel rôle joue l'agriculture dans la croissance et le développement ? », in *Revue Tiers Monde*, vol. 183, no. 3, pp. 603-624.

- BISA KIBUL, M et KAPINGA KAYEMBE, N. (2019), « La géopolitique du et d'autour du Parc agro-industriel de Bukanga-Lonzo au Congo-Kinshasa. Lorsque la faillite profite mieux aux acteurs que la réussite », in *Revue Usawa*, Université Catholique du Congo, Kinshasa, pp. 247-264.

- BLUNDO, G. Et OLIVIER de SARDAN, J.-P. (2000), « Sémiologie populaire de la corruption », in *Revue Politique Africaine*, n°83, pp. 98-114.

- BOHMAN, M. et NORMILE, M.-A. (2003), « Vers une agriculture multifonctionnelle : une vision différente. La multifonctionnalité de l'activité agricole et sa reconnaissance par les politiques publiques », *Actes du colloque international de la société française d'économie rurale du 21-22 mars 2002*, Dijon, Ed. Educagri, pp. 49-62.

- BOLTANSKI, Y. DARRE et SCHILTZ, M-A. (1984), « La dénonciation », in *Actes de la recherche en sciences sociales*, n°51, p.3-40

- CHAUSSE, J.-P., KEMBOLA, Th. & NGONDE, R. (2012). « L'agriculture : pierre angulaire de l'économie de la RDC ». In HERDERSCHEE, J., MUKOKO SAMBA, D. & TSHIMENGA TSHIBANGU, M. (éd.), *Résilience d' un géant africain : accélérer la croissance et promouvoir l'emploi en République démocratique du Congo*. Volume II : *Études sectorielles*. Kinshasa : Médiaspaul, pp. 1-97.

- DIASSO A (2018). « Bukanga-lonzo. Le dossier porté devant la Cour internationale d'arbitrage » *in journal le courrier de Kinshasa*, N° 3263, p.6.

- DURANT, P. (2013), « La responsabilité administrative au prisme de l'action publique », in *Revue française d'administration publique*, n° 147, pp. 589-602.

- ESAMBO KANGASHE, J.-L. (2003), « Le contexte sociopolitique congolais, repères historiques et forces en présence : de la guerre dite de libération à l'Accord global et inclusif », in MALANDA NSUMBU F. (dir.), *La nouvelle Constitution de la transition en République démocratique du Congo : aspects juridiques, politiques, économiques et socioculturels*, Kinshasa, Publication de la FKA.

- GUIGNIER, A. (2009), « Le droit international face à l'insécurité alimentaire et environnementale : état des lieux et perspectives », *in Écologie & politique* , N°38, pp.109-119

- HORSMANS G. (1984), « Evolution de contentieux économique et commercial », in *L'évolution du Droit judiciaire au travers des contentieux économique, social et familial*, éd. Bruylant, Bruxelles.

- IBANDA KABAKA, P. (2020), « Les insuffisances managériales et culturales au sein du parc agro-industriel de Bukanga-Lonzo. Essai de compréhension de l'échec d'une implantation agro-industrielle au Kwango en RD Congo ». *In Le développement agricole et pastoral dans le Kwango en RD Congo*, The Book Edition,

- KOUTOUKI K., MATIP N. et KWEMBOU S. (2011), « La protection des variétés végétales en Afrique de l'ouest et centrale » in R.D.U.S. pp.133-140.

- LEBAILLY, PHILIPPE, BAUDOUIN, MICHEL et NTOTO M'VUBU, ALPHONSE R. (2015). « Quel développement agricole pour la RDC ? ». In S. Marysse & J. Omasombo Tshonda (dir.), *Conjonctures congolaises* 2014, coll. « Cahiers africains », no 86. Paris/Tervuren : L'Harmattan/MRAC, pp. 45-64.

- MARYSSE, S. (2018), « La gouvernance au quotidien : entre réformes et éléphants blancs », *in conjonctures de l'Afrique centrale*, pp.231-255.

- MATATA PONYO MAPON et TSASA J-P (2019), « L'artefact de la malédiction des ressources naturelles » *in Revue Congo challenge*, Volume 1 Numéro 2 Déc., pp.1-58.

- MBOKANI, J-B. (2023), « La Cour constitutionnelle congolaise face au statut pénal d'un ancien Premier ministre devenu sénateur », *in Revue de science criminelle et de droit pénal comparé*, (N° 1), Éditions Dalloz, pp. 53-80.

- MELCHIADE MANIRABONA A. et ST-GEORGES S. (2009), « Les accords de poursuite suspendue : un dévoiement de la justice ? », *In Relations*, N°804.

- Ministère de l'Industrie-RDC, (2018) « Rôle des politiques sectorielles dans la relance de l'économie congolaise : contribution du secteur industriel », in *revue analyses et prospectives, de la stabilité à la croissance économique soutenue et durable : enjeux et perspectives*, publication trimestrielles, numéro spécial compilation des présentations de la conférence économique tenue à Lubumbashi du 04 au 05 juin 2018, pp.115-118.

- MUKENGE KATUMBA, G-S. (2022), « Regard sur les compétences de l'inspection générale des finances (IGF) en République Démocratique du Congo » *In Journal of Advance Research in Business Management and Accounting*, Volume-8, 2022, pp.21-26.

- NKAMLEU GUY-BLAISE (2004). « L'échec de la croissance de la productivité agricole en Afrique francophone. » In *Économie rurale*. N°279. pp. 53-65

- NYABIRUNGU mwene SONGA (2013), « La corruption en République Démocratique du Congo : Enjeux et défis du cinquantenaire », in *Annales de la faculté de droit*, Kinshasa, DES, pp. 402-425.

- PIRES, A. (1995), « La criminologie d'hier et d'aujourd'hui », in *Ch. DEBUYST, Fr.* DIGNEFFE, J.-M. LABADIE et A.P. PIRES, *Histoire des savoirs sur le crime et la peine. Tome 1 : Des savoirs diffus à la notion de criminel-né*, 1re éd. Montréal, Ottawa, Bruxelles, Les Presses de l'Université de Montréal, Les presses de l'Université d'Ottawa, De Boeck Université.

- POITRAS, D, BOUCHARD, L-M et PIERRE MAURICE et GAGNE, D. (2019), « La cohésion sociale comme condition essentielle à la sécurité : définition, composantes et indicateurs », in *Vivre en sécurité, se donner les mo yens vol. 1*5, Québec, Bibliothèque et Archives nationales du Québec.

- POUCH, T. (2002), « L'agriculture entre théorie et histoire ou qu'est-ce qu'une politique agricole », *in Economie appliquée*, Tome LV numéro 1.

- QUEMENER, M. (2014), « Le Procureur financier, architecte de la lutte contre la corruption et la délinquance économique et financière », *Revue internationale d'intelligence économique,* vol. 6, no. 1, 2014, pp. 27-35.

- RAIMBAULT, P. (2018), « La responsabilité pénale des décideurs et des personnes morale », in *XXXIVE Congrès Français de Criminologie*, disponible sur : https://doi.org/10.4000/champpenal.385 , consulté le 13 juillet 2023.

- ROBERT, P.(1977), « Les statistiques criminelles et la recherche. Réflexions conceptuelles », in: *Déviance et société*. Vol. 1 -N°1. pp. 3-27.

- SITA-AKELE MUILA, A. et AKELE ADAU, P. (2008), « Quelle stratégie pour combattre la corruption en RDC », *in* P. AKELE ADAU (dir.), *Réforme du code pénal congolais. A la recherche des options fondamentales du code pénal congolais*, Tome 2, Kinshasa, Cepas, pp. 379-409.

- TOLLENS, E.(2015), « Les parcs agro-industriels et l'agriculture familiale. Les défis du secteur agricole en RDC », in *Conjonctures économiques*, pp.147-158.

- ULIMWENGU JOHN M. (2020), « Parc agro-industriel de Bukanga Lonzo : séparer les spéculations de la réalité », *in revue Congo challenge*, 2eme numéro.

- VAHAMWITI MUKESYAYIRA, J-C. (2018), « Problématique du développement agricole en République Démocratique du Congo : analyse des paramètres de durabilité des campagnes agricoles et des parcs agro-industriels » in *Parcours et Initiatives*, pp. 245-299.

- VERDIER, M-F. (2004), « Dossier constitutionnel : Droit constitutionnel et droit pénal », *in Politeia*, N° 5, pp 97-101.

C. Thèses, mémoires et notes de cours

- AKELE ADAU, P et al, *Droit pénal spécial*, UPC, Faculté de Droit, 2003-2004,

- BETAILLE, J. (2012), *Condition juridique de l'effectivité de la norme en droit public interne,* Thèse de doctorat, Université de Limoge.

- KIENGE KIENGE INTUDI, R., *Cours d'Evolution de la criminalité au Congo,* Faculté de Droit, Unikin, 2011-2012.

- LASCOUMES, P., et al. *L'incrimination en matière économique. Trois exemples de processus : cartels, crédits, initiés*, Genève, Université de Genève, fac. De Droit, travaux de CETEL, numéro 34,

- MPIA IZAMPWE, J-R. (2022), *La Recherche sur les causes de la régression économique du Congo, 1960-2020,* Mémoire de maîtrise en sciences économiques, Université d'Ottawa.

- SIDIBE, A-K. (2008), *Approche epidemio-clinique de la mortinaissance au service de gynéco obstétrique de la commune i du district de Bamako en 2005– 2006,* thèse de doctorat en médecine, université de Bamako, faculté de médecine, de pharmacie et d'onto-stomatologie.

- TASOKI MANZELE J., *Cours de Procédure Pénale*, Fac. de Droit, UNIKIN, 2015-2016,

- WANE BAMEME, B., *Droit pénal général*, UPC, faculté de Droit, 2013.

IV. Rapports et autres documents

- BAGHESTANI, L., « Fiche 28. La responsabilité politique du gouvernement sous la Ve République », dans : *Fiches de droit constitutionnel. Rappels de cours et exercices corrigés*, sous la direction de BAGHESTANI Laurence. Paris, Ellipses, « Fiches », 2020. URL : https://www.cairn.info/fiches-de-droit-constitutionnel--9782340039872-page-138.htm

- BANQUE AFRICAINE DE DEVELOPPEMENT, *Programme d'appui au parc agro-industriel de Bukanga-Lonzo* (PAPAI-BL), mai 2015.

- BELTRADE info, *Le bulletin d'actualité économique de la RDC*, n°36, Publication de la Représentation économique et commerciale des Régions bruxelloise, flamande et wallonne, 2015

- BIDWAYA, *Relance de Bukanga Lonzo: Le pari risqué de Sylvestre Ilunga,* Congo indépendant, publié le 28 août 2020, article disponible sur https://www.congoindependant.com/relance-de-bukanga-lonzo-le-pari-risque-de-sylvestre-ilunga/

- BONKENA BOKOMBOLA, P., *Rapport final de l'étude d'impact environnemental et social, projet de développement du parc agro-industriel de Bukanga Lonzo « pai-bl »*, Cellule de Coordination de l'Etude de Faisabilité pour le Développement des Parcs Agro-Industriels « CC - ED - PAI », Ministère de l'agriculture, pèche et élevage, RDC

- BOUGNOUX, D., « 6. Une presse trop pressée », *La crise de la représentation.* Sous la direction de Bougnoux Daniel. La Découverte, 2019.

- BUJAKERA TSHIAMALA, S., « RDC : Bukanga Lonzo, un fiasco à 80 millions de dollars » *in Revue Jeune Afrique*, 8 septembre 2020. Disponible sur https://www.jeuneafrique.com/1041392/economie/rdc-bukanga-lonzo-un-fiasco-a-80-millions-de-dollars/ (consulté le 25 juin 2023).

- Conférence Internationale sur l'Impunité en Haïti du 23 juin 2003, Réseau Nationale de Défense des Droits Humains, disponible sur www.rnddh.org, consulté le 05 août 2019.

- Centre africain pour la transformation économique, *L'agriculture, moteur de la transformation économique de l'Afrique*, Rapport sur la transformation d'Afrique 2017, ACET, 2017.

- Commission Européenne pour la Démocratie par le Droit, *rapport sur la relation entre responsabilité politique et responsabilité pénale des ministres*, Strasbourg, le 11 mars 2013 Etude n° 682 / 2012, conseil de l'Europe.

- Commission des droits de l'Homme des Nations Unies, ensemble de principes pour la protection et la promotion des droits de l'Homme par la lutte contre l'impunité, annexe II du rapport final, E/CN 4/sub.2,1997/rév.1. Cité par ibidem.

- Conseil de l'Europe (2005). *Élaboration concertée des indicateurs de la cohésion sociale : guide méthodologique*, Strasbourg, Éditions du Conseil de l'Europe

- Contrat de gestion du Parc Agro-Industriel de Bukanga-lonzo, Kinshasa, 20 Février 2014

- Cour de cassation française, *L'ordre public*, Rapport annuel 2013, La documentation française, Paris, 2014

- DEBOISVIEUX, G., *Impunité de fait, impunité de droit*, disponible sur hhtp://pauillac.inria.fr , consulté le 09 août 2023.

- ÉMOND, A. (2010). *Cadre conceptuel de la santé et de ses déterminants : résultat d'une réflexion commune*, Québec, Ministère de la Santé et des Services sociaux.

- ERNST & YOUNG. *Rapport d'audit du projet de mise en place du parc agroindustriel de Bukanga Lonzo.* 2015.

- FAO, CEA et CUA, *Afrique vue d'ensemble régionale de la sécurité alimentaire et de la nutrition 2020 : Transformer les systèmes alimentaires pour une alimentation saine et abordable*, accra, 2021.

- FAO, *Pour une alimentation saine et abordable*. Accra, FAO. https://doi.org/10.4060/cb4831fr (consulté le 26 juillet 2023)

- FULA, N., *RDC : le trio dirigeant de Bukanga Lonzo ouvre pour la relance* ! , La rédaction de Zoom éco, publié le 14 juin 2018. Article disponible sur https://zoom-eco.net/secteur-public/rdc-le-trio-dirigeant-de-bukanga-lonzo-oeuvre-pour-la-relance/ (31 juillet 2023).

- IBANDA KABAKA, P., *La question foncière relative aux terres rurales et agricoles au Kwango en RD Congo. Le droit coutumier en complémentarité du droit positif congolais* », 2020. Document disponible sur https://www.researchgate.net/publication/348007454_La_question_fonciere_relative_aux_terres_rurales_et_agricoles_au_Kwango_en_RD_Congo_

Le_droit_coutumier_en_complementarite_du_droit_positif_congolais/citation/download (consulté le 04 aout 2023).

- IGF, *Rapport de mission sur la gestion du projet « Parc agro-industriel de Bukanga lonzo* », Novembre 2020.

- Institut national de statistique, Mesure de l'impact du COVID-19 sur les Unités Economiques, RDC, Ministère du plan, Bulletin Numéro 01 : juillet 2020

- JOINET, L., *Question de l'impunité des auteurs des violations des droits de l'Homme*, rapport final pour la commission des droits de l'Homme des Nations Unies/CN.4/sub2/1997.

- KOSSI, D., *La relation entre les médias et la justice au regard du droit régional des droits de l'Homme Publié le 26/10/2020* https://www.actu-juridique.fr/administratif/la-relation-entre-les-medias-et-la-justice-au-regard-du-droit-regional-des-droits-de-lhomme/.

- KUMBU ki NGIMBI, J-M., « avant-propos», *in KAS African Law Study Library* – Librairie Africaine d'Etudes Juridiques 8 (2021)

- *La Bible*, version Louis Second dans Proverbes 14 :34

- Le Centre Carter, Les Élections Présidentielles, Parlementaire et Provinciales Harmonisées de 2018 République démocratique du Congo, Mission d'Experts Électoraux, 2018-2019

- *Les nouvelles sur le site du parc agro industriel de Bukanga Lonzo*, disponible sur http://www.parcagro.com/index.php/fr/nouvelles (consulté le 04 aout 2023).

- *Les magasins mini marchés se présentent bien*, article disponible sur : http://www.parcagro.com/index.php/fr/nouvelles/899-les-magasins-mini-marche-se-presentent-bien (consulté le 04 aout 2023).

- MAMPUYA, A., « Projet de Constitution : copie à refaire », in *Leptentiel* n°3437 du lundi 30 mai 2005.

- MANSIANGA F., *RDC: relancé, le parc de Bukanga Lonzo produit 6 000 tonnes de maïs*, 13 mars 2021. Disponible sur https://actualite.cd/2021/03/13/rdc-relance-le-parc-de-bukanga-lonzo-produit-6-000-tonnes-de-mais

- *Méthodologie en sciences économiques*, Document disponible sur : http://d1n7iqsz6ob2ad.cloudfront.net/document/pdf/53351a0fa5f8b.pdf (consulté le 20 juillet 2023).

- Ministère de l'agriculture, pèche et élevage, *Note de politique agricole, RDC*, avril 2009

- Ministère de l'industrie, *Plan d'industrialisation de la RDC. Cahier des couts estimatifs des infrastructures structurantes et industrialisantes*, 2021.

- Ministère de la justice et droits humains de la RDC, *Rapport des états généraux de la justice*, RDC, Kinshasa, août 2015

- *Revue Congo-Afrique*, « Examen critique du projet de Constitution de la RDC à soumettre au référendum », *CEPA*S, numéro spécial 397, septembre 2005.

- Ministère de l'industrie, Plan d'industrialisation de la RDC, *Cahier des couts estimatifs des infrastructures structurantes et industrialisantes*, 2021.

- MOUSSEAU, F., *Parcs agro-industriels en RDC. Tirer les leçons de la débâcle de Bukanga Lonzo*, Rapport de recherche réalisée par Oakland Institute et CEDEN (Cercle pour la défense de l'environnement), USA, 2018.

- MUTUMBE MBUYA, C., *rapport final relatif à l'étude sur les contraintes et opportunités d'une législation nationale en matière de bio prospection*, RDC, ministère de l'environnement, conservation de la nature et tourisme, unité de coordination du projet forets et conservation de la nature uc-pfcn, Kinshasa, 20 Novembre 2012.

- NEPAD, *Directives Mise en œuvre du PDDAA Pays sous la Déclaration de Malabo*. Disponible sur : https://au.int/sites/default/files/documents/31718-doc-caadp_implementation_guide_fre_repro.pdf 25 juillet 2023

- NGIAMBUKULU, O-D., *Bukanga Lonzo : 60.000 tonnes de maïs à l'abandon faute des moyens pour les évacuer vers les centres de consommation (Ados Ndombasi)* 7SUR7.CD. Disponible sur https://7sur7.cd/2021/04/07/bukanga-lonzo-60000-tonnes-de-mais-labandon-faute-des-moyens-pour-les-evacuer-vers-les)

- NGWAPITSHI, C., *Lettre ouverte adressée à monsieur le procureur général près la cour constitutionnelle et président ai. Du conseil supérieur de la magistrature*, Disponible sur : https://legalrdc.com/2021/03/08/lettre-ouverte-a-monsieur-le-procureur-general-pres-la-cour-constitutionnelle/ (consulté le 05 juillet 2023).

- Note de politique agricole de la République Démocratique du Congo, avril 2009.

- ONUDI; *Directives Internationales pour les parcs industriels*, Développement industriel inclusif et durable, 2019.

- Odile Castel, *Une démarche d'analyse systémique pour appréhender l'économie sociale et solidaire au sein du Système économique*, Université de Rennes 1. Disponible sur https://base.socioeco.org/docs/_index94.pdf (consulté le 20 juillet 2023).

- Procès-verbal de la réunion du 4 mars 2015 sur la validation des documents dont les statuts et la convention d'actionnaires entre gouvernement et *Africom commodities*.

- *Programme National d'Investissement Agricole de la RDC, parcs agro-industriels, pourquoi et comment*, Février 2014.

- *Plan d'action du sommet mondial de l'alimentation*, point 1, Rome, 13 novembre 1996.

- RADIO OKAPI, RDC : « réaménagement technique » du gouvernement Matata II. Disponible sur https://www.radiookapi.net/2015/09/26/actualite/politique/rdc-reamenagement-technique-du-gouvernement-matata-ii , (consulté le 05 juillet 2023).

- Rapport synthèse du forum national sur la lutte contre la corruption en RDC, organisé au palais du peuple du mercredi 16 au samedi 19.12.2009, Kinshasa – Lingwala.

- Rapport de la mission des experts de la primature dans les usines de Triomf, 2013

- République Démocratique du Congo. Ministère de l'Agriculture et du Développement Rural, *Plan National d'Investissement Agricole (PNIA*) 2014-2020. Septembre 2013. http://extwprlegs1.fao.org/docs/pdf/cng146463.pdf

- République Démocratique du Congo. Ministère de l'Agriculture et du Développement Rural, *Plan National d'Investissement Agricole (PNIA) 2014 – 2020.* Septembre 2013.

- Rapport national sur le développement humain 2014 (RNDH 2014) *Cohésion nationale pour l'émergence de la République démocratique du Congo,* Décembre 2014

- ROMAIN GRAS et A, S., *RDC – Augustin Matata Ponyo : « J'ai toujours été le mal aimé du parti de Kabila* » , Politique, Jeune Afrique, publié le 26 mars 2021, Disponible sur : https://www.jeuneafrique.com/1143235/politique/rdc-augustinmatata-ponyo-jai-toujours-ete-le-mal-aime-du-parti-de-kabila/ (consulté le 02 aout 2023)

- ROLLEY, S., *En RDC, qu'est devenu l'argent investi dans le parc agro-industriel de Bukanga Lonzo,* RFI, Afrique, enquête Publié le : 22/05/2021, Disponible sur : https://www.rfi.fr/fr/afrique/20210521-rdc-matata-ponyo-ou-le-mirage-du-bukanga-lonzo

- RDC : le parc agro-industriel de Bukanga Lonzo victime d'un « sabotage organisé » du gouvernement, Disponible sur : https://www.radiookapi.net/2021/06/14/actualite/economie/rdc-le-parc-agro-industriel-de-bukanga-lonzo-victime-dun-sabotage

- Rapport synthèse du forum national sur la lutte contre la corruption en RDC, organisé au palais du peuple du mercredi 16 au samedi 19.12.2009, Kinshasa – Lingwala.

- Rapport des états généraux de la justice, République démocratique du Congo organisé à Kinshasa du 27 avril au 2 mai 2015, publié par le ministère de la justice et droits humains de la RDC en août 2015.

- Rédaction Matininfos.net, *Bukanga-Lonzo : le gouvernement veut cultiver le Chanvre à la place du Maïs*, 7 avril 2021, Disponible sur :https://www.matininfos.net/bukanga-lonzo-le-gouvernement-veut-cultiver-le-chamvre-a-la-place-du-mais/81450/

- *Stratégies et cadre de la politique agricole*, Texte disponible sur : https://www.fao.org/3/y5673f/y5673f02.htm. Consulté le 29 juillet 2023.

- TECSULT-AECOM. 2009. *Étude du secteur agricole. Rapport préliminaire. Bilan diagnostic et note d' orientation*. RDC : Ministère de l'Agriculture et du Développement rural.

- VAN HOOF, F. 2011. *Changer l'agriculture congolaise en faveur des familles paysannes. Des dynamiques paysannes dans les différentes provinces de la RDC*. Alliance AgriCongo.

- ZAGABE, M., *Reprise des travaux de construction des maisons préfabriquées, après le procès 100 jours*, publié le 03/aout/2022. Article disponible sur : https://www.mediacongo.net/article-actualite108530_reprise_des_travaux_de_construction_des_maisons_prefabriquees_apres_le_proces_100_jours.html (consulté le 20 juillet 2023).

- ZIGABE, E., *Bukanga Lonzo : L'IGF a menti au moins 8 fois dans son rapport*, 7sur7.cd, 11 mai 2021, article disponible sur : https://7sur7.cd/2021/05/11/bukanga-lonzo-ligf-menti-au-moins-8-fois-dans-son-rapport-elvis-zigabe (01 aout 2023)

- ZAGABE M., *Reprise des travaux de construction des maisons préfabriquées, après le procès 100 jours*, publié le 03/aout/2022. Article disponible sur : https://www.mediacongo.net/article-actualite-

108530_reprise_des_travaux_de_construction_des_maisons_prefabriquees _apres_le_proces_100_jours.html (consulté le 20 juillet 2023).

Table des matières

Structures éditoriales du groupe L'Harmattan

L'Harmattan Italie
Via degli Artisti, 15
10124 Torino
harmattan.italia@gmail.com

L'Harmattan Hongrie
Kossuth l. u. 14-16.
1053 Budapest
harmattan@harmattan.hu

L'Harmattan Sénégal
10 VDN en face Mermoz
BP 45034 Dakar-Fann
senharmattan@gmail.com

L'Harmattan Cameroun
TSINGA/FECAFOOT
BP 11486 Yaoundé
inkoukam@gmail.com

L'Harmattan Burkina Faso
Achille Somé – tengnule@hotmail.fr

L'Harmattan Guinée
Almamya, rue KA 028 OKB Agency
BP 3470 Conakry
harmattanguinee@yahoo.fr

L'Harmattan RDC
185, avenue Nyangwe
Commune de Lingwala – Kinshasa
matangilamusadila@yahoo.fr

L'Harmattan Congo
219, avenue Nelson Mandela
BP 2874 Brazzaville
harmattan.congo@yahoo.fr

L'Harmattan Mali
ACI 2000 - Immeuble Mgr Jean Marie Cisse
Bureau 10
BP 145 Bamako-Mali
mali@harmattan.fr

L'Harmattan Togo
Djidjole – Lomé
Maison Amela
face EPP BATOME
ddamela@aol.com

L'Harmattan Côte d'Ivoire
Résidence Karl – Cité des Arts
Abidjan-Cocody
03 BP 1588 Abidjan
espace_harmattan.ci@hotmail.fr

Nos librairies en France

Librairie internationale
16, rue des Écoles
75005 Paris
librairie.internationale@harmattan.fr
01 40 46 79 11
www.librairieharmattan.com

Librairie des savoirs
21, rue des Écoles
75005 Paris
librairie.sh@harmattan.fr
01 46 34 13 71
www.librairieharmattansh.com

Librairie Le Lucernaire
53, rue Notre-Dame-des-Champs
75006 Paris
librairie@lucernaire.fr
01 42 22 67 13

www.ingramcontent.com/pod-product-compliance
Lightning Source LLC
LaVergne TN
LVHW080925071026
849535LV00013B/4099